Carmen Rohrbach

Patagonien

Carmen Rohrbach

Patagonien

Von Horizont zu Horizont

Mit 16 Seiten Farbbildteil und einer Karte

MALIK NATIONAL GEOGRAPHIC

Mehr über unsere Autoren und Bücher:
www.malik.de

Bibliografische Information der Deutschen Nationalbibliothek
Die Deutsche Nationalbibliothek verzeichnet diese Publikation in der Deutschen Nationalbibliografie; detaillierte bibliografische Daten sind im Internet über http://dnb.d-nb.de abrufbar.

MALIK NATIONAL GEOGRAPHIC

Ungekürzte Taschenbuchausgabe
1. Auflage August 2010
3. Auflage Juni 2012

Redaktion: Susanne Härtel, München
Umschlaggestaltung: Dorkenwald Grafik-Design, München
Umschlagfotos: Joohner Images/Alamy (vorne), Carmen Rohrbach (hinten)
Innenfotos: Carmen Rohrbach
Karte: Anneli Nau, München
Satz: Büro Sieveking, München
Papier: Naturoffset ECF
Druck und Bindung: CPI – Clausen & Bosse, Leck
Printed in Germany ISBN 978-3-492-40387-0

Das Papier wurde aus chlorfrei gebleichtem Zellstoff hergestellt.

Inhalt

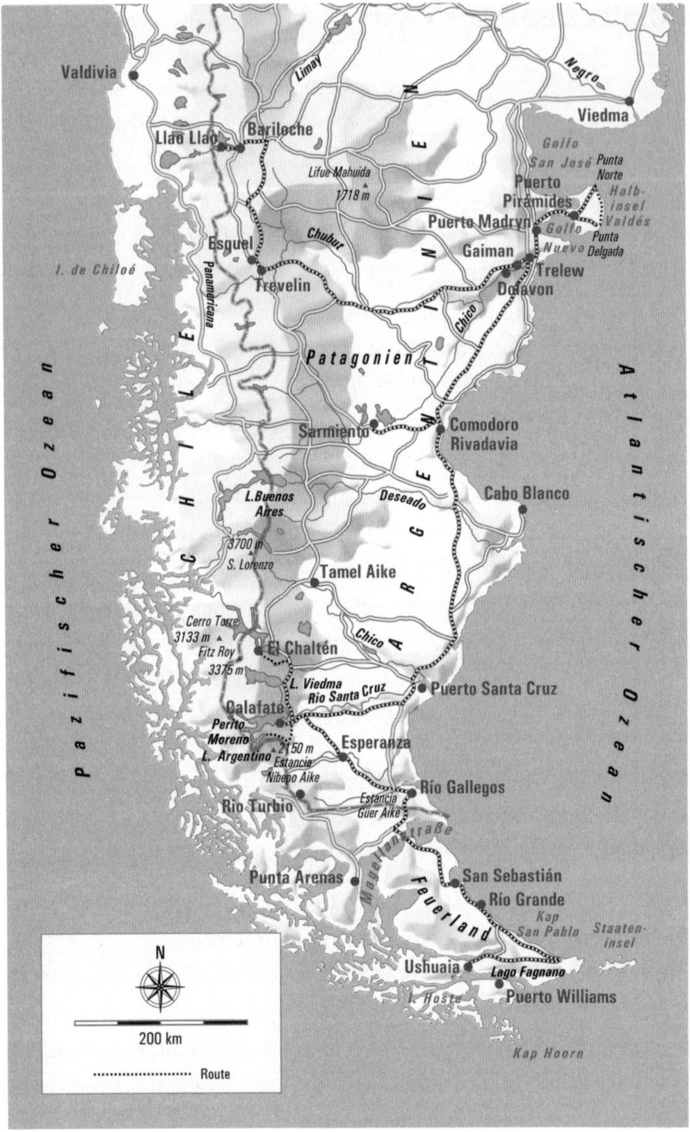
Valdivia
Limay
Negro
Viedma
Llao Llao
Bariloche
Golfo San José
Punta Norte
Lifue Mahuida 1718 m
Puerto Pirámides
Halbinsel Valdés
Puerto Madryn
Golfo Nuevo
Punta Delgada
Chubut
Esquel
Gaiman
Trelew
Dolavon
I. de Chiloé
Panamericana
Trevelin
Chico
Patagonien
Pazifischer Ozean
Atlantischer Ozean
CHILE
ARGENTINIEN
Sarmiento
Comodoro Rivadavia
Cabo Blanco
L. Buenos Aires
Deseado
3700 m S. Lorenzo
Tamel Aike
Cerro Torre 3133 m
Fitz Roy 3375 m
El Chaltén
Chico
L. Viedma
Río Santa Cruz
Puerto Santa Cruz
Calafate
Perito Moreno
L. Argentino
2150 m
Esperanza
Estancia Nibepo Aike
Río Gallegos
Río Turbio
Estancia Güer Aike
Magellanstraße
Punta Arenas
San Sebastián
Feuerland
Río Grande
Kap San Pablo
Staateninsel
Ushuaia
Lago Fagnano
I. Hoste
Puerto Williams
Kap Hoorn
N
200 km
Route

Bis ans Ende der Welt

Unbekanntes zu erforschen ist der physische Ausdruck einer intellektuellen Leidenschaft... du wirst belohnt werden, und sei es nur mit einem Pinguinei.

APSLEY CHERRY-GARRARD

Der patagonische Wind rüttelt an den Tragflächen. Wie bei einer Achterbahn fällt die Propellermaschine tief hinab, steigt wieder auf, aber der Wind ist überall. Die späte Nachmittagssonne taucht die Erde in plastisches Licht, vergoldet das öde Land, lässt die lehmbraunen und sandgelben Farben leuchten. Nichts deutet darauf hin, dass dort unten Menschen leben. Weder Städte noch Dörfer, keine Straßen oder Pisten sind sichtbar.

Sechs bis acht Stunden braucht das Flugzeug von Buenos Aires, der Hauptstadt Argentiniens, bis zu meinem ersten Reiseziel: die 3 400 Kilometer entfernte, am weitesten südlich gelegene Stadt der Erde Ushuaia, die größte Ortschaft auf Feuerland. Ich will mir ein halbes Jahr Zeit nehmen, um die Insel zu durchqueren und anschließend durch Patagonien zu wandern, wenn möglich, will ich auch reiten und größere Entfernungen mit einem Mietwagen zurücklegen.

In früheren Jahrhunderten, zur Zeit der Entdeckungen, war eine Reise nach Feuerland ein entbehrungsreiches, abenteuerliches und gefährliches Vorhaben, eine Fahrt ins Ungewisse, die nur wenige Weltumsegler, Forscher, Pioniere und Abenteurer wagten. Heute ist es eine Reise wie jede andere – realistisch gesehen. Im Kopf aber lebt der Mythos fort vom »Ende der Welt«, webt die Phantasie grandiose Bilder von sturmumtosten Küsten, windzerzausten Landschaften, von grenzenloser Einsamkeit und unberührter Natur.

Als Jugendliche war Tierra del fuego, wie Feuerland auf Spanisch heißt, für mich ein Begriff, der mich entflammte. Da wollte ich hin! Unwiderstehlich zog mich das raue Land an. Wenn man mich fragte, was um Himmels willen ich dort am Ende der Welt denn wolle, wusste ich eine einfache Antwort: beobachten, entdecken, erforschen, alles anschauen und darüber berichten. Das ist meine Begründung fürs Reisen bis heute geblieben.

Inzwischen ist der Süden des amerikanischen Kontinents kein weißer Fleck mehr auf der Landkarte. Also das Ende der Illusion? Obwohl ich weiß, dass es das Feuerland meiner Jugend nicht mehr gibt, kann ich diese Tatsache doch nicht akzeptieren. Ich werde es schon finden, »mein« Tierra del fuego, davon bin ich überzeugt. Dennoch ist mir klar: Die Abenteuer und Entbehrungen früherer Zeiten, die die Entdecker damals erlebt und erlitten haben, kann ich mir nur in der Phantasie ausmalen.

Von Europa kommend, mussten sie zuerst mit dem Schiff den Atlantik überqueren. Eine gefährliche Reise, die viele Wochen dauerte. Ich hingegen rase im Flugzeug die Strecke von München nach Buenos Aires über fünf Zeitzonen hinweg, einen Tag und eine Nacht lang. Und dann in nur wenigen Stunden über nahezu die gesamte Länge Argentiniens.

Keine Wolken behindern die Sicht, und ich kann während des ganzen Fluges die Erde unter mir sehen. Da taucht schon die Magellanstraße auf, diese fjordartige Wasserfläche, die Feuerland vom patagonischen Festland trennt. Und welche Überraschung, die gelbbraune Ödnis der wüstenartigen Steppenlandschaft verschwindet, wird abgelöst von grünen Farben. Plötzlich sind da Wälder und Wiesen, dazwischen schimmern blaue Seen und schneeweiße Berggipfel. Das Ende der Welt scheint ein grünes Paradies zu sein.

Noch einmal packt der Wind das Flugzeug mit Gewalt. Über dem Beagle-Kanal wird es auf und nieder geschleudert. Wir fliegen so tief, dass ich die Schaumkronen des aufgepeitschten Meeres sehen kann. Völlig unerwartet für mich, da an meiner Fensterseite kein Land sichtbar war, setzt die Maschine auf. Sehr nahe am Rand der Wasserfläche befindet sich die Landebahn von Ushuaia.

Der Raum zwischen Meer und hochragendem Gebirge ist schmal, und dennoch hat sich hier eine große Stadt entwickelt. Im Abendlicht wirkt die Szene futuristisch. Massenhaft drängen sich Häuser am Uferstreifen eng zusammen. Unwirklich, dass hier am »Ende der Welt« so viele Menschen leben. Zahlreiche Schiffe ankern im Hafen, darunter ein roter Eisbrecher.

Gleich hinter Ushuaia steigt das Gebirge steil an, die Darwin-Kordillere, ein Ausläufer der Anden, mit immerhin 2300 Meter hohen Gipfeln. In der beginnenden Dunkelheit leuchten ihre Gletscher besonders weiß, und über den bizarren Bergen zwischen drohend blauschwarzen Wolken spannt sich ein Regenbogen. Ein Anblick, der mir den Atem nimmt, eine unwirkliche Vermischung von wuchernder Zivilisation und ungezähmter Wildnis. Wind fegt über das Rollfeld, eisig und schneidend, obwohl dem Kalender nach der Sommer beginnt.

Ich hatte geglaubt, es wäre einfach, in Ushuaia eine Unterkunft zu finden, doch alle Quartiere sind besetzt, denn gleich mehrere Kreuzfahrtschiffe haben angelegt. Eine Wirtin erbarmt sich meiner und ruft eine Bekannte an. Eigentlich vermiete diese nicht mehr, aber eine einzelne Person finde sicherlich noch Platz, tröstet sie mich. So gelange ich zu Familie Andrade mit ihren sechs Kindern. Sie bewohnen ein zweistöckiges Holzhaus mit blau-gelb-grünem Anstrich und haben kräftig eingeheizt, denn zwischen Fensterrahmen und Wand klaffen Spalten von mindestens einem Zentimeter.

»Das macht doch nichts!« Roberto Andrade lacht. »Heizöl ist spottbillig, und so haben wir immer frische Luft, ohne die Fenster öffnen zu müssen.«

Die Kinder, zwei Mädchen und vier Buben zwischen einem und 13 Jahren, staunen erst einmal über den fremden Gast, bevor sie wieder lautstark durch die Wohnung toben.

»Wegen der Kinder vermieten wir nicht mehr«, meint Olga Andrade entschuldigend. »Den Krach können wir keinem Gast zumuten, vor allem seit das Jüngste da ist. Die Kleine weint nachts oft.«

Tapfer, denn was bleibt mir anderes übrig, sage ich, so seien Kinder halt, mir mache der Lärm nichts aus.

Die Andrades leben seit fünf Jahren in Ushuaia, angelockt von hohen Löhnen, geringen Steuern und anderen Vergünstigungen. Ihren Entschluss haben sie nicht bereut. Sie hätten sich zunächst für drei Jahre verpflichtet, wollen jetzt aber für immer bleiben.

»Wir können uns hier mehr leisten und unseren Kindern ein besseres Leben bieten als in Rosario, wo wir herkommen. Rosario liegt am Río Paraná, nördlich von Buenos Aires«, sagt Olga und begleitet mich in das obere Stockwerk, um mir mein Zimmer zu zeigen, das Jungmädchenzimmer ihrer ältesten Tochter. Meinen Einwand entkräftet sie: »Dana ist einverstanden. Sie schläft gern mal bei ihren Geschwistern.«

Das Abendessen nehme ich zusammen mit der Familie am großen Tisch ein. Olga hat leckeren Fisch gebraten und serviert Reis dazu. Später spaziere ich durch das nächtliche Ushuaia. Roberto und Olga hatten mir erzählt, dass die Ortschaft eine Bevölkerungsexplosion erlebt habe, die atemlos mache. Vor 30 Jahren lebten hier nicht einmal 6 000 Menschen, heute sind es 60 000, angelockt von großartigen Versprechungen der Regierung. Eine rasante Entwicklung, wenn man bedenkt, dass Ushuaia hundert Jahre lang nur ein einsamer Vorposten der Zivilisation gewesen war. Die Besiedlung begann, wie so oft in der Geschichte, mit einer Missionsstation. 1870 kam Reverend Thomas Bridges von der britischen Südamerikanischen Missionsgesellschaft in die Bucht. Als einziger Weißer ließ er sich dort nieder, baute sich eine Hütte in der Nähe der Feuerlandindianer und predigten ihnen den christlichen Glauben.

Dann errichtete der argentinische Staat einen Marinestützpunkt und entdeckte die Region als ausbruchssichere Verwahranstalt für Häftlinge. Zwischen 1884 bis 1920 waren Kriminelle und politische Gefangene zuerst auf der Isla de los Estados, der »Staateninsel«, eingekerkert, die südöstlich vor Feuerland im Atlantik liegt. Als das Gefängnis in Ushuaia im Jahr 1920 fertig gebaut war, wurden die Gefangenen dorthin gebracht. Damals war Ushuaia noch keine Stadt, nur eine gottverlassene Ansammlung armseliger Hütten.

Den eigentlichen Anstoß zum Bevölkerungsboom gab der noch immer schwelende Konflikt zwischen Chile und Argentinien. Seit Beginn der Staatenbildung versuchen sie, sich gegenseitig Territorien abzujagen. 1978 waren schließlich beide Länder bereit, den Verlauf ihrer Grenzen mit Waffengewalt zu »diskutieren«. Da mischte sich doch tatsächlich der Vatikan friedensstiftend ein. Konkret ging es um drei kleine Inseln südlich von Ushuaia im Beagle-Kanal, an sich völlig unbedeutende Eilande, aber der Konflikt liegt viel weiter südlich – die Antarktis.

Der rohstoffreiche Eisschrank weckt Begehrlichkeiten. Der Antarktisvertrag von 1961, eine internationale Übereinkunft zwischen den Mitgliedstaaten, hat diese Gebietsansprüche »eingefroren«, bis die technischen Voraussetzungen für eine Nutzung der Bodenschätze geschaffen sind. Inzwischen ist der sechste Kontinent auf Kartenplänen wie ein Kuchen in einzelne Segmente aufgeteilt, aber nur Staaten, die an der Erforschung der Antarktis beteiligt waren oder durch vorgelagerte Inseln eine direkte natürliche Fortsetzung der Südpolargebiete darstellen, wie Chile und Argentinien, haben Anspruch auf eine zukünftige Ausbeutung der Rohstoffe. Je größer das eigene Territorium, umso größer ist auch der Anteil an der Antarktis, so die Regelung. Wer also die Inseln im Beagle-Kanal sein

Eigen nennt, besitzt auch ein größeres Stück vom antarktischen Kuchen.

England zum Beispiel, das eigentlich nicht an die Antarktis grenzt, begründet seinen Anspruch mit den Falklandinseln. So erklärt sich, warum Margarete Thatcher so eisern um »ihre« Falklandinseln hat kämpfen lassen und warum Argentinien diese Inseln ebenfalls besitzen will, ihnen demonstrativ mit Malvinas einen eigenen Namen gibt und sie auf Karten provokativ in den argentinischen Landesfarben abbildet.

Zurück zum Vatikan. Der Papst und seine klugen Berater dachten sich einen salomonischen Kompromiss aus: Die drei Inseln im Beagle-Kanal wurden laut päpstlichem Dekret Chile zuerkannt. Die Bodenschätze des dazugehörenden Stückes Antarktis sollten jedoch beide Staaten gemeinsam ausbeuten. Chile war sofort einverstanden. Argentinien zögerte lange, lehnte dann ab. Seitdem liegt der Konflikt auf Eis. Die strittigen Inseln gehören jetzt zu Chile, aber wer wie viel Anteil an der Antarktis haben wird, muss zukünftig noch ausgefochten werden.

Argentinien änderte vorerst seine Strategie. Statt Waffen setzt es auf Massen und versucht, so viele Menschen wie möglich im Süden anzusiedeln. Mit dem sich erhöhenden Bevölkerungsdruck will man Chile aushebeln.

Zuerst schlendere ich die Avenida Maipu an der Bucht entlang mit ihren Reihen bunt angestrichener Holzhäuser. Im Wasser ankern Containerschiffe und Passagierdampfer, im Jachthafen schaukeln Katamarane und Schnellboote. An der Pier grüßt die Besucher eine Holztafel in vier Sprachen: »Willkommen in der südlichsten Stadt der Welt«. Dieses Attribut ist nicht unumstritten, denn der chilenische Ort Puerto Williams auf der Insel Navarino liegt entscheidende sechs Kilometer näher am Südpol.

»Ach, das spielt doch keine Rolle«, erklärte mir Roberto. »Puerto Williams kann mit uns nicht konkurrieren, das ist doch ein Dorf, da leben nicht einmal zweitausend Leute!«

Die Straßen von Ushuaia sind rechtwinklig und schachbrettartig angeordnet. Von der verkehrsreichen Maipu wechsle ich auf die parallel verlaufende, ebenso belebte und quirlige San Martín. Auch in dieser Straße erinnert nichts mehr an das abenteuerliche Flair einer Pionierstadt. Stattdessen drängen sich Pizzastuben, Cafés, Restaurants, Supermärkte, Souvenirläden, Sportgeschäfte, Banken, Agenturen und Reisebüros in dichter Folge aneinander – eine Antwort auf die stetig wachsende Besucherzahl. Was wird da nicht alles angeboten, um den Reisenden das Geld abzuknöpfen: Kajak- und Skiverleih, Segeltörns, Rundflüge, Gletschertouren, Mountainbiking. Geradezu überschwemmt wird der naturbegeisterte Sportler mit Angeboten für Wander- und Trekkingtouren. Überall Werbefotos in den Fenstern der Reiseagenturen mit glücklich lächelnden Touristen und bunten Landschaftsaufnahmen, eine romantischer als die andere.

In der Nacht schlafe ich ruhig und fest; wenn das Baby geweint hat, habe ich es nicht gehört. Meine Wirtsleute müssen schon sehr früh aus dem Haus gegangen sein. Olga hat mir einen Zettel hingelegt mit guten Tipps, zum Beispiel beim Weggehen unbedingt warme Kleidung mitzunehmen, denn das Wetter könne in wenigen Minuten umschlagen.

Zunächst brennt die Sonne so heiß, dass ich im ärmellosen Shirt herumspaziere, doch dann erlebe ich in wenigen Stunden alle Jahreszeiten mit Regen und sogar Graupelschauern. Plötzlich bläst der antarktische Wind Schneestaub heran und pudert die Erde weiß. Gut, dass ich Olgas Ratschlag beherzigt und nicht nur Pullover und Anorak, sondern auch eine Wollmütze eingesteckt habe.

Mein Blick schweift über die Stadt. Im Zentrum überwiegen zweigeschossige Holzhäuser mit Flachdächern, zwischen die sich hochgezogene Betonklötze zwängen – ein Flickwerk, das nicht zusammenpasst. An den Rändern franst die Stadt aus, unkontrolliert, wie es scheint. Einfamilienhäuser, manche winzig, andere voluminös und von uneinheitlicher Architektur, wurden planlos in die Gegend gesetzt, mal aus Stein, mal aus Schiefer oder Holz, oft sogar ist jedes Stockwerk aus einem anderen Material. Daneben Wohnblocks, die in grellen Farben prunken: Laubfroschgrün, Zitronengelb, Tintenblau oder Giftigpink. Faszinierende Hässlichkeit, wäre da nicht die wildgezackte Andenkette im Hintergrund mit ihren Schneegipfeln und den mit Wäldern bedeckten Berghängen oder die sanfte Meeresbucht, in die sich Ushuaia schmiegt.

Bei der Touristeninformation bekomme ich einen Plan, in dem ein Stadtrundgang mit historischen Gebäuden eingezeichnet ist, wie etwa die hundert Jahre alte Kirche »Iglesia de la Merced«. Der Friedhof rührt mich an mit seinen alten, tief im Erdboden versunkenen Gräbern, überwuchert von Lupinen, die wild ausgesamt sind und den ganzen Totenacker in Besitz genommen haben. Mehr als einen Meter hoch flammen sie in Gelb, Orange, Blau, Violett oder Rot. So wird auf dem alten Friedhof die Vergänglichkeit vom Leben besiegt.

Die Kirche wurde von Häftlingen gebaut, ebenfalls die Straßen und andere Gebäude, sogar das Gefängnis. Eigentlich war dort nur Platz für knapp 400 Gefangene, doch doppelt so viele wurden in dem düsteren Gemäuer zusammengepfercht. Heute befindet sich im Obergeschoss der Gefängnishalle eine Ausstellung über die Erforschung der Antarktis mit maßstabsgerechten Modellen berühmter Schiffe. Die sternförmigen unteren Trakte, teils renoviert, andere noch im Originalzustand, können besichtigt werden.

Neugierig betrete ich die Zellen hinter den dicken Mauern. Ich kann nicht verhindern, dass mich die Erinnerung an meine eigene

Gefangenschaft überfällt, auch wenn sie schon mehr als drei Jahrzehnte zurückliegt. Wer einmal unmenschlicher Behandlung, Willkür und Unrecht unterworfen war, wird immer und überall mit Leidensgenossen mitfühlen, sich identifizieren und solidarisieren. Dieses alte Gefängnis hier am Ende der Welt mit seiner Dunkelheit, der Kälte und dem muffig-feuchten Geruch ruft quälend das Bild der ebenfalls überbelegten Burg Hoheneck hervor, wo ich zwei Jahre eingesperrt war. Allerdings – so grausam wie hier wurden wir Republikflüchtlinge nicht behandelt.

Fotos zeigen Strafgefangene mit Eisenringen und Ketten an Händen und Füßen. Schwerstarbeit bei jedem Wetter, selbst im Winter bei Sturm und antarktischer Kälte, Mangelernährung und Schikanen sadistischer Wärter sind dokumentiert. Die Bilder ähneln den Aufnahmen von Sträflingen in den sibirischen Gulags. Es erschüttert mich immer wieder, dass überall auf der Erde furchtbare Grausamkeiten geschehen konnten und noch immer geschehen. Ein Trost bleibt: Es heißt, dass dieses Gefängnis wegen jahrelanger öffentlicher Proteste 1947 geschlossen werden musste. Es lohnt also, sich gegen das Unrecht zu verbünden!

Zwei Figuren lassen mich zusammenzucken; aus einiger Entfernung sehen sie wie lebendig aus. Es ist ein Wärter, der einen Gefangenen durchsucht. Die Kleidung des Häftlings ist gelb-schwarz gestreift und lässt mich an eine übergroße Hornisse denken. Die echt wirkende Darstellung ist geradezu makaber, auch den lebensgroßen Wachsoldaten in Uniform mit geschultertem Gewehr, der neben dem Eingangstor salutiert, finde ich nicht lustig.

Im renovierten Teil des Gefängnistraktes sind Nachbildungen ehemaliger Insassen aufgestellt, wie Professor Ricardo Rojas, der 1934 wegen eines versuchten Staatsstreiches eingesperrt wurde, oder Mateo Banks, ein Mörder, der eine siebenköpfige Familie auslöschte. Der wohl Prominenteste ist der russische Anarchist Simon

Radowitzky. Seine schlimmen Erfahrungen in zaristischen Gefängnissen hinderten ihn nicht daran, auch in Argentinien für seine Ideale zu kämpfen. 1909 sprengte er den Polizeichef von Buenos Aires in die Luft mit dem Ruf: »Es lebe die Anarchie!« Radowitzky gelang sogar die Flucht aus dem als ausbruchssicher geltenden Gefängnis. Weit kam er nicht. Ringsum nur Wasser oder Wildnis, wohin sollte er sich retten? Erschöpft und halb erfroren fing man ihn ein. Für fast alle Sträflinge wurde Ushuaia zu einem Ort ohne Wiederkehr.

Der Beagle-Kanal ist nicht, wie die Bezeichnung vermuten lässt, künstlich angelegt, sondern eine natürliche, fünf bis 13 Kilometer breite Wasserstraße, benannt nach dem Schiff, auf dem Charles Darwin auf Entdeckungsreise ging. Er verbindet den Atlantik mit dem Pazifik und ist kürzer als die gefürchtete Passage um Kap Hoorn.

Wochen, gar Monate konnte es dauern, bis ein Segelschiff vom Atlantik kommend und gegen den Westwind kreuzend die äußerste Südspitze Amerikas endlich bezwungen hatte. Kein Ort der Weltmeere ist häufiger beschrieben und verflucht worden als Kap Hoorn: Teufelskap, Kap der Stürme, Grab der Seeleute wurde es genannt.

Die holländischen Kapitäne Willem Cornelisz Schouten und Jacob le Maire waren 1616 die Ersten, die mit ihren beiden Schiffen das Kap auf der Suche nach einer neuen Handelsroute umsegelten. Sie benannten es nach ihrem Heimatort Hoorn.

200 Tage im Jahr herrschen dort Stürme, die sich zu Orkanen steigern können. Durch die Nähe zur Antarktis entstehen extreme Temperaturunterschiede, die wiederum Tiefdruckgebiete mit rasenden Winden erzeugen. Durch das Aufeinanderprallen von Pazifischem und Atlantischem Ozean bäumen sich die sturmgepeitschten Wasser zu Monsterbergen auf. Wellen von 20 Meter Höhe sollen schon beobachtet worden sein. Schätzungsweise 10 000 Menschen haben am Kap Hoorn ihr Leben verloren. Mehr als 800 Wracks lie-

gen am Grund des Meeres, dem größten Schiffsfriedhof der Welt. Für heutige Schiffe, ausgerüstet mit moderner Technik wie Echolot, Radar, Satelliten-Navigationssystemen, ist die Gefahr natürlich nicht mehr so groß wie für Segelschiffe früherer Zeiten, doch plötzliche Wetterstürze, tobende Orkane, Strömungen und Wirbel bedeuten noch immer ein unberechenbares Risiko.

Außer dem Panama-Kanal gibt es nur drei Wasserwege, um vom Atlantik in den Pazifik zu gelangen: die Magellanstraße, den Beagle-Kanal und Kap Hoorn. Und alle drei werden von Chile kontrolliert. Ein Ärgernis für Argentinien, das immer wieder fordert, die Hoheitsrechte in den Südgewässern neu zu regeln. Ein Ausflug von der argentinischen Küste zum Kap ist so gut wie unmöglich; da müsste ich schon auf die chilenische Seite wechseln.

Am Ufer des Beagle-Kanals stehend, blicke ich auf vorgelagerte, kahle Felsinseln. Schaumkronen tanzen auf den Wellen. Blitzschnell zieht eine Sturmfront heran. Irgendwo dort draußen liegt windumtost die kleine Insel mit dem Kap. Ich stelle mir vor, wie der südlichste Leuchtturm der Erde seine Blinkzeichen über die aufgewühlte See schickt und wie an der äußersten Kante, wo der 430 Meter hohe Fels steil ins Meer abfällt, in der Tiefe die Brandung tobt. Dort erhebt sich aus Metall die silberglänzende Silhouette eines Albatros. Ein Denkmal für alle Seeleute, die vor Kap Hoorn ihr Leben ließen. Auf einer Marmorplatte sind die Verse der chilenischen Dichterin Sara Vial gemeißelt:

Ich bin der Albatros, der auf dich wartet am Ende der Welt.
Ich bin die vergessene Seele der toten Seeleute,
die über alle Meere kamen, Kap Hoorn zu umsegeln.
Aber sie sind nicht gestorben im Wüten der Wellen.
Sie fliegen auf meinen Schwingen für alle Zeit
im letzten Wellental der antarktischen Winde.

Die Feuer sind erloschen

Unser Hauptanliegen wird immer sein, die Anzahl der Indianer zu erhalten und zu erhöhen.

KAISER KARL V., KÖNIG VON SPANIEN (1500–1558)

Der Shuttlebus startet morgens um neun Uhr in Ushuaia. Zwei Stunden braucht er für die 85 Kilometer nach Harberton, Feuerlands ältester Estancia, wie die Farmen hier genannt werden. Sie wurde im Jahr 1886 von Thomas Bridges erbaut, und ich will mich für ein paar Tage dort einquartieren. Vielleicht gelingt es mir, Pferde für eine Tour zu mieten. Mein Plan ist es, von Haberton zur Ostküste von Feuerland zu reiten.

In lang gezogenen Kurven geht es am Ufer des Beagle-Kanals nach Osten. Die Straße ist gut ausgebaut. Als sich der Konflikt zwischen Chile und Argentinien zuspitzte, hat man die ursprünglich von Häftlingen angelegte Straße verbreitert und neu befestigt, um im Ernstfall schnell Truppen und Nachschub transportieren zu können.

Wälder versperren mir zunächst die Sicht. Nach etwa 40 Kilometern treten die Bäume zurück, und ich erblicke eine hügelige Landschaft im Sonnenlicht. Beidseits der Straße, die jetzt eine Schotterpiste ist, erstrecken sich Viehweiden.

Die Estancia liegt an einer von sattem Grün eingerahmten Bucht. Über die Wiesen watscheln Gänse, Hühner picken, und Schweine wühlen in der feuchten Erde. Eine Pferdeherde grast in der Ferne, Hunde und Katzen streunen umher oder liegen in der Sonne. Rings um die Stallungen und Wirtschaftsgebäude blühen Lupinen in blauen, gelben und roten Farben. In einem Gemüsegarten gedeihen Kartoffeln, Mohrrüben und Gewürzkräuter. Das Wohnhaus aus Kiefernholz ist außen zum Schutz mit Wellblech verkleidet, das man weiß gestrichen hat – ein reizvoller Kontrast zu den grünen Fensterläden und dem roten Dach. Vor den Fenstern hängen Kästen, in denen Petunien ihre Blütenpracht entfalten. In einer Cafeteria werden dem Gast Tee, Kaffee und Kuchen angeboten.

»Ja, natürlich können Sie in Harberton übernachten«, sagt Natalie Goodall, die mit ihrem Mann die Estancia bewirtschaftet, und bietet mir ein Zimmer im umgebauten Schäferhaus an.

Ich will meinen Aufenthalt nutzen, um die Geschichte von Harberton zu ergründen. Schon am Abend bietet sich dazu Gelegenheit, als ich mit der resoluten Hausherrin bei einem Glas Rotwein zusammensitze. Trotz ihrer grauen Haare wirkt Natalie Goodall jugendlich und voller Energie. Vom ersten Moment an fand ich sie sympathisch, und im Laufe des Abends freunden wir uns an.

Natalie stammt aus Ohio und hat Meeresbiologie studiert. Ihre Forschungsarbeit führte sie vor gut 40 Jahren nach Feuerland, wo sie ihren Mann kennenlernte. Kenntnisreich hat sie ein Buch über die Tier- und Pflanzenwelt Feuerlands, seine Geschichte und Gegenwart verfasst. Am Nachmittag hatte ich das von ihr eingerichtete Museum besichtigt, in dem Säugetiere und Vögel ausgestellt sind; sogar das vier Meter große Skelett des seltenen Hector-Schnabelwals ist dort zu sehen. Er, wie viele andere Tiere auch, werden verendet am Strand gefunden, wenn sich wegen des gewaltigen Tidenhubs das Meer bis zu zwölf Kilometer vom Strand zurückzieht. Oft schaffen es die Tiere dann nicht mehr, rechtzeitig ins offene Wasser hinauszuschwimmen.

Natalie hatte mir noch am ersten Tag meiner Ankunft stolz den Garten gezeigt, wo alle Pflanzen in Spanisch, Englisch und in den beiden feuerländischen Sprachen der Ureinwohner, der Yamana und Alacaluf, bezeichnet sind. Die Sprachen der Ona und Haush sind nicht aufgeführt, da sie weiter im Norden Feuerlands lebten.

Als mich Natalie zum Friedhof führte, berichtete sie mir auch vom Urgroßvater ihres Mannes, Thomas Bridges. Sie hat sich dafür eingesetzt, dass sein Wörterbuch über die Sprache der Yamana wieder aufgelegt wurde, und arbeitet gerade an der Herausgabe seiner Tagebücher.

Thomas Bridges, erzählte sie, war ein Waisenkind aus England; ein Pastor der anglikanischen Kirche adoptierte ihn. Als der Pflegevater zum Missionieren auf die Falklandinseln geschickt wurde, nahm er den zwölfjährigen Zögling mit. Thomas lernte dort die Sprache der Yamana, die auch Kanu-Indianer genannt werden. Ursprünglich waren die Falklandinseln unbewohnt. Die englischen Siedler, die dorthin einwanderten und sich der Schafzucht widmeten, brauchten jedoch Arbeitskräfte, und so verschleppten sie kurzerhand Indianerfamilien von Feuerland auf die Inseln. Um diese Indianer zu missionieren und geistlich zu betreuen, wurde der Pastor zu den Falklandinseln gesandt.

Wie sein Ziehvater wurde Thomas Pastor. Nachdem er geheiratet und seine Frau gerade ein Kind geboren hatte, verlangte die anglikanische Missionsgesellschaft von der jungen Familie, die Falklandinseln zu verlassen und sich im äußersten Süden Feuerlands anzusiedeln, um dort die »Wilden« zu christianisieren.

Als sie mit der erst neun Monate alten Tochter in der Bucht landeten, wo heute Ushuaia liegt, gab es dort noch keine Siedlung. Ihre einfache Hütte war das erste Haus am Ufer des Beagle-Kanals. Die Indianer, die neugierig angepaddelt kamen, waren gewiss sehr erstaunt, als der Fremde sie in ihrer eigenen Sprache begrüßte und sich sogar mit ihnen unterhalten konnte; ein wohl einmaliges Ereignis beim Zusammentreffen zwischen Ureinwohnern und Weißen. Schnell gewann Thomas Bridges ihr Vertrauen. Schon nach wenigen Wochen konnte er seinen Auftraggebern den ersten Erfolg melden: die Eheschließung zweier Yamana nach christlichem Glauben.

Reverend Bridges war geprägt durch seine Zeit und die Erziehung seines Adoptivvaters, doch wichtiger als die »Bekehrung der Heiden« war für ihn, von den Indianern zu lernen und ihnen zu helfen. Er behandelte sie stets rücksichtsvoll, schlichtete Streit und kümmerte sich mit seiner Frau um die Kranken. Doch gegen Masern, Typhus und Tuberkulose konnten beide nichts ausrichten. Die Erreger wurden durch Seeleute eingeschleppt, nachdem die argentinische Regierung in der Bucht einen Marinestützpunkt eingerichtet hatte. Innerhalb weniger Monate starben über die Hälfte der sonst gegen Witterungsunbilden so widerstandsfähigen Yamana.

Das Sterben ging weiter. Als der Reverend nur noch 300 Überlebende zählte, beschloss er, der Zivilisation zu entfliehen. Östlich seines bisherigen Wirkungsgebietes fand er eine fischreiche, windstille Bucht, wo er sich mit seiner Familie niederließ.

Die anglikanische Kirche wollte nicht verstehen, warum die Missionsarbeit sinnlos geworden war. Ein Brief vom Hauptquartier in Brighton ist erhalten geblieben. Thomas Bridges, der 15 Jahre lang mit seiner Familie ein entbehrungsreiches Leben geführt und aufopferungsvoll für die Mission tätig gewesen war, wird in dem Schreiben heftig beschuldigt, sich mehr um das körperliche Wohlergehen der Eingeborenen gekümmert und dadurch zu viel Zeit für die christliche Bekehrung verloren zu haben. Er sei eine Ratte, die das sinkende Schiff verlasse, ein schwacher Mensch, vom Bösen zu seinem Ruin angestiftet.

Hoffentlich war Thomas Bridges über diese verletzenden Sätze nicht allzu betroffen. Natalie kann mir darüber keine Auskunft geben, aber sie weiß, dass der Urgroßvater ihres Mannes einen unbändigen Willen besessen hat. Buchstäblich aus dem Nichts erbaute er die erste Estancia Feuerlands, die er nach dem Geburtsort seiner Frau »Harberton« nannte, rodete Wald, legte Weideland an, betrieb Viehwirtschaft, erforschte im Kanu das weit verzweigte Wasserlabyrinth und führte kartografische Messungen durch. Er unterrichtete seine inzwischen sechs Kinder auch in der Yamana-Sprache und kümmerte sich um die letzten Indianer, die auf Harberton Schutz suchten. Neben all diesen kräftezehrenden Tätigkeiten vernachlässigte er nicht sein Hauptwerk, das Wörterbuch. Ich stelle mir vor, wie er sich nachts beim flackernden Kerzenlicht mit geröteten Augen über seine Schreibarbeit beugte.

Als Thomas Bridges 1889 starb, hatte er 32 000 Wörter erfasst. Doch trotz dieses gigantischen Lebenswerks war die Yamana-Sprache bei Weitem noch nicht erschöpfend dargestellt – der damals in Deutschland fast zeitgleich erschienene Duden hatte nur 29 000 Wörter archiviert. Natalie glaubt, dass die Yamana-Sprache mehr Wörter beinhaltet als jede europäische Sprache. Wer hätte vermutet, dass »primitive Wilde« sich einer dermaßen differenzierten Sprache mit schier unbegrenztem Vokabular, unzähligen Kombinationsmöglichkeiten, Bilderreichtum ohnegleichen und einer komplizierten Grammatik bedienten? Es war eine Sprache, die es den Ureinwohnern ermöglichte, ihre Umwelt präzise zu beschreiben. Sie besaßen zum Beispiel 60 verschiedene Wörter für Verwandtschaftsbeziehungen, die englische habe dagegen nur 25, sagt Natalie. Um Gefühle und abstrakte Ideen zu formulieren, benutzten sie Geschehnisse in der Natur als Metapher. Monotonie etwa bezeichneten sie als Abwesenheit von Freunden. Für Depression fanden sie das Bild einer Krabbe, die sich gehäutet hat und nun weich und empfindlich in einem dunklen Versteck wartet, bis ihr neuer Panzer hart wird. Ein Ehebrecher ist wie ein Falke, der in der Luft über seinem Opfer rüttelt, bevor er im geeigneten Moment herabstößt. Schluckauf ist ein Gewirr umgestürzter Bäume, das den Durchgang versperrt.

Natalies Begeisterung überträgt sich auf mich. Ich kann verstehen, dass der Reverend von der einmal gewählten Aufgabe nicht mehr lassen konnte.

Yamana heißt übrigens Mensch; als Verb bedeutet *yamana:* leben, atmen, glücklich sein.

Aber ein Feuer nach dem anderen erlosch. Kein einziger Yamana lebt heute noch. Der letzte starb 1977. So ist das verdienstvolle Werk von Thomas Bridges ein Monument über ein verlorenes Volk.

Als die ersten Europäer Feuerland entdeckten, gab es vier Volksgruppen. Yamana und Alacaluf waren auf dem Wasser in ihrem Element. Mit ihren Kanus paddelten sie durch das Labyrinth der Wasser-straßen und Kanäle, lebten hauptsächlich vom Fischfang. Die Haush und die Ona dagegen bevorzugten das Landesinnere, jagten Guanakos, Nandus und anderes Getier. Dank der verschiedenen Lebensweisen und der Nutzung unterschiedlicher Lebensräume gab es kaum Konflikte. Seit 8 000, vielleicht sogar 11 000 Jahren teilten sich die vier Indianerstämme friedfertig die Insel.

Es waren wohl die Lagerfeuer der Ona, die Fernando de Magellan, der portugiesische Kapitän in spanischen Diensten, 1420 sah, als er auf der später nach ihm benannten Wasserstraße eine Durchfahrt in den Pazifik suchte. »Tierra de los fuegos« soll Magellan daraufhin die Gegend getauft haben, obwohl das letztlich nicht verbürgt ist. Es heißt, statt lodernder Feuer, sei da nur Rauch gewesen.

Damals interessierte sich niemand für das neu entdeckte, abweisende Eiland. Kalt und grau lag es hinter Hagelschauern und Nebelwänden, Orkane fegten zu jeder Jahreszeit darüber hinweg. An den Küsten türmten sich haushohe Wellen und im Inneren erschwerten Gebirge, Gletscher, Urwälder und Sümpfe das Durchkommen. So dauerte es noch zwei Jahrhunderte, ehe Europa nähere Kenntnis über die Bevölkerung erhielt. Das Urteil war vernichtend. Der gebildete und vielfältig begabte deutsche Naturforscher Georg Forster, der 1772 mit James Cook die Welt umsegelte, war damals gerade 18 Jahre alt und galt dennoch bereits als Genie. In der Zoologie kannte er sich besonders gut aus, entdeckte neue Arten, beschrieb und zeichnete Tiere und Pflanzen detailliert und zugleich kunstvoll, doch die Feuerlandindianer beurteilte er mit der arroganten Voreingenommenheit seiner Zeit: »Elende Geschöpfe, die rohes, halbverfaultes, stinkendes Seehundfleisch fraßen. Ihr einziges Kleidungsstück bestand aus einem Seehundfell, das an einer Schnur um den Hals befestigt war.« Er vermutete, dass es den Ureinwohnern an Verstand fehle, um sich gegen Kälte und Blöße zu schützen. Seinen Bericht schließt er: »Dem Tiere näher und mithin unglückseliger kann wohl kaum ein Mensch sein.«

Weit mehr beschädigte Charles Darwin das Ansehen der Feuerländer. Das geringschätzige Urteil des angesehenen Wissenschaftlers, der mit seiner Evolutionstheorie weltberühmt wurde, prägte maßgebend das Bild der Inselbewohner. Darwin durfte fünf Jahre als unbezahlter Naturforscher auf dem Vermessungsschiff des Kapitäns Fitz Roy mitfahren und schrieb beim Anblick der Feuerländer: »Es waren die erbärmlichsten und elendsten Geschöpfe, die ich je gesehen habe ... Wenn man sie betrachtet, so kann man sich selbst kaum zu dem Glauben bestimmen, dass sie unsere Mitgeschöpfe und Bewohner derselben Welt sind.« Unbedachte, oberflächliche Äußerungen eines kaum 23-Jährigen, der wie Forster von Völkerkunde keine Ahnung hatte, weil es dieses Wissensgebiet noch nicht gab.

Nur wer sich den Indianern vorurteilsfrei näherte wie Thomas Bridge, konnte einen Einblick gewinnen, und wer sich bereitfand, mit ihnen zu leben, wie der Missionar Martin Gusinde, erkannte ihre hoch entwickelte Gedankenwelt und ihr tiefes Naturverständnis. Gusinde schuf mit seinen Aufzeichnungen und Bildern eindringliche Dokumente. Seine Fotos rühren an und sind letzte Zeugnisse einer ausgelöschten Menschheitskultur.

Martin Gusinde, 1886 in Breslau und in armen Verhältnissen geboren, trat in das Missionshaus Heiligkreuz ein, wo er eine gute

Schulbildung erhielt und später neben Theologie auch Philosophie und Naturwissenschaft studierte. Nach seiner Priesterweihe sandte ihn sein Orden nach Chile.

Zu den Feuerländern reiste Gusinde zum ersten Mal im Jahr 1918. Monatelang lebte der 32-Jährige bei einer Indianersippe, übernachtete in deren tipiförmigen Hütten aus Ästen und Fellen, begleitete die Männer zur Jagd, nahm an Totenfeiern, Hochzeiten, Initationsritualen teil. Mehrmals besuchte er die Indianer in den folgenden Jahren und wusste zu diesem Zeitpunkt bereits, dass er der letzte Zeuge eines sterbenden Volkes war. Viele Indianer waren schon Opfer der eingeschleppten Krankheiten geworden, dann zäunten Schafzüchter riesige Ländereien ein und vertrieben die Ureinwohner aus ihren jahrtausendealten Jagdgründen. Kurz darauf kamen Goldsucher nach Feuerland, und nun begann die Zeit grausamer Kopfjagden. Die Glücksritter verfolgten die Indianer wie Wild, schlachteten ganze Familien ab und bekamen für jedes Ohrenpaar eines ermordeten Einheimischen ein Pfund Sterling von den neuen Landbesitzern.

Angstvoll misstrauten die Gejagten jedem Weißen, nur Martin Gusinde wurde zum Vertrauten. Sie nannten ihn »Schattenfänger«, weil er ihr Leben in Bildern festhielt. Der junge Wissenschaftler und Missionar fotografierte zurückhaltend, jede Aufnahme entstand mit Wissen, Einwilligung und Mitgestaltung der Abgebildeten. Sie wählten die Kleidung, den Schmuck, ihre Körperhaltung und Bemalung. Bei späteren Besuchen brachte er ihnen Fotoabzüge mit.

Martin Gusinde wusste, dass er den Untergang weder der Kanuleute noch der Guanakojäger verhindern konnte, deshalb versuchte er mit seinen Fotografien die Existenz der schönen, stolzen und wetterharten Bewohner Feuerlands im Gedächtnis der Menschheit zu bewahren.

Intensiv betrachte ich die Bilder in einem Buch, das Natalie mir zur Ansicht gegeben hat, versuche in den Gesichtern zu lesen. Ernst und würdevoll blicken die Menschen in die Kamera. Sie strahlen Selbstbewusstsein und Selbstachtung aus. In ihren Mienen spiegelt sich aber auch tiefe Traurigkeit; der unaufhaltsame Untergang ihres Volkes muss ihnen bewusst gewesen sein. In nur 50 Jahren war ihre Gemeinschaft von vielen tausend auf wenige Dutzend geschrumpft. Ein Bild berührt mich besonders. Drei Menschen sind darauf dargestellt. Eine junge Frau, deren prächtiges Guanakofell vom Hals bis zu ihren Füßen fällt, hält in den Armen ihre kleine Tochter, sorgsam in warmen Pelz gehüllt, dicht neben ihr steht beschützend der Mann. Der offene Blick der beiden Erwachsenen, in dem dennoch Skepsis und auch Trotz mitschwingen scheint eine Botschaft zu vermitteln, als wollten sie sagen: Wir sind die rechtmäßigen Bewohner unserer Heimat! Wir wollen leben, unser Volk darf nicht untergehen.

Das Foto stimmt mich traurig. Wo sind sie geblieben, diese schönen, großen, starken Menschen? Was für ein Verlust, dass sie unwiederbringlich von unserer Erde verschwunden sind.

Nach Gusindes Beobachtungen war bei allen vier Völkern der Familienverband die Basis ihrer Gemeinschaft. Zwischen Frauen und Männern herrschte eine feste Arbeitsteilung, besonders rigoros bei den beiden Seenomadenvölkern, den Yamana und Alacaluf. Jeden Morgen bestieg die Familie das Kanu; hinten saß die Frau und paddelte, vorn stand der Mann mit dem Speer in der Hand, um eine auftauchende Beute sofort erlegen zu können. In der Mitte saßen die Kinder, die auf flachen Steinen sorgsam das Feuer hüteten. Es durfte nie erlöschen, denn es war ihre Lebensversicherung, um dem kalten und nassen Klima zu trotzen. Beim Anlegen sprangen die Frauen ins eiskalte Wasser und zogen das Kanu an Land. Nur sie konnten schwimmen. Schon als kleine Mädchen lernten sie, sich im Wasser zu bewegen und zu tauchen, um den Speiseplan mit Muscheln und anderen Meerestieren anzureichern, während die Jungen die geschickte Handhabung des Speers erwarben und ein Leben lang Nichtschwimmer blieben.

Der Forscher war beeindruckt, wie liebevoll die Mütter um ihren Nachwuchs besorgt waren. Beispielgebend erwähnt er das Nabelschnur-Ritual. Vier Jahre lang bewahrten die Yamana-Frauen die Nabelschnüre ihrer Kinder auf, dann fingen sie einen Zaunkönig, dem das kleine Kind seine Nabelschnur um den Hals band und wieder fliegen ließ. Den mythologischen Hintergrund erläutert Martin Gusinde nicht näher, aber er war überrascht von der Fähigkeit der Mütter, trotz des schwierigen Nomadenlebens die zerbrechliche, getrocknete Schnur jahrelang aufzubewahren.

Der Missionar lernte auch den Glauben und das tiefe spirituelle Wissen seiner Gastgeber kennen. Sie verehrten ein höheres Wesen, das sie Watauinewa nannten. Schamanen traten mit mächtigen Naturgottheiten in Kontakt, um Kranke zu heilen, das Wetter zu beeinflussen und den Jagderfolg zu beschwören. Dauerte das schlechte Wetter an, zogen die Männer ihre Felle aus, stellten sich nackt im Kreis auf, mit den Gesichtern nach innen, legten sich gegenseitig die Arme auf die Schultern und tanzten stampfend, bis sie glaubten, dass die Wettergötter sie erhörten. Sie fertigten Masken aus Baumrinde, bemalten ihre Körper mit weißen Punkten, schwarzen und roten Streifen und klebten Vogelfedern auf die Haut, um so die verschiedenen Aspekte der Naturkräfte zu symbolisieren.

Eines der wichtigsten Ereignisse im Leben der Feuerländer war der Übergang von der Kindheit ins Erwachsenenleben, das Initiationsritual, bei dem der Prüfling ethische Grundsätze, Glaubensregeln, praktische Fähigkeiten lernen und beweisen musste. Das Vertrauen der Einheimischen zu dem Fremden war so groß, dass er die Einweihung nicht nur beobachten, sondern daran teilnehmen durfte und nach bestandener Prüfung als Stammesbruder aufgenommen wurde.

In seinen Aufzeichnungen hat Gusinde detailliert die Zeremonie beschrieben und auch die Gesetze der Yamana aufgezeichnet:

»Betrittst du eine Hütte, setze dich anständig hin, mit untergeschlagenen Beinen, schaue alle Anwesenden freundlich an. Gib dich nicht nur mit einer Person ab, und kehre niemandem den Rücken zu. Geh nicht zu häufig auf Besuch …

Treten viele in deine Hütte ein, und du besitzt zu wenig, um alle zu beschenken, bedenke zunächst die Fremden; von dem, was übrig bleibt, gib an deine Freunde und Verwandten ab …

Plaudere nicht sofort aus, was du anderswo gehört hast. Gar zu leicht wird etwas aufgebauscht. Später werden die Leute genauer nachforschen, wer der Schwätzer gewesen ist; dann werden sie dich ausfindig machen.«

Der lange Ritt durch Feuerland

Zwei Reiter bewegen sich wie zwei schwarze Punkte in der weiten Einsamkeit. Ihre Wege führen aufeinander zu ... Unruhe regt sich in ihnen, wie immer, wenn sich zwei Reisende auf einem einsamen Pfad begegnen.

FRANCISCO COLOANE

Ruben ist 23 Jahre alt und ein guter Reiter, er hat Pferdeverstand, lobt Natalie Goodall. Sein dichtes, schwarzes Haar fällt ihm wild in die Stirn, seine Haut hat eine bronzefarbene Tönung. Über meine Frage, ob es in seiner Familie indianische Vorfahren gebe, lacht er.

»Nein, ich bin nicht auf Feuerland geboren«, erklärt er. »Die Linie meiner Mutter stammt aus Andalusien, die meines Vaters aus Polen.«

In Cordoba, im Norden Argentiniens, hat Ruben Landwirtschaft studiert und absolviert nun ein freiwilliges Jahr auf Haberton.

Mit Natalie habe ich meinen Plan besprochen, Feuerland mit Pferden zu durchqueren. Auf der Karte haben wir die Strecke ausgetüftelt, 230 Kilometer von Harberton zur Ostküste. Es sei ein wildes, unwegsames Gebiet mit Urwäldern, Mooren, Bergen, Schluchten, sagt sie, und ich müsse mit acht bis zehn Tagen rechnen.

Mit der Sierra Lucio Lopez und den Montes Negros sind gleich zwei Gebirgsketten zu überqueren. Die Ausläufer der Anden sind zwar im Süden Feuerlands abgeflacht, kein Berg ist höher als 1500 Meter, dennoch sind sie steil und unzugänglich. Pfade sind nicht vorhanden, zudem wird das raue, stürmische Klima das Vorwärtskommen erschweren. Es gibt zwar einen alten Trail zum Lago Fagnano und weiter zur Estancia Viamonte, die auch der Familie Goodall gehört – auf diesem Weg wurden früher Schafe und Wolle zur Küste transportiert.

Vergeblich versucht sie, mir diese leichtere Variante schmackhaft zu machen, doch der ehemalige Transportweg verläuft zu weit nördlich und nicht durch das Gebiet, das ich gern kennenlernen möchte. Natalie vermietet mir Reit- und Lastpferde. Ruben wird mich begleiten und anschließend die Pferde zurückbringen.

Am Morgen unseres Aufbruchs ist es windstill. Nicht einmal ein Hauch ist zu spüren. So ungewöhnlich ist diese Windstille, als würde sich ein Unheil anbahnen. Doch die Pferde sind gesattelt, die Packtiere beladen, es kann losgehen. Ich reite einen Schwarzen, den ich Negro getauft habe; bei Tagesausritten haben wir uns schon angefreundet. Der sechsjährige Wallach scheint ruhig, zuverlässig und ausdauernd zu sein, neigt aber zu Temperamentausbrüchen und liebt es zu galoppieren. Dazu wird er bei unserer Tour wenig Gelegenheit haben, schließlich wird das Tempo von den Lasttieren bestimmt.

Ruben sitzt auf einem vierjährigen Falben, seinem Lieblingspferd, das er selbst zugeritten habe, wie er mir stolz erzählt. An je einer langen Führungsleine ziehen wir die Lasttiere hinter uns her.

Natalie wünscht uns eine gute Reise, neben ihr stehen die Mitarbeiter der Estancia, und alle winken zum Abschied. Ein Glücksgefühl durchflutet mich, wie ich es schon so oft erlebt habe bei Beginn eines Abenteuers. Es begeistert mich immer wieder, einen Plan zu verwirklichen, der in meiner Phantasie nach und nach konkrete Formen angenommen hatte. Nun wird sich das Ausgedachte in erlebte Wirklichkeit verwandeln.

Seit zwei Stunden sitzen wir im Sattel, aber noch bewegt kein Windhauch die Luft. Was mag diese Stille bedeuten? Ich frage Ruben, doch er wiegt nur leicht den Kopf, er redet nicht gern.

Der Wind, der sich heute irgendwo versteckt, hat aber ganz eindeutig die Landschaft geprägt. Jedes Detail erzählt von ihm, am auffälligsten die Bäume. Zerzaust und gebogen, künden sie von seiner Macht.

Die erste Etappe ist einfach, weil wir einem Pfad folgen, den ich von den früheren Ausflügen während meines dreitägigen Aufenthalts kenne. Nach einigen Reitstunden liegt der See Quintana vor uns. Am Seeufer steigen wir ab, nehmen den Pferden die Sättel ab und fesseln ihnen die Vorderbeine, damit sie grasen, aber nicht davongaloppieren können. Wir hocken uns zu einer Rast nieder und packen aus, was Natalie uns aus ihrer Vorratskammer mitgegeben hat.

Die Umgebung ist traumhaft. Einsam und zeitlos wirkt die Landschaft, als sei sie aus der Betriebsamkeit der Welt herausgefallen. Im klaren Wasser des Sees spiegelt sich der 1150 Meter hohe Berg Quintana, hinter dem die Gipfelkette der Sierra Lucio Lopez in den wolkenlos blauen Himmel ragt. Dunkle Punkte kreisen dort oben. Aufgeregt greife ich zum Fernglas. Meine ersten Kondore? Doch dann sehe ich, dass es Chimangos sind, Greifvögel mit einfarbig braunem Gefieder und rahmgelben Flügelflecken.

Rubens Schweigsamkeit bin ich von unseren bisherigen Tagesausflügen schon gewöhnt. Nachdem er seinen Hunger gestillt hat, legt er sich ins Gras und schließt die Augen.

Kein anderer Laut ist zu hören als das Abreißen der Gräser und das Zermalmen durch die kräftigen Pferdezähne. Mein Blick ruht auf unseren Reittieren, ich liebe es, ihnen beim Fressen zuzuschauen. Ein beglückendes Gefühl von Freiheit breitet sich in mir aus und die Gewissheit, im Einklang mit der Natur zu sein. Weiter schweift mein Blick von den Pferden zum See, dann zu den Bergen, die den Horizont begrenzen, und schließlich zum Himmel. Blau, ohne eine einzige Wolke, wölbt er sich über die Erde.

Ruben erwacht, springt gleich auf. Wir satteln wieder unsere Reittiere und beladen die zwei Lastenträger. Von nun an wird es schwierig, denn der Pfad hat am See sein Ende gefunden. Weglos reiten wir auf das Gebirge zu. Der mit harten Gräsern und Sträuchern bedeckte Berghang geht über in dichten Laubwald. Es sind gleich vier verschiedene Baumarten, die hier wachsen. Biologen nennen sie *Nothofagus*, Südbuchen, denn sie kommen nur auf der südlichen Erdkugel vor. Sie entwickelten sich, als der Urkontinent Gondwana noch existierte. Den Buchen auf der Nordhalbkugel sehen sie zwar ähnlich, sind aber nur entfernt mit ihnen verwandt; deshalb heißen sie auch Scheinbuchen, auf Griechisch bedeutet *notho* so viel wie falsch, unecht. Alle vier Baumarten haben ziemlich kleine Blätter. *Nothofagus pumilio* und *Nothofagus antarctica*, auf Spanisch *lenga* und *ñire*, verfärben sich im Herbst leuchtend rot und werfen dann ihre Blätter ab, während *Nothofagus dombeyi*, auf Spanisch *coihue*, und *Nothofagus betuloides*, auf Spanisch *guindo*, auch während des Winters das grüne Laub behalten. Die Lenga-Bäume kann ich an ihrem geraden, sehr hohen Wuchs erkennen. Über 500Jahre sollen diese Baumriesen alt werden, oft erreichen sie eine Höhe von 30 Metern. Ñire-, Guindo- und Coihue-Buchen sind niedriger und erinnern mich durch ihren meist knorrigen, verästelten Wuchs an Kobolde. Das Gefühl, durch einen verzauberten Wald zu reiten, wird durch lichtgrüne Flechten verstärkt, die von den Ästen wie zarte Gewebe herabhängen. Sie heißen *barba de viejo*, Altmännerbart. Zahlreiche gelbe und rote Farbtupfer schmücken zudem die Kronen der Buchenbäume. Es sind Misteln, die zwar die Wasserleitungsbahnen der Bäume anzapfen, sich aber durch Photosynthese selbst ernähren. Am Boden leuchten hin und wieder die zinnoberroten Blütenampeln der *Fuchsia magellanica*, aus der die Fuchsien gezüchtet worden sind, die in unseren Gärten eine großartige Farbenvielfalt entfalten. Kolibris stehen im Schwirrflug in der Luft und laben sich am Nektar der korallenroten Blüten des Feuerbuschs *notro*, dessen botanischer Name *Embothrium coccineum* lautet. Unzählige Bäume sind umgestürzt. Dicke Moospolster hüllen ihre Stämme ein. Sie müssen schon lange am Boden liegen, denn wegen des kalten Klimas verrottet ihr Holz nur langsam.

Sehr mühsam kommen wir in dem dicht verwachsenen Wald mit den kreuz und quer liegenden toten Bäumen voran. Nur ungefähr können wir uns orientieren. Immer wieder öffnen sich plötzlich vor uns tiefe Abgründe oder steile Felswände, dann müssen wir umkehren und einen anderen Aufstieg versuchen.

Für mich ist die Tour äußerst anstrengend. Trotz der Reitausflüge der letzten drei Tage bin ich noch nicht fit genug, stundenlang im Sattel zu sitzen. Nur gut, dass mein Negro so fügsam ist und mir durch seine ruhige Art Sicherheit gibt.

An diesem ersten Tag kommen wir nicht allzu weit. Bevor wir zu hoch in die Felsregion gelangen, errichten wir lieber unser Nachtlager auf einer Lichtung im Wald. Auch sollen die Pferde genügend Zeit zum Fressen und zum Ausruhen haben.

In der Nacht wecken mich seltsame Geräusche. Eine Weile liege ich still und lausche. Es kratzt und keucht, stöhnt und rasselt, doch kein wildes Tier stört unsere Nachtruhe, wie ich zuerst erschrocken glaubte. Es ist der lang vermisste Wind, besser gesagt ein Sturm. Die Bäume biegen sich ächzend, ihre Kronen werden geschüttelt, als sollten sie entlaubt werden. Beunruhigt krieche ich aus dem Zelt und schaue nach den Pferden, doch die vier stehen ruhig da und bilden einen Kreis mit den Köpfen nach innen. Auch Ruben ist wach geworden. Gemeinsam prüfen wir im Licht der Taschenlampen die Verankerung der Zelte und verstärken sie, so gut wir können. Dann legen wir uns wieder hin, bemüht, trotz des höllischen Lärms einzuschlafen. Lange liege ich wach und versuche mir vorzustellen, was uns der neue Tag bringen wird.

Als ich am Morgen das Zelt öffne, würde ich es am liebsten gleich wieder schließen und in den kuscheligen Schlafsack zurückkriechen. Nasskalter Nebel schlägt mir entgegen und eine klamme Kälte. Aber es bringt nichts, auf Besserung zu warten; dieses feuchte Wetter kann tagelang andauern. Nach einem kurzen Frühstück im

Stehen, denn der Nebel hat sich inzwischen in Regen verwandelt, schwingen wir uns auf die Rücken unserer Pferde und reiten los. Ich blicke mich noch einmal um und nicke befriedigt. Nichts außer ein paar geknickten Halmen und zusammengepressten Kräutern deuten darauf hin, dass wir dort übernachtet haben.

Weiter geht es steil bergan durch den Wald. Von den Bäumen tropft es auf uns herab. Manchmal stehen die düsteren, regennassen Stämme so nah, dass wir uns kaum durchzwängen können. Besonders wegen des Gepäcks müssen wir höllisch aufpassen, damit es nicht von spitzen Ästen aufgespießt und die Regenschutzplanen dabei zerrissen werden.

Negro scheint das trübe, graunasse Wetter nicht sonderlich zu stören, schließlich ist er ein gebürtiger Feuerländer und an derartige Witterung gewöhnt. Sein nasses Fell glänzt wie schwarzer Lack, und in seiner Mähne sammeln sich Wassertropfen. Der Boden ist glitschig. Manchmal rutscht Negro mit den Hufen aus, doch er fängt sich jedes Mal und geht zielstrebig weiter. Konzentriert blickt er auf den Boden und mustert genau die Umgebung, bevor er seine Schritte setzt. Seine Ruhe und Sicherheit übertragen sich auf mich. Endlich hört es auf zu regnen, dafür bläst aber der Wind umso heftiger.

Je weiter wir vordringen, desto düsterer und unheimlicher wird die Gegend. Krüpplige Büsche lösen den Wald ab, dann gedeihen nur noch Gräser und Polsterpflanzen. Nebelschwaden geistern um Felskuppen und Berggipfel. Immer höher gelangen wir in die Felsregion, bald werden wir den Pass erreicht haben, so hoffe ich. Seit Stunden sitze ich im Sattel, meine Muskeln verkrampfen sich und schmerzen heftig. Ich bin völlig erschöpft. Das mühsame Reiten durch den verwachsenen Wald, bei dem ich zusätzlich noch das Lastpferd an sperrigen Ästen vorbeimanövrieren musste, war äußerst anstrengend gewesen. Nicht weniger beschwerlich ist es jetzt, sich zwischen den steilen Felsen einen Reitweg zu bahnen. Wir sind ganz davon in Anspruch genommen, für die Tiere den günstigsten Aufstieg zu finden. Eine Rast, wie ich sie schon lange nötig hätte, können wir in dem unwegsamen Gelände nicht machen.

Die Pferde spitzen die Ohren. Etwas, das wir mit unseren weniger sensiblen Sinnen weder sehen noch hören, scheint sie zu ängstigen. Plötzlich, als wir um eine Felskante herumreiten, öffnet sich direkt vor uns ein Abgrund. Steil fällt die Schlucht ab, und der Blick auf den tosenden Fluss in der Tiefe nimmt mir sekundenlang den Atem. Ein gefährlich schmales Felsband führt rechts am Abgrund entlang. Ich bin schwindelfrei, und es würde mir nicht allzu viel ausmachen, den nur wenige Fuß breiten Pfad zwischen Felswand und Abgrund entlangzugehen, jedoch oben auf dem Pferd fürchte ich, womöglich zusammen mit dem Tier in die Schlucht zu stürzen. Aber ich kann nicht absteigen – auf der einen Seite ist die Felswand, auf der anderen der Abgrund. Erst recht kann ich Negro nicht zurücklenken, denn für eine Wende ist nicht genug Platz. Also muss ich auf mein Pferd vertrauen und den felsigen Steg am Abgrund entlangreiten.

Fest presse ich mich in den Sattel, drücke die Füße in die Steigbügel, klammere mich an die Zügel, versuche meine Angst in mir zu verschließen, um meinen Negro nicht zu irritieren. Die Verantwortung für mein und sein Überleben liegt jetzt ganz bei ihm. Indem ich ihm vertraue, gebe ich ihm Sicherheit. Die Führungsleine des Packpferdes liegt locker in meiner Hand, ich bin entschlossen, sie sofort loszulassen, sollte das Tier mit seiner Last straucheln und abstürzen. Mit unerschütterlicher Festigkeit schreiten Negro und die drei anderen Pferde über den Felssteg, als wären sie Seiltänzer.

Erlöst atme ich auf und streichle Negro lobend den Hals. Diese Gefahr ist überstanden, leichter wird das Vorankommen aber nicht. Im Gewirr der Felsen, Schluchten und Abgründe verlieren wir immer wieder die Orientierung, da helfen auch Kompass und Karte wenig. Dazu der heftige Wind und die Kälte, die an den Nerven zerren und den Körper schwächen. Wir müssten endlich eine Pause machen, etwas trinken und essen, denke ich. Gerade will ich Ruben, der jetzt unseren Zug anführt, dazu auffordern, da reiten wir um eine Felswand herum – und vor uns öffnet sich ein liebliches Tal. Die raue Felsenwelt, in die es eingebettet liegt, verstärkt noch den Eindruck einer paradiesischen Idylle.

Von den Gletschern der Eiszeit muss dieser Einschnitt in das Gebirge geschürft worden sein. Fruchtbarer Lössboden lässt Wiesen gedeihen und einen lichten Buchenhain, durch den sich ein Bach schlängelt. Ein Tal wie geschaffen, dass sich hier Menschen ansiedeln könnten. Doch wie von der Welt vergessen, herrschen nur Einsamkeit und Stille. Ich fühle mich beim Anblick dieses grünen Tals inmitten der rauen Berge wie eine Auserwählte, der nach entbehrungsreichem Weg ein kleines Paradies zum Ausruhen geschenkt wird.

Wir finden einen sanften Abstieg, und bald reiten wir durch saftiges Gras, das an unseren Steigbügeln entlangstreift. Als wir den Hain aus Buchen und Eichen erreichen, beschließen wir, zu bleiben und die Nacht hier zu verbringen, denn der Boden ist trocken, und die Bäume geben uns Windschutz. Wir packen die durchfeuchteten Zelte aus und lassen sie trocknen, bevor wir sie aufbauen. Erst als das Lager eingerichtet ist, wir gekocht und gegessen haben, fällt mir auf, wie lautlos es hier ist. Als wäre alles Leben in diesem verlorenen Winkel erloschen, nur Gräser und Bäume sind geblieben.

Eben will ich meinen Beobachtungsplatz auf einem vermoderten Baumstamm verlassen, um das Tal zu erkunden, da lässt mich schrilles Kreischen zusammenzucken. Wie grün schillernde Pfeile jagt ein gefiedertes Geschwader durch die Luft, umkreist die Bäume und fällt lärmend in die Kronen ein. Ich wusste, dass auf Feuerland Papageien leben, dennoch bin ich jetzt freudig überrascht, ihnen gerade in diesem stillen Tal zum ersten Mal zu begegnen.

Mit Papageien verbindet man die Vorstellung von Palmenstränden und feuchtheißen Urwäldern. Wer würde daher vermuten, dass sich diese farbenprächtigen Tropenvögel in eine raue Gegend aus Fels, Eis und Schnee verirren, die im Winter monatelang unter klirrender Kälte erstarrt? Doch die Natur ist vielfältiger und wandlungsfähiger, als wir uns das oft vorstellen, und so haben sich auch Papageien an das fast antarktische Klima angepasst. Ihre Vorfahren lebten in Australien und Neuseeland, einige Vögel wurden wahrscheinlich von Stürmen erfasst, nach Feuerland verschlagen und entwickelten sich hier zu einer neuen Papageienart. Etwa so groß wie eine Dohle, wirken sie robust und widerstandsfähig.

Mithilfe des Fernglases bewundere ich, wie schön sie sind. Ihr Gefieder schillert grün, changiert von Smaragd über Olivgrün zu Metallic, und die langen Schwanzfedern leuchten rostrot. Ihr Federkleid ist jedoch bescheiden im Vergleich zu dem ihrer Verwandten in den Tropen, den grellbunten Aras, jedoch im nasskalten Feuerland wirken sie wie Boten des Lichts und der Sonne.

»Das sind *cachañas*«, erklärt mein Begleiter.

Ich freue mich, dass er wieder mal was sagt. Es fällt mir schwer, mich an Rubens schweigsames Wesen zu gewöhnen. Er war erstaunt, als ich ihn am Abend zuvor fragte, ob ihn etwas bedrücke, weil er so still sei.

»Warum sprechen, wenn es nichts zu sagen gibt?«, meinte er darauf lakonisch.

»Da hast du recht«, stimmte ich ihm zu. »Doch über alles, was uns umgibt, denken wir doch nach und bilden uns eine Meinung. Und wenn man den Dingen auf den Grund geht, gäbe es sehr vieles, worüber wir uns austauschen könnten.«

»Ja, tun wir das«, stimmte er eilfertig zu. Aber sein Beitrag zu unseren Gesprächen erschöpft sich dann doch wieder nur in wenigen kurzen Sätzen.

Am dritten Tag überqueren wir die Sierra Lucia Lopez und gelangen in die weite Ebene eines von eiszeitlichen Gletschern ausgeschliffenen Trogtales. Begrenzt wird das Tal fern im Osten von einer dunklen Bergkette, den Montes Negros, unserem nächsten Ziel.

Wir hätten gewarnt sein sollen, denn die rötlichen Stellen, die uns beim Abstieg als erfreuliche Farbtupfer erschienen, erweisen sich in der Nähe als Torfmoose, die einen morastigen Sumpf bedecken.

Mir fällt ein, dass die Yamana für eine tödliche Wunde das gleiche Wort benutzten wie für das Moor, weil die Farben so ähnlich sind. Die von Wasser durchtränkten Torfmoore haben eine schmutzig gelbe Farbe, dazwischen tauchen rötliche Flecken auf, und das Ganze wirkt wie eine offene Wunde, aus der Eiter und Blut fließen. Inmitten des Tales liegt dieser Sumpf ausgestreckt da, wie ein verwundetes Wesen.

Diese Assoziation hebt nicht gerade meine Stimmung, denn unsere Versuche, das Moor zu queren, enden jedes Mal mit eiligem Rückzug. Wir haben Angst, dass die Pferde stecken bleiben oder gar versinken könnten – und wir mit ihnen. Es nützt auch nichts, dass wir absteigen und die Tiere am Zügel führen. Vorsichtig gehe ich vor Negro her, mache große Schritte von einem Graspolster zum nächsten. Unter meinen Tritten schwanken sie gefährlich. Moorbraunes Wasser quillt zwischen den Pflanzeninseln hervor. Fauliger Geruch steigt auf und reizt meine Nase.

Dann geschieht es! Negro springt auf einen Torfmoosbuckel, rutscht ab und versinkt bis zum Bauch im Morast. Mit aller Kraft bäumt er sich auf. Während er mit den Hinterbeinen tief im Sumpf steckt, reißt er seine Vorderbeine hoch in die Luft. Voller Panik verdreht er dabei die Augen, fast nur noch das Weiße ist zu sehen. Allmählich gelingt es mir, ihn zu beruhigen, dabei habe ich selber Angst. Doch mit dem Mut der Verzweiflung packe ich ihn fest am Zaumzeug und ziehe ihn zurück auf festen Boden.

Müde geben wir gegen Abend auf und errichten unser Lager am Rand des Sumpfes, ohne ein Stück vorangekommen zu sein.

In der Nacht schlafe ich schlecht, höre ständig ein Schmatzen und Glucksen, leise Töne, hervorgerufen durch rinnendes Wasser und aufsteigende Sumpfgase. Je länger ich lausche, umso unheilverkündender erscheinen mir die gurgelnden Geräusche aus dem Bauch des Moores. Schließlich schlafe ich doch ein. Am Morgen erwache ich mit neuem Mut.

Zwei Tage haben wir gebraucht, um den Fängen des Sumpflandes zu entkommen. Trotz der Mühsal verliere ich nicht den Blick für die Schönheit dieser Moorlandschaft, die mit ihrer Weite und Gleichförmigkeit melancholisch und zugleich geheimnisvoll wirkt. Das Moor ist eine Gemeinschaft angepasster und fein aufeinander abgestimmter Lebensformen. Alle diese verschiedenen Erikagewächse, Binsen, Seggen, Schilfgräser und Moose können nur in dieser Umwelt gedeihen. Ich freue mich am Anblick des blaublütigen Fettkrauts, auf dessen klebrigen Blättern winzige Fliegen und andere Kleininsekten haften bleiben und verdaut werden, um den Stickstoffmangel im Boden auszugleichen. Den gleichen Trick wendet der unscheinbare, nur drei Zentimeter kleine Sonnentau an, dessen rundliche Blättchen mit Tröpfen bewaffnet sind, an denen Insekten wie an Leim hängen bleiben. Sonnentau und Fettkraut sind mir gut bekannt, sie wachsen auch in unseren heimischen Hochmooren.

Zauberhaft die filigranen *Sphagnum*, die Torfmoose, mit regelmäßig angeordneten Blättchen am runden Stängel und einem Schopf an der Spitze, der sich erst gelblich, dann rötlich und schließlich scharlachrot färbt. Dicht an dicht wachsen diese Sphagnum-Moose und bilden ausgedehnte Teppiche, die beim Gehen über die Pflanzendecke auf- und niederfedern. Ein unsicherer Boden, bei dem man nie Gewissheit hat, wie lange er trägt und ob man nicht beim nächsten Schritt einsinkt und vom Moor verschlungen wird.

Mehr als einmal vertrauen wir zu sehr darauf, zwischen hohen Binsen festen Boden zu finden, um dann erneut im Morast einzusinken, dann wieder narren uns scheinbar trittfeste Moose. Wir wollen weder uns noch die Tiere gefährden und ziehen lange am Rand des Sumpfes entlang, bis er schmaler wird und uns die Querung endlich gelingt. Tief atme ich durch und blicke unwillkürlich hinauf zum Himmel, und da ist er – ein Kondor. Er zieht seine weiten Kreise und segelt davon.

Weiter kämpfen wir uns die nächsten Tage über steile Berge und immer wieder durch neue Sümpfe, die das Durchqueren der trogartigen Täler erschweren und uns zu weiten Umwegen zwingen. So schwierig hatte ich mir den Ritt durch die Spitze Feuerlands nicht vorgestellt. Ich muss meine ganze Kraft aufwenden. Nur wie durch einen Schleier nehme ich die Schönheiten der Natur wahr: die in Rot- und Gelbtönen leuchtenden Hochmoore, die wilden Urwälder und die einsamen und kargen Berge, über denen immer wieder ein Kondor kreist. Am Abend bin ich total ausgelaugt, möchte mich am liebsten einfach auf die Erde fallen lassen. Aber stattdessen müssen die Pferde vom Gepäck befreit, ihnen der Sattel abgenommen und das schweißnasse Fell trocken gerieben werden. Dann folgen das Aufbauen der Zelte, das Auspacken der Packsäcke, Kochen und Essen, bis ich dann völlig erschöpft endlich in den Schlafsack kriechen kann. Doch trotz aller Entbehrungen empfinde ich es als Privileg, diese wilde, unberührte Gegend erkunden zu dürfen.

Beim Abstieg von den Montes Negros liegen dunkelgrüne Südbuchenwälder und weit ausgedehnte Hochmoore vor uns, durch die sich das braune Band des Río Noguera schlängelt. Seine vielen Windungen werden uns zur Atlantikküste führen. Wir reiten hinab zum Flussufer. Entwurzelte Bäume liegen dort, von der Sonne silbergrau gebleicht, und künden von gewaltigen Überschwemmungen. Federgräser wiegen sich im Wind, und blühende Kräuter wachsen zwischen hellen Kieseln. Lauschend stehe ich am Ufer und höre, wie der Fluss die Steine in seinem Bett rollen lässt.

Wir reiten das kiesige Ufer entlang und kommen jetzt schnell voran. Endlich ist das Reiten einfach. Wir und die Pferde genießen es, keine Hindernisse mehr überwinden zu müssen.

Bevor wir es sehen, hören wir es – das Meer. Zuerst die hellen Schreie der Möwen, das Krächzen der Kormorane und die schnatternden Gänseschwärme am Abendhimmel, dann das Rauschen der Brandung. Nach zwölftägigem Ritt erreichen wir die Küste. Vor uns erstreckt sich eine wellenbewegte Fläche, weit bis zum Horizont.

Der Besucher aus der Kälte

Wer würde schon an Pinguine glauben, wenn er sie nicht gesehen hätte?

CONOR O'BRIEN

Bei Flut schlagen die Wellen wütend an das Kliff, bei Ebbe ziehen sie sich kilometerweit zurück, fast bis zum Horizont. Der Unterschied zwischen Hoch- und Niedrigwasser beträgt zwölf Meter, und da der Meeresboden kaum in die Tiefe abfällt, verschwindet bei Ebbe das Meer fast aus meinem Gesichtsfeld. Dort, weit draußen, liegt ein Wrack. Ein gespenstischer Anblick, der mich aber magisch anzieht. Immer wieder blicke ich durch das Fernglas, schätze die Strecke, die ich zurücklegen müsste.

Endlich entschließe ich mich, das Wagnis einzugehen. Da das Schiff erst beim tiefsten Stand der Ebbe freiliegt, muss ich den Weg hin und zurück zum rettenden Ufer in sechs Stunden schaffen. Und es wird schwierig sein, keine Wattwanderung über glatten Schlickboden wie an der Nordsee, denn der Untergrund ist felsig, mit scharfkantigen Höckern und Buckeln, Rissen und Löchern. Ich werde höllisch aufpassen müssen, damit ich auf dem glitschigen Gestein nicht ausrutsche, mir womöglich den Knöchel verstauche oder sogar einen Bruch riskiere, denn dann würde mich die unerbittlich anrollende Flut einholen.

Nur langsam komme ich also voran, zudem verführen mich die wassergefüllten Pools dazu, innezuhalten und die darin gefangenen Meerestiere zu betrachten: Seesterne, Quallen, Muränen, Muscheln, Krabben und Tintenfische, die sich vor Aufregung rosa färben.

Endlich ragt das Wrack vor mir in die Höhe, ein riesiges, rostiges Metallgerippe. Erste Wellen schlagen schon an den geborstenen

Rumpf, ein Zeichen für mich, dass die Flut bereits begonnen hat. Doch das Wasser ist noch flach, und ich überschlage, dass die Zeit für eine kurze Besichtigung ausreichen müsste.

Aus der Nähe wirkt das gestrandete Schiff gar nicht mehr so geheimnisvoll. Innen nur rostiges Metall und faulendes Holz. Als ich aus dem Schiffsbauch herausklettere, ist das Wrack ganz vom Meer umspült. Ich muss knietief durchs Wasser waten, bis ich nach einigen Minuten wieder trockenen Boden erreiche. Aber die Flut steigt rasch. Mit dem Meer auf den Fersen eile ich zurück, gönne mir jetzt nur noch kurze Blicke in die Wasserpools. Nicht mehr lange, und die darin Gefangenen können wieder frei durch den Ozean schwimmen.

Wo der Río Noguera in den Atlantik mündet, habe ich mein Zelt auf einer kleinen Anhöhe mit Meeresblick windgeschützt zwischen Büschen aufgebaut. Nichts deutet auf die Anwesenheit von Menschen hin, keine Siedlung weit und breit. Morgen will ich entlang der einsamen Küste nach Norden wandern zur 80 Kilometer entfernten Estancia San Pablo. Ruben ist mit den Pferden zurückgekehrt nach Harberton. Nur schwer habe ich mich von Negro getrennt, wäre gern mit ihm weitergeritten. Andererseits beruhigt es mich, dass er wieder in die ihm vertraute Gegend darf.

Kalte Windböen jagen vorbei. Ich lehne mich mit dem Rücken gegen eine Lösslehmwand, die noch sonnenwarm ist und mich vor dem Wind schützt. Vor mir schäumt graugrün mit weißen Schaumkronen das flutende Meer. Wie ein lebendes Wesen wirkt es auf mich. Sein Kommen und Gehen bei Ebbe und Flut ist wie ein Aus- und Einatmen in regelmäßigen Zügen. Gestern Abend erlebte ich das Meer vom Sturm wild aufgepeitscht. Wütend türmten sich riesige Wellen auf, rissen Teile der Küste mit sich. Es schien mir, als föchten die beiden, das Meer und das Land, einen immerwährenden Kampf aus, den keiner gewinnen und keiner verlieren kann.

Trotz langer wollener Unterhose, Pullover, Fleecejacke, Goretexhose und Anorak fröstele ich. Die Temperatur beträgt am Abend gerade mal fünf Grad, da sollte man nicht allzu lange stillsitzen. Aber der Anblick des bewegten, sich ständig verändernden Meeres, die wechselnden Stimmungen, das Panorama aus Licht und Farben bannen mich. Langsam senkt sich die feuerländische Abenddämmerung herab. Goldene Wolken leuchten, angestrahlt von der Sonne im Westen.

Auf den anrollenden Wellen surfen Magellangänse. Zuerst traue ich meinen Augen nicht, denn ich habe noch nie surfende Gänse gesehen. Aber sie tun es tatsächlich. Sie wählen sich eine Welle aus, paddeln auf den Wellenkamm hinauf, und los geht der wilde Ritt. Sie lassen sich ans Ufer tragen, und mit einem Hopser springen sie an Land, weit genug weg vom Sog der zurückzischenden Brandung. Der Trupp wartet, bis auch die Letzte das nasse Element verlassen hat, dann watscheln sie wie aufgezogenes Spielzeug laut schnatternd am Strand entlang zu ihren Schlafplätzen.

Magellangänse sind auffallend große und stattliche Tiere, wobei die Geschlechter so unterschiedlich gefärbt sind, dass es zwei verschiedene Arten sein könnten. Die Männchen sehen prächtig aus, schneeweiß mit feinen, schwarzen Wellenlinien über Flügel und Rücken; die Weibchen tragen ein zimtfarbenes Federkleid, bei dem die schwarze Streifung kaum sichtbar ist.

Ein paar Austernfischer suchen noch eilig den Ufersaum nach Nahrung ab, und Kormorane ziehen landeinwärts zu ihren Schlafbäumen. Auf einmal fällt Nieselregen aus dem inzwischen nachtschwarzen Himmel und treibt mich ins Zelt. In der Nacht wache ich auf – ein eigenartiges Geräusch. Ich lausche, vernehme aber nur den Schlag der Wellen. Dann höre ich es deutlich, ein feines Rieseln. Vorsichtig öffne ich das Zelt – tatsächlich, es schneit, und das mitten im Südsommer. Am Morgen ist mein Lager im Pulverschnee versunken, aber bald schmilzt er, denn die Sonne steigt zwar etwas blass, aber doch die Erde wärmend aus dem Meer.

Während unseres Ritts gab es keine Möglichkeit für eine Ganzkörperwäsche, und bisher hatte ich wegen der Kälte noch keine rechte Lust, doch jetzt nutze ich die Nähe des Río Noguera für ein eisiges Bad. Das dunkelbraune Moorwasser fühlt sich samtweich an, perlt über meine Haut und ist weniger kalt, als ich befürchtet hatte. Danach ist mir sogar wärmer als zuvor, und ich bin bereit zum Abmarsch. Keine Pferde müssen gesattelt, keine beladen werden, ich schultere einfach meinen Rucksack, der mitsamt Zelt, Kochzeug und Vorräten ein ziemliches Gewicht hat, und gehe am Uferstreifen die Küste entlang. Der Sand hat eine graue Farbe, langsam lasse ich ihn durch die Finger rinnen. Zur Hälfte besteht er aus schwarzen, zur anderen aus weißen Körnchen, vom Meer zermahlenen, kalkigen Korallen und dunklem Gestein, wahrscheinlich Basalt.

Bei unserer Pferdetour hatte ich nur selten Tiere gesehen, doch an der Küste wimmelt es von Leben. Regenpfeifer und Strandläufer sausen am Spülsaum entlang, reaktionsschnell weichen sie den Wellen aus, kurven schwirrend im Pulk davon, schlagen einen Bogen und landen wieder fast an der gleichen Stelle. Austernfischer, befrackt oder ganz in Schwarz, staksen umher und bohren ihre roten Schnäbel in den feuchten Schlick. Möwen übertönen mit ihrem Geschrei die Brandung, und einige schweben, kaum eine Armlänge von mir entfernt, in der Luft und beäugen mich. Sie sind einfach neugierig, denn Menschen werden sie an dieser Küste selten sehen. Auf Totholz hockt ein Wanderfalke, der Nomade der Lüfte. Tanggänse, reinweiß die Männchen, braun die Weibchen, gründeln nach Algen, während die größeren Magellangänse die Ufer abweiden. Zwischen den hohen Gräsern würde ich die Gänsescharen gar nicht wahrnehmen, wenn nicht jeweils ein Ganter auf einer Erhöhung stünde und wachsam Ausschau hielte.

Plötzlich habe ich das Gefühl, als würde mich jemand beobachten. Blitzschnell drehe ich mich um – da ist niemand. Ein Rauschen, dann fällt ein Schatten auf mich. Erschrocken blicke ich nach oben – ein Kondor! Direkt über mir, nur wenige Meter entfernt. Riesig mit seinen drei Meter Flügelspannweite, und so nah, dass er mir Angst einjagt. Unwillkürlich ducke ich mich. Will er mich angreifen? Bewegungslos schwebt der Vogel über mir, und ich höre, wie die Luft durch seine Schwingen pfeift. Er reckt den Hals weit vor, wendet den Kopf zur Seite, und ich blicke direkt in eines seiner Augen. Wir starren uns an und wissen nicht, was wir voneinander halten sollen. Den Kopf hin und her drehend, äugt er mal mit dem linken, dann wieder mit dem rechten Auge.

Schließlich segelt er landeinwärts. Ich blicke ihm nach und fühle mich auserwählt. Ein frei lebendes Tier hat mir aus reiner Neugier seine Aufmerksamkeit geschenkt.

Die Küste baut sich zur Steilwand auf. Weiter an der Wasserkante entlangzulaufen ist unmöglich, denn bei Flut schlägt das Meer direkt an die Felsen. Ich steige zum Hochufer hinauf. In einiger Entfernung am Fluss Irigoyen und eingebettet in kahle Hügel, sehe ich drei weiße Häuser mit roten Dächern, daneben Schuppen und Stallungen. Laut Karte muss es die Estancia Irigoyen sein. Noch an drei weiteren werde ich vorbeikommen: Maria Luisa, Fueguina und San Pablo. Die einzelnen Estancias sind Tageswanderungen weit voneinander entfernt, und jede umfasst ein riesiges Gebiet. Ich will sie alle besuchen, um etwas über das Leben in dieser Einsamkeit zu erfahren.

Ein weißer Zaun umgrenzt das Grundstück. Der Rasen ist kurz geschnitten, der Garten ein Blütenmeer farbenprächtiger Lupinen. Ein freundliches und gepflegtes Anwesen. Ich schlage die Glocke am Tor. Nichts rührt sich. Wieder läute ich, warte und rufe. Es will mir nicht einleuchten, dass eine Estancia ohne Aufsicht allein gelassen wird. Unschlüssig gehe ich am Zaun entlang, versuche mir ein

Bild zu machen, was hier los ist. Da sehe ich einen Mann, er sitzt im Windschatten mit dem Rücken an eine Stallwand gelehnt, trinkt genüsslich Mate und raucht Pfeife. Erfreut rufe und winke ich. Er blickt kurz auf, ohne meinen Gruß zu erwidern, und schlürft seinen Mate weiter. Ziemlich seltsam, aber so schnell gebe ich nicht auf, rufe ihm meine Fragen zu: Ob ich Wasser bekommen könnte oder vielleicht ein paar Lebensmittel? Wo denn der Patron sei? Ob dies die Estancia Irigoyen sei? Er hebt den Kopf, blickt irgendwohin in die Weite, knurrt mürrisch, der Patron sei in der Stadt, und ich solle machen, dass ich weiterkomme. Seltsam, seltsam, warum ist der Mann nicht froh über ein wenig Unterhaltung in dieser Abgeschiedenheit? Er könnte doch wenigstens ein klein bisschen neugierig sein, denn gewiss kommt so gut wie nie jemand hier vorbei.

Am nächsten Tag erreiche ich die Estancia Maria Luisa. Von Weitem wieder ein verheißungsvoller Anblick. Holzhäuschen in Pastellfarben mit roten Dächern, die obligatorischen Lupinen im Garten, überreich in allen Farben. Wie kommt es, dass gerade sie in diesem rauen Klima, in dem es kaum Blumen gibt, so gut gedeihen? Nirgends sonst sah ich Lupinen in dieser Größe und so farbenprächtig wie auf Feuerland.

Durchs Fernglas beobachte ich einige Männer, die offensichtlich betrunken herumtorkeln oder teilnahmslos am Boden hocken. Wahrscheinlich haben sie sich geprügelt. Einer hat ein blutverschmiertes Tuch um den Kopf gebunden, zwei andere haben Hand und Arm mit dreckigen Lumpen umwickelt. Ein vierter liegt ausgestreckt neben dem Stall und scheint seinen Rausch auszuschlafen. Ein fünfter hinkt, und seine Hose ist beschmutzt. Da verschwinde ich lieber, bevor die Raufbolde aus ihrer dumpfen Starre erwachen und mir gefährlich werden könnten.

Erst in Fueguina erfahre ich ein bisschen mehr über das Leben in diesen abgeschiedenen Estancias. Wieder läute und rufe ich lange vergeblich, bis ich einen Mann beim Holzhacken entdecke. »*Buenos dias!*«, grüße ich. Er schaut kurz hoch und hackt weiter. Entnervt gebe ich auf, solche Menschen sind mir noch nie zuvor begegnet. Anscheinend verhält sich hier jeder so sonderbar.

Als ich am Gartentor vorbeikomme, steht dort eine junge, vielleicht 30-jährige Frau. Den Kopf hat sie voller Lockenwickler, den fülligen Körper umspannt eine geblümte Kittelschürze, und trotz der Kälte trägt sie an den bloßen Füßen nur ein paar Schlappen. Ihre Aufmachung wirkt völlig unpassend im wilden Feuerland. Sie steht da wie im Garten einer Vorortsiedlung von Buenos Aires oder in einer anderen warmen Gegend. In ihrem rosigen Gesicht spiegelt sich weder Neugier noch Überraschung. Mit stumpfem Blick mustert sie mich gleichgültig.

»Hier gibt es nichts«, sagt sie zur Begrüßung. Sie meint damit wohl, dass sie weder Gäste empfangen noch bewirten will, und wendet sich zum Gehen. Dass die Frau in ihrer sommerlichen Kleidung trotz Kälte und Wind bis zum Tor gekommen ist, deute ich als Zeichen, sie umstimmen zu können. Und ich bringe sie tatsächlich dazu, mich in ihr Haus einzuladen, denn ich will unbedingt wissen, was hier vorgeht. Warum sind die Menschen so gänzlich abweisend?

Die Frau, sie heißt Isabel, führt mich in einen Raum mit glühendem Eisenofen, der eine bullige Hitze ausstrahlt. Jetzt begreife ich, warum sie so leicht gekleidet ist. Mir bricht sofort der Schweiß aus, und ich beeile mich, meine Hüllen abzuwerfen. Während die Temperatur draußen kaum zehn Grad beträgt, ist es hier drinnen sommerlich heiß. Neben dem Kanonenofen stapeln sich klobige Holzscheite. Bei unserem Eintritt hat Isabel gleich ein paar ins Feuer geworfen. Da werden ganze Wälder sinnlos verheizt, geht es mir durch den Kopf. Ob ich Mate-Tee wolle, fragt sie. Freudig stimme ich zu. Aber sie brüht keine Blätter auf, sondern wirft einen Beutel ins heiße Wasser, was mich wundert, denn Argentinier halten sonst viel von der traditionellen Zeremonie des Matetrinkens. Mate im Beutel ist ein Sakrileg.

»Hier ist jetzt nichts los, überhaupt nichts«, erklärt mir Isabel. »Wenn Sie was sehen wollen, dann müssten Sie zur Schafschur kommen.«

»Scheren Sie die Schafe selber?«

»Nein, wo denken Sie hin! Das machen Wanderarbeiter. Sie ziehen von Estancia zu Estancia und scheren die Schafe im Akkord.«

»Können Sie vom Verkauf der Wolle gut leben?«, frage ich weiter.

»Sie wird zu Ballen gepresst und mit Lastwagen abtransportiert. Der ganze Aufwand lohnt sich kaum noch. Die Preise für Wolle sind zu niedrig.«

Isabel reicht mir zum Mate-Beuteltee selbst gebackene, mit Marmelade gefüllte Zuckerschnecken.

»Wir wohnen in der Stadt, in Río Grande«, erzählt sie weiter. »Nur zur Schur kommen wir nach Fueguina oder wenn mein Mann Freunde zum Angeln eingeladen hat. Heute bin ich ausnahmsweise hier, weil ich die Instandsetzung der Gebäude beaufsichtigen muss, denn einen Verwalter können wir uns nicht leisten.«

»Haben Sie denn keine Angestellten?«

»Doch, Pedro, den haben Sie ja schon beim Holzhacken gesehen. Er ist ein *peón,* ein Arbeiter. Außer ihm kümmern sich noch zwei Gauchos um die Schafe. Sie leben in kleinen Holzhütten, den *puestos.*«

»Warum wohnen die Gauchos nicht hier auf der Estancia? Da ist doch so viel Platz. Alle Gebäude stehen leer.«

»Sie müssen dort sein, wo die Schafe sind. Das ist ziemlich weit entfernt, zu weit, um hier übernachten zu können. Dort bleiben sie bis zur Schafschur und sehen fast das ganze Jahr über keinen einzigen Menschen.«

»Das muss ziemlich schwer auszuhalten sein.«

»Ach wo, diese Leute sind daran gewöhnt. Die fühlen sich nur in der Einsamkeit richtig wohl. Gemeinschaft mit anderen, nein, das mögen die nicht, und noch weniger Fremde. Denen gehen sie lieber aus dem Weg.«

Zum Abschied schenkt mir Isabel einen Beutel bis oben gefüllt mit ihrem süßen Gebäck. Während unserer Unterhaltung ist sie lockerer geworden. Ihre Einladung überrascht mich dennoch, und ich weiß nicht recht, ob sie es wirklich ernst meint, als sie sagt: »Kommen Sie uns doch in Río Grande besuchen, dort ist es viel schöner als hier.«

Am Cabo Gruesa in der Nähe des Río Lainez entdecke ich auf einer Anhöhe den idealen Platz für mein Zelt, wieder mit Blick auf das Meer. Vor dem beißenden Wind schützen Büsche und hohe Gräser. Ich will ein paar Tage rasten, die Umgebung erkunden und dem Río Lainez ins Landesinnere folgen. Wenn ich wie ein Sherpa mit schwerem Gepäck durch die Gegend stapfe, kann ich kaum Tiere entdecken und beobachten; das geht viel besser mit einem leichten Tagesrucksack auf den Schultern.

Ich genieße es, allein zu sein in einer unberührten Wildnis, ohne Wege und Pfade. Die Estancias sind weit entfernt, sodass ich sicher sein kann, niemandem zu begegnen. Aber ein ganzes Leben in der Einsamkeit verbringen wie die Gauchos, von denen mir Isabel erzählt hatte, das würde ich nicht wollen.

Wie immer erwache ich früh, die Sonne verbirgt sich noch hinter dem Horizont. Das Zelt ist mit Reif bedeckt. Ich setze Teewasser auf, und bis es heiß wird, laufe ich den Hang zum Fluss hinunter, um mich zu waschen. Es kostet mich diesmal nur wenig Überwindung, in das kalte Nass zu tauchen, denn ich weiß, wie herrlich warm das Blut danach durch meinen Körper pulsieren wird. An diesem Morgen bin ich nicht allein am Fluss. Über die glatt geschliffenen Kiesel, zwischen denen dünn einige Gräser und Kräuter wachsen, schreiten gänsegroße Vögel. Ihre Schnäbel sind lang und gebogen. Sie haben rosa Füße, und das Gefieder leuchtet honiggelb. Es sind Gelbnacken-Ibisse. Eine Gruppe von acht Tieren stakst wippend umher auf der Suche nach Insekten. Ihre gravitätischen Bewegungen lassen sie königlich erscheinen, und tatsächlich wurde ihren Verwandten in Ägypten zur Zeit der Pharaonen göttliche Verehrung entgegengebracht. Ein Ibis spielt mit einem Stöckchen. Wie mit einer Pinzette hält er es im Schnabel und wirft es weg, greift es wieder und schleudert es ein Stück weiter.

Nachdem ich Tee getrunken und eine Schale mit Haferflocken gegessen habe, ziehe ich los. Und nun geht auch die Sonne über dem Meer auf. Wie ein aufgeschlagenes Ei ist sie von hellen Schlieren umgeben. Leider versteckt sie sich bald wieder hinter grauen Wolkenbänken.

Meine Wanderung beginne ich am Fluss. Die Ibisse sind davongeflogen, dafür dümpeln Enten im Wasser, und zwei Geierfalken hocken im dürren Geäst eines abgestorbenen Baumes. Die *caracara,* wie diese Greifvögel in Argentinien genannt werden, sind etwa so groß wie Bussarde, wirken aber imposanter mit ihren hohen Beinen, dem schwarzen Schopf, den nach hinten abstehenden Federn und der puterroten Färbung im nackten Gesicht. »Krrok«, machen sie sich mit gutturalem Krächzen bemerkbar, als ich unter ihrem Ansitz vorbeigehe.

Gräser und Blätter sind in der Frühe noch bereift und glitzern im Morgenlicht. In einiger Entfernung bewegt sich etwas. Lautlos schleiche ich mich näher heran, dabei muss ich an die Feuerlandindianer denken, die sich wohl ähnlich an ihr Wild angepirscht haben. Wieder schwanken die Gräser – ein Tier mit grauem Pelz schiebt sich heraus. Es ist ein *zorro gris,* ein Graufuchs, der fast ein Drittel kleiner ist als der Rotfuchs. Seine Schnauze ist kurz, die Nase liegt eingebettet im dichten Fell, nur die schwarze Spitze ist sichtbar. Der Graufuchs muss mich bemerkt haben, er verharrt wie festgefroren ein paar Sekunden, dann passiert das Unerwartete: Er schnürt auf mich zu! Wahrscheinlich ist er ebenso neugierig wie der Kondor, der mich Tage zuvor in Augenschein genommen hat. Als der Fuchs nur noch wenige Meter entfernt ist, hebt er schnüffelnd die Nase, um zu prüfen, ob sein Gegenüber Feind oder Freund ist. Ich rühre mich nicht, zwinkere nicht einmal, aber mein Geruch verrät mich. Ein Satz, und der kleine Graue verschwindet im Gebüsch.

Regen fällt nieder, was mich aber nicht weiter stört, denn ich bin regendicht und warm gekleidet. Eine Weile folge ich dem Fluss, freue mich an hellen Kiesbänken, wo tiefroter Ampfer wächst und entwurzelte und angeschwemmte Bäume mit ihrem silbern gebleichten Holz einen pittoresken Anblick bieten. Zuerst glaube ich, eine Maus huscht zwischen den dürren Ästen umher, dann erkenne ich, dass der braune Federball ein Zaunkönig ist. Er schwirrt zu einem freien Zweig, knickst, stellt den kurzen Schwanz steil in die Höhe und schmettert sein Lied. Ich denke daran, wie die Indianermütter die Nabelschnüre ihrer Kinder diesen Vögeln anvertrauten. Warum gerade den vorwitzigen Zaunkönigen? War diesen Winzlingen in der Vorstellung der Feuerländer eine besondere magische Macht zu eigen?

Ein Trupp Papageien fällt lärmend in die Uferbäume ein. Sie wagen sich sogar auf den Boden, angeln mit ihren Füßen geschickt nach den Rispen der langen Gräser, ziehen sie herunter und knappern die Samen heraus.

Aufsteigender Nebel verschleiert geheimnisvoll die Landschaft. Das braune Moorwasser des Río Lainez fließt leise plätschernd dem Meer zu und gluckert, wenn es bei den Windungen ans Ufer stößt. Weiter entfernt entdecke ich eine Holzhütte. Vielleicht ein *puesto,* eine Unterkunft für Schafhirten? Ein Blick hinein zeigt, dass die Hütte schon lange nicht mehr benutzt wurde. Das Bettgestell, bedeckt von modernden Fellen, ist zusammengebrochen, rostende Büchsen, rußige Töpfe, verbeultes Essgeschirr und eine abgebrochene Messerklinge liegen herum, eine kümmerliche Unterkunft. Was sind das nur für Menschen, die ihr Leben so ärmlich und anspruchslos fristen, sich mit Arbeit, Essen und Schlafen zufriedengeben und auf menschliche Gemeinschaft verzichten? In diesem Moment wird mir bewusst, dass ich den gleichen Fehler begehe wie die Forschungsreisenden, die wegen des äußeren Anscheins negativ über die Feuerlandindianer urteilten.

Weithin schallendes Hämmern lockt mich in den Wald. Doch die Geräusche werden nicht von einem Menschen verursacht. Ich suche die Baumstämme ab, und dort, im düsteren Dunkel, leuchtet es feuerrot. Das ist er, der Magellanspecht. Fast doppelt so groß wie der bei uns heimische Buntspecht, fällt er sofort wegen seines Kopfes auf, der vom Scheitel bis zum Hals rot ist, als hätte er ihn in einen Farbtopf getaucht. Ein starker Kontrast zum ansonsten pechschwarzen Gefieder. Das Spechtweibchen begnügt sich dagegen mit einem roten Wangenfleck. Auf dem Kopf trägt es eine Federtolle, die sich lustig nach vorn kringelt.

Schon während unserer Pferdetour bewunderte ich die Urwälder Feuerlands, jetzt habe ich Muße, sie mir genau anzusehen. Für einen Geisterwald kann es keine eindrucksvollere Kulisse geben. Mächtig ragen die Südbuchen in die Höhe, hier sind es vor allem die Lenga-Bäume. Ihre winzigen Blätter färben sich im Herbst leuchtend rot und fallen mit Winterbeginn ab, ganz so wie die Blätter der Laubbäume bei uns.

Die grauen Stämme der Baumriesen sind von hellgrünen Flechten pelzartig umhüllt, und an den Zweigen hängen zartgrüne Bartflechten wie geheimnisvolle Schleier. Misteln, erst grün, dann gelb und schließlich rot, nisten in den Kronen, so reichlich, als stünden die Bäume in Blüte. Da an einem Baum gleichzeitig verschiedene Entwicklungsstadien der Misteln zu finden sind, die auch »Chinesische Laternen« genannt werden, sehen die Bäume bunt geschmückt aus. Rosa Pilze, rund wie Murmeln, wuchern auf Ästen und Zweigen. Die Bäume wehren sich heftig gegen diese Parasiten und umwachsen sie mit Borke. Monströse, kindskopfgroße Wucherungen sind die Folge. Diese Pilzart, zu Ehren von Darwin *Cyttaria darwini* genannt, haben die Feuerlandindianer früher gegessen, deshalb heißt sie auch *pan de indio,* Indianerbrot.

Kreuz und quer liegen Baumstämme auf dem mit Farnen, Fuchsien, Gräsern und Kräutern bewachsenen Boden. Langsam taste ich mich voran in diesem verwachsenen, urzeitlichen Wald. Es ist seltsam still, ab und zu knarrt ein Ast, vom Wind bewegt.

Auf einmal wildes Geflatter. Kleine Vögel veranstalten einen Höllenlärm. Es sind Sporntyrannen, schwarz mit kastanienbraunem Rücken und einer langen Hinterkralle, deswegen der Name. Sie sind bekannt dafür, dass sie mit tollkühnen Flugangriffen jeden Feind, und sei er noch so groß und gefährlich, aus ihrem Revier vertreiben. Die Vögel zetern und flattern und können sich gar nicht beruhigen. Das Objekt ihrer Aufregung aber ist nicht sichtbar. Mit dem Fernglas suche ich das Gebüsch ab. Da starren mich auf einmal zwei Augen an, bernsteingelb und riesig durch die Vergrößerung des Glases. Das Tier, dem diese Augen gehören, ist ein kuscheliger Federball, eine Zwergeule, die sich verschüchtert ins Geäst duckt und wohl am liebsten unsichtbar wäre. Die Störenfriede geben keine Ruhe, hacken im Flug mit ihren Krallen und picken mit spitzen Schnäbeln nach dem Eulchen. Dem Nachtvogel bleibt nur die Flucht, im Pulk rasen die Plagegeister hinterher.

Die Tage sind lang im Sommer; gegen zehn Uhr abends beginnt die Dämmerung, und erst eine Stunde später bricht die Nacht herein. Die untergehende Sonne zaubert rote und goldene Farben an den Himmel. Als ich zu meinem Zelt zurückkehre, fällt mir unten am Fluss ein eigenartiges Ding auf: oval wie ein Ei und mindestens einen Meter groß, auf der einen Seite weiß, oben mit orangeroten Flecken und auf der anderen schwarz gefärbt – ein Königspinguin. Er steht einfach so da, wie hingezaubert. Ein Fremdling aus der Kälte.

Vom Meer kommend, ist er in die Mündung des Río Lainez hineingeschwommen und offensichtlich auf dieser Kiesbank gestrandet. Es ist das erste Mal in meinem Leben, dass ich einen Königspinguin sehe. Sie brüten nicht wie die sehr ähnlichen Kaiserpinguine auf dem antarktischen Festland, sondern auf vorgelagerten Inseln, wo es aber auch ganz schön eisig ist. Dort schlüpfte mein Besucher aus dem Ei und wurde von seinen Eltern 13 Monate lang gefüttert. Kuscheliger Flaum schützte ihn gegen Wind und Sturm. Erst mit einem Jahr wuchs ihm das wasserdichte Federkleid, und er konnte den Sprung ins nasse Element wagen. Seither lebte er Tag und Nacht im Meer, wo er auch schläft und sich von Fischen, Tintenfischen und anderen Meerestieren ernährt. Das Wasser ist die wahre Heimat eines Pinguins, nur der Gefiederwechsel, also die Mauser, und die Brutzeit zwingen ihn an Land. Es ist aber weder Zeit zur Mauser noch zur Fortpflanzung. Ob er krank ist? Ich mustere den Königspinguin genau, eine Verletzung kann ich nicht entdecken. Ihn werden auch keine Parasiten plagen, dazu ist er zu gut genährt, so eirund und feist, wie er ist. Er wirkt allerdings müde und erschöpft. Trotz meiner Nähe schließt er die Augen.

Ich freue mich, als er am nächsten Morgen noch da ist. Ohne sich gerührt zu haben, steht er an derselben Stelle auf der Kiesbank.

Gestern hatte ich einen Bach entdeckt, der in den Río Lainez mündet. Sein Tal will ich heute erkunden. Bald schon gelange ich an eine Sperre aus Zweigen, Ästen und Stämmen, die mit Erde und

Schlamm zu einem Damm verfestigt ist, sodass der Bach dahinter gestaut wird. Nicht Menschen waren hier tätig, sondern Biber haben den Damm gebaut, wie Nagespuren beweisen. Dabei gehören sie gar nicht hierher; aus Kanada hat man die Tiere eingeschleppt. Im Jahr 1946 wurden 25 Tiere ausgesetzt, damit man wertvolle Pelztiere jagen kann. Da aber nordamerikanische Biber auf Feuerland keine natürlichen Feinde haben und Jäger sie im unzugänglichen Gelände schwer aufspüren können, vermehren sie sich unkontrolliert und richten große Schäden an. Sie selbst sieht man nur selten, aber mit ihren Dämmen setzen sie die Täler unter Wasser und zerstören meilenweit die Wälder.

Im gefluteten Tal steht ein Geisterwald, dessen Wurzeln in der Staunässe verfault sind. Traurig strecken die toten Bäume ihre dürren Zweige in den Himmel. Nachtreiher ducken sich ins Geäst und verstärken den düsteren Anblick. Im Spanischen nennt man sie bezeichnenderweise *garza bruja*, Hexenreiher.

Ich steige eine baumlose Anhöhe hinauf. Von oben blicke ich weit über die urweltliche Landschaft mit dem mäandrierenden Río Lainez, seinen Nebenflüssen und einmündenden Bächen, sehe rötliche Moore und dunkle Wälder, hinter denen die Andengipfel bläulich und weiß schimmern. In einer Senke am Wiesenhang weiden Guanakos, eine Gruppe von acht Weibchen, mehreren Jungtieren und einem Hengst. Er ist größer und kräftiger als die Stuten, steht etwas abseits und wacht über seinen Harem. Es sind grazile Tiere, hellbeige, zimtfarben und weiß, mit langen, schlanken Hälsen, dunklen Augen und nach oben gespitzten Ohren.

Guanakos sind die wilden Vettern von Lamas und Alpakas, die schon vor Jahrtausenden domestiziert wurden. Einen Höcker wie Dromedare und Trampeltiere haben die südamerikanischen Kamele nicht, dennoch erkennt man an Kopfform und Haltung sofort die nahe Verwandtschaft.

Obwohl ich mindestens 300 Meter von der Gruppe entfernt bin, stakst der Hengst unruhig umher und wittert mit hoch erhobenem Kopf. Auch die Stuten hören jetzt auf zu fressen und werfen die Köpfe auf. Ihr ängstliches Verhalten beweist, dass diese Neuweltkamele noch immer gejagt werden. Nur wenige Guanakos haben auf Feuerland überlebt, deshalb hat die Regierung die Einhaltung von Abschussquoten vorgeschrieben. Doch ob die Besitzer der Estancias sich daran halten, wenn sie ihren Gästen einen Jagderfolg versprochen haben?

Vorsichtig versuche ich mich zu nähern, aber das stimmt den Hengst erst recht misstrauisch. Hoch richtet er sich auf und stößt einen Alarmruf aus, fast wie Pferdewiehern, aber schriller, stakkatoartig und weithin zu hören. Stuten und Jungtiere galoppieren davon, der Hengst verharrt noch, startet ein paar Scheinangriffe in meine Richtung. Er will die Flucht seiner Herde decken. Beim Angriff eines Pumas wäre dieses Verhalten sinnvoll, wenn allerdings ein bewaffneter Mensch der Gegner ist, kann es den Guanako-Hengst das Leben kosten.

Ich gehe weiter und gelange in einen verbrannten Wald. Das Feuer hat schlimm gewütet und den Wald über viele Kilometer zerstört. Verkohlte Baumgerippe ragen wie Skulpturen anklagend in den Himmel. Kein Baum wurde verschont. Alle sind verbrannt bis in die Kronen, jedoch die toten Wurzeln verankern die ausgeglühten Stämme noch immer im Boden.

Es heißt, dass Schafzüchter absichtlich Feuer legen, um neues Weideland zu gewinnen. Unrechtsbewusstsein haben sie dabei nicht; schließlich ist es ihr eigenes Land, das sie zur Wollegewinnung erworben haben, nicht um Wälder zu schützen. Doch wo Wald verbrennt, wächst keiner mehr, dafür sorgen schon die Schafe, die jeden jungen Schössling verbeißen. Zudem gedeiht hier alles nur langsam, 200 Jahre mindestens braucht ein Baum, um seine volle

Größe zu erreichen. Die verkohlten Bäume wirken auf mich ungeheuer trostlos, einzig die Blüten der weißen Margeriten und die gelben Habichtskräuter, die zwischen den versengten Wurzeln wachsen, hellen meine Stimmung auf.

Den Rückweg wähle ich durch das Tal des Río Vasco, auch hier waren Biber tätig. Konisch zugespitzte Baumstümpfe, gefällte Bäume, Dämme und eine Biberburg zeugen von ihrer fleißigen Bautätigkeit. Biber sind die einzigen Tiere, die ähnlich wie der Mensch aktiv Landschaften umgestalten.

Auf einmal bebt der Boden, vibriert wie eine dumpfe Trommel. Im ersten Moment glaube ich, die Biber rollen Stämme in ihrem unterirdischen Bau, doch das leichte Beben der Erde hat einen ganz anderen Ursprung. Da sehe ich sie schon: Fünf Pferde, frei und ungestüm, galoppieren durch das Tal. Wunderbare Geschöpfe mit schlanken und zugleich muskulösen Körpern, die noch nie Reiter und Sattel gespürt haben. Sie verharren auf der Lichtung. Das späte Abendlicht glänzt warm auf ihren braunen und schwarzen Fellen. In anmutiger Haltung stehen sie bewegungslos da, als hätte ein Zauber für einen Moment die Zeit angehalten. Welches Glück ich habe, Zeuge dieser vollkommenen Schönheit zu sein.

Ein kaum wahrnehmbares Zittern zieht über das Fell einer Stute. Sie senkt den Kopf und reibt ihn zärtlich am Hals einer anderen. Die Geste scheint alle aus dem Bann zu lösen. Die Tiere schütteln die Köpfe, werfen die Schweife hoch und traben davon, Symbole für Freiheit und Unabhängigkeit.

Als ich wieder beim Zelt ankomme, steht da noch immer mein Pinguin, wie ein treuer Wächter.

Jeden Abend sehe ich Kormorane in dichten Schwärmen vom Meer ins Landesinnere ziehen. Am Morgen fliegen sie wieder hinaus aufs Wasser. Senkrecht stürzen sie sich aus der Luft in die Fluten, tauchen und jagen Fische, legen dabei die Flügel eng an, sodass sie einem Torpedo ähnlich auf ihre Beute stoßen.

Neugierig geworden, will ich ihren Übernachtungsplatz finden. Ich muss nur ihrer Flugrichtung folgen, denke ich. Als der erste Trupp am Abendhimmel auftaucht, mache ich mich auf den Weg, den die pfeilschnell dahinschießenden Vögel mir weisen. Allmählich werden es weniger, zuletzt nur noch vereinzelte Nachzügler, dann keiner mehr. Die Nacht bricht herein, die Dunkelheit zwingt mich zur Umkehr.

Am nächsten Tag ändere ich meine Strategie; die Übernachtungsplätze liegen offensichtlich weiter im Inneren, als ich vermutet hatte. Schon vor Einbruch der Dämmerung steige ich auf einen Hügel in der Nähe der Stelle, wo ich am Tag zuvor die Suche abgebrochen habe. Schon sehe ich den ersten Schwarm, hinter ihm gleich den nächsten. Ich präge mir die Richtung ein und beeile mich, den fliegenden Wegweisern zu folgen, gelange aber in dichten Südbuchenwald, wo ich bald die Orientierung verliere. Entnervt will ich die Suche abbrechen, da höre ich in der Ferne eigenartige Laute: ein Knarren, Ächzen und Poltern, als würden Baumstämme gerollt oder sperrige Karren durch den Wald gezogen. Dass Kormorane die Urheber der eigenartigen Geräusche sein könnten, die Idee kommt mir nicht.

Vorsichtig schleiche ich durch den Wald, wo ich immer gut Deckung hinter den Stämmen suche, denn noch weiß ich nicht, wer oder was da im Wald rumort. Bald stehen die Bäume lichter, und ich gelange ins Freie an das breite Kiesbett eines Flusses. Am Ufer stehen hohe, kahle Bäume mit schwarzen Früchten. Doch es sind Kormorane, wie ich schnell erkenne. Ich habe ihren geheimen Übernachtungsplatz entdeckt. Dicht an dicht hocken sie auf den Ästen, krächzen und knarren unentwegt mit ihren rauen Stimmen. Unruhe herrscht und Streit um angestammte Plätze oder wer neben wem schlafen darf. Mit scharfen Schnäbeln wird nach dem Nachbarn gehackt, bis er ausweicht. Herrscht kurz Friede, erscheint bestimmt ein Nachzügler, und die Rangelei beginnt von Neuem. Nach und nach kehrt dann doch Stille ein. Mithilfe meiner lichtstarken Taschenlampe finde ich den Weg zurück und freue mich, als ich im Lichtkegel der Lampe das weiße Bauchgefieder meines Pinguins aufleuchten sehe.

Auch als ich am nächsten Abend von einer langen Wanderung zurückkehre, ist er immer noch da. Ich erzähle ihm, dass ich morgen weiterwandern werde und wir uns verabschieden müssen.

Die Sonne ist schon lange hinter den Bergen versunken, am Himmel verglüht das letzte Farbenspiel, im Osten glänzen bereits die Sterne, und langsam senkt sich die eisige Nacht über die Erde. Ich ziehe mich besonders warm an und schleiche hinaus in den Wald zum Biberdamm, setze mich so, dass ich die Burg am anderen Ufer und das angestaute Wasser im Blickfeld habe. Ich lehne meinen Rücken an den rauen Stamm einer Südbuche, verschmelze mit ihr und werde nahezu unsichtbar.

Meine Sinne reagieren scharf, ich vernehme das Rascheln einer Maus. Gleich darauf fliegt geräuschlos eine Zwergeule vorbei, ich sehe nur ihre dunkle Silhouette gegen den Nachthimmel. Leise plätschert das Wasser, die Baumkronen rauschen im Wind, und ab und zu knackt es irgendwo. Mir gefällt es, nachts im Wald auf Lauer zu liegen; es ist spannend und geheimnisvoll. Wenn es nur nicht so kalt wäre! Ich zittere immer stärker, beschließe, aufzugeben und zum Zelt zurückzugehen, da schlägt das Wasser Wellen, und ein runder Kopf taucht auf. Vor Aufregung mache ich einen Fehler, greife zu hastig nach dem Fernglas. Diese Bewegung oder ein Aufblitzen der Gläser hat den Nager gewarnt, sofort verschwindet der Kopf. Wellengekräusel, dann ist die Wasserfläche wieder glatt und still, als wäre alles nur Einbildung gewesen.

Steif gefroren gehe ich zurück und krieche dankbar in meinen Daunenschlafsack. Ein Blick aufs Thermometer zeigt, dass die Temperatur wieder einmal unter null gefallen ist.

Der nächste Morgen beginnt sonnig. Weiße Wölkchen schweben am azurblauen Himmel, und das Meer leuchtet seltsam hellgrün. Der Pinguin liegt auf dem Bauch und schaut mir bei der Morgenwäsche zu. Beim Abbau des Zeltes merke ich, wie schwer es mir fällt, den Platz zu verlassen; ich habe das Empfinden, bereits ein Teil dieser herben feuerländischen Natur geworden zu sein. Nach einem kräftigen Frühstück verstaue ich alles im Rucksack; nichts bleibt zurück, nichts deutet darauf hin, dass ich eine Zeit lang hier gelebt habe.

Als ich den Rucksack schultere, setzt sich auch mein Pinguin in Bewegung. Ich halte inne und beobachte ihn. Er lässt sich nicht vom Fluss ins Meer tragen, sondern geht zu Fuß. Zögernd setzt er Schritt vor Schritt, immer zielstrebiger marschiert er zur Küste. Am Strand angekommen, verharrt er unschlüssig, blickt hinaus in die ozeanische Weite, die seine wahre Heimat ist. Plötzlich spreizt er seine Stummelflügel vom Körper, wirft den Schnabel in die Höhe und stößt einen seltsamen Ton aus, der wie ein krächzendes Trompeten klingt. Ich lausche überrascht, denn bisher war der Pinguin stumm geblieben. Als habe er einen endgültigen Entschluss gefasst, watschelt er noch näher an die Wasserkante heran, legt sich bäuchlings auf die nächste anlandende Welle und lässt sich vom rückströmenden Wasser mitziehen. Einen Augenblick noch sehe ich seinen Kopf, dann taucht er ab und ist verschwunden. Nun kann auch ich gehen.

Je weiter ich nach Norden gelange, umso mehr häufen sich die Zeichen, dass diese Gebiete von Schafzüchtern in Besitz genommen sind. Mal muss ich durch Weidezäune kriechen, an denen das Fell eines Schafes vermodert, dann wieder erleichtert eine Hängebrücke das Überqueren eines Flusses, oder ich entdecke getötete und halb skelettierte Guanakos. Einmal fahre ich vor Schreck zusammen: Aus dem Wald dringen plötzlich laute Geräusche, und schon bricht ein Pferd mit Reiter hervor, gefolgt von einer Hundemeute. Am Sattel hängen bluttriefende Fleischstücke, wahrscheinlich von einem geschlachteten Schaf. Der Mann reitet wortlos vorbei, mit einem kaum sichtbaren Kopfnicken als Gruß. Die unerwartete Begegnung, die wilde Erscheinung des Reiters und die hechelnden Hunde haben mich erstarren lassen. Von Neuem bin ich verwundert über diese verschlossenen Menschen, die kein Interesse an einem fremden Menschen bekunden.

Über Grasbuckel mit niedrigem Gebüsch wandere ich hinaus auf ein Kap, dessen Steilwand senkrecht hinab ins Meer fällt. Von oben sehe ich weit geschwungene Buchten. Unter mir liegt das Weiß der schaumigen Wellen, die ihre Gischtkronen am Kiesstrand zurücklassen. Wie Sahnehäubchen werden sie vom Wind verweht. Unweit der Küste liegt das Wrack »Desdemona« im Wasser. Vor mehr als 50 Jahren ist das Schiff hier gestrandet, wie ich später in der Hostería San Pablo erfahre. Von Wellen umspült, neigt es sich leicht zur Seite. Bald wird das einst stolze Schiff von Rost und ätzendem Salzwasser ganz zerfressen sein, in Stücke fallen und im Ozean verschwinden.

Über mir dehnt sich ein blauer Himmel, in den weiße Wolken hineingetupft sind, doch schon rückt mit rasender Geschwindigkeit von Südwest eine Schlechtwetterfront heran, droht lilaschwarz Unheil an. Was ich bisher nur theoretisch von der Wetterkarte im Fernsehen kannte, erlebe ich jetzt in natura, das Aufeinandertreffen von Kalt- und Warmfront. Zufällig erfolgt der Zusammenprall direkt über mir, denn mein Kap bildet die Wetterscheide: auf der einen Seite ein sonnenbestrahlter Himmel, auf der anderen die heranjagende Wolkenwand. Sturm bricht los, Wassermassen stürzen herab. Das Unwetter lässt mich an die apokalyptischen Reiter denken, wie sie heulend im Sturmgebraus Tod und Verderben über die Erde bringen.

Urwälder am Lago Fagnano

Nirgends auf der Erde gibt es diesen Zusammenklang wie hier in Feuerland ... es ist eine einzige ungeheure Symphonie von tiefstem Schweigen, ungeheuren Eis- und Gletschermassen, grünen, schier undurchdringlichen Wäldern, einem Labyrinth aus verzweigten Wasseradern und blauem Meer.

GUNTHER PLÜSCHOW

Angelina ist eine attraktive Frau mit Augen von eigenartiger Leuchtkraft, die weder blau noch grün sind und von innen zu strahlen scheinen. Sie ist ein Beispiel für die Völkermischung der Argentinier. Ihre Großmutter war Russin, die Eltern ihres Vaters stammen aus Italien. Schon als Kind übersiedelte sie mit ihrer Familie nach Río Grande, weil ihr Vater dort einen Job bei einer Erdölfirma angenommen hatte. Eigentlich ist Angelina Lehrerin, betreibt aber mit ihrem Mann die Hostería San Pablo.

Nachdem ich dem dramatischen Aufprall der Wetterfronten entkommen bin, nehme ich in der Pension gern ein Zimmer, lege die tropfende Regenkleidung ab und stelle meine Wanderschuhe zum Trocknen neben den bullig warmen Eisenofen. Bevor ich etwas sagen kann, hat Angelina mich schon in die Küche gezogen und tischt mir ein Essen auf, als wäre ich am Verhungern. Ich berichte ihr stolz von meiner Eintopfküche und von den Champignons und Riesenbovisten, die ich auf den von Schafen gedüngten Weiden gesammelt und mir schmackhaft zubereitet habe. Sie schüttelt sich entsetzt. Nichts und niemand könne sie dazu überreden, »wilde« Pilze zu essen. Schon der Gedanke, sie könnten giftig sein, verursache ihr Bauchschmerzen. Ich merke schnell, dass

Angelina ein Stadtmensch geblieben ist. Die Hostería ist für sie eine Oase inmitten einer feindlichen Wildnis. Ihre zwei Töchter, zwölf und 15 Jahre, hat sie bei ihrer Mutter in Río Grande zurückgelassen. Zwar sind Ferien, aber die zwei würden sich hier nur langweilen, meint sie verständnisvoll und wirft ein Stück Holz in den Ofen. Die Hitze im Raum ist fast unerträglich, und doch wird nachgelegt, als wollte sie mit Ofenwärme gegen die Kälte der Natur ankämpfen.

Am nächsten Tag kann ich mit Angelinas Mann Garcia zum Lago Fagnano fahren, eine Strecke von etwa 100 Kilometern auf der Nationalstraße Nummer 3 Richtung Südwesten. Wir durchqueren hügeliges Weideland, nur hier und da ist ein zerzauster Baum zu sehen. In den Mulden ducken sich Wirtschaftsgebäude der zahlreichen Viehfarmen, die zum Schutz vor dem Wind von Pappeln umgeben sind. Hin und wieder sehe ich Bohrtürme und Förderpumpen, Hinweise auf den Erdölreichtum.

Garcia muss zur Hostería Kaikén und hat dort per Funk für mich eine Übernachtung reserviert. Die Hostería, die schon 1960 eingerichtet wurde, liegt direkt am Ufer mit Blick auf den See. In einer der kleinen Holzhütten, den *cabañas,* miete ich mich ein.

Der Fagnano-See ist mit 100 Kilometern sehr lang, jedoch weniger als einen Kilometer breit, deshalb ähnelt er einem Fjord. Von Gletschern wurde er während der Eiszeit 200 Meter tief in die Landschaft gefräst. Benannt ist der See nach einem italienischen Missionar, der in Río Grande eine Missionsstation gegründet hatte.

Die Indianer vom Stamm der Ona nannten den See »Kami«. Auch wenn niemand mehr ihre Sprache spricht, einzelne Wörter leben weiter, und so wurde eines der modernen Feriendörfer »Cabañas Kami« getauft, weil es exotisch klingt. Ständig entstehen neue Bauten, der Tourismus boomt, denn auch die Argentinier selbst zieht es hinaus in die gezähmte Wildnis zum Angeln, Grillen, Entspannen. Dafür werden immer mehr Wälder abgeholzt – doch es regt sich auch Widerstand.

Sie wird *la dama de las lengas* genannt, die »Herrin der Südbuchen«. Graciela Ramaciotti hat die erste und einzige Umweltschutzorganisation Feuerlands gegründet und gibt die kämpferische Zeitschrift »Löwenzahn« heraus. Als Graciela den Namen wählte, habe sie keineswegs an das Raubtier Löwe und an Kampf gedacht, sondern an die Blume, die mit ihrem Gelb wie eine kleine Sonne leuchtet. Als Pusteblume wehen ihre Samen in alle Richtungen, genau das war ihre Vorstellung. So wie der Löwenzahn überall auf unserem Planeten wächst, soll auch ihre Organisation grenzenlos sein. Inzwischen hat die fast 60-Jährige begreifen müssen, dass man ohne Kampf beim Umweltschutz nicht weiterkommt, denn beim Geschäft auf Kosten der Natur geht es um viel Geld.

Die Lenga-Bäume sind äußerst begehrt. Weil sie langsam wachsen, ist ihr Holz sehr hart. Bestes Bauholz, zumal die Stämme mindestens 30 Meter hoch werden. Das Holz wird aber auch gern von Zelluloseproduzenten zu Papier, Windeln oder Dämmplatten verarbeitet.

Graciela führt mich zuerst durch einen intakten Südbuchenwald. Er ist noch urwüchsiger als die Wälder, die ich an der Ostküste gesehen habe, denn in der großen Talsenke des Lago Fagnano ist das Klima feuchter und milder. Das Unterholz ist dicht und sperrig, riesige Stämme liegen kreuz und quer am Boden und vermodern langsam. Als ich über einen umgestürzten Baum klettere, sinke ich knietief ein in verrottetes Holz. Lichtgrüne Bartflechten wehen wie zerrissene Gaze zwischen den Ästen, andere Flechten ummanteln die Baumstämme wie mit einem Pelz. Epiphyten und Tilansien, die nicht am Boden, sondern auf Bäumen wachsen, und Kletterpflanzen vermitteln den Eindruck, in einem tropischen Regenwald zu sein. Im Wirrwarr von Ästen, Stämmen, Büschen, Moosen und umgeknickten Bäumen ist es dunkel und feucht und seltsam still. Selbst unsere Schritte klingen gedämpft.

»Unsere *lengas* sind ein Wunder«, sagt Graciela. »Es ist nämlich ein Wunder, dass es sie überhaupt gibt. Die Bedingungen für ihr Wachstum sind extrem ungünstig. Im Winter gefriert der Boden einen Meter tief, und der Sommer ist sehr kurz und kühl. Deshalb wachsen die Bäume auch so langsam«, erklärt die Waldschützerin.

Sie berichtet mir weiter, dass die Erdschicht sehr dünn ist, manchmal nur zehn Zentimeter tief, denn erst nach der letzten Eiszeit konnte sich Humus bilden. Unter dieser dünnen Krume liegen die Geröllschichten der ehemaligen Gletscher, die aus Stein und Sand einen festen zementartigen Verbund bilden und keine Baumwurzeln durchlassen. Doch obwohl sie nicht tief wurzeln, werden die Bäume vom Sturm nicht umgeworfen und erreichen eine stattliche Höhe.

»Ein Wunder der Natur, nicht wahr!« Die Baumkennerin blickt mich triumphierend an und fährt fort: »Die Wurzeln der Bäume wachsen nämlich zu einem Geflecht zusammen, das ihnen Halt gibt. Auch mit den Ästen verflechten und stützen sie sich gegenseitig.«

Die engagierte Naturschützerin schweigt einen Moment und betont dann vehement: »Unsere Wälder dürfen nicht abgeholzt werden. Sie stabilisieren das Klima und sind die Basis für alle anderen Pflanzen und Tiere. Wenn dieses über Jahrtausende eingespielte Ökosystem aus dem Gleichgewicht gerät, sind die Folgen dramatisch. Der Wald wirkt wie Schwamm und Filter zugleich. Verschwindet er, dringt das Regenwasser nicht mehr in den Boden ein, sondern fließt schnell ab und nimmt die Erdkrume mit.«

Wie viele Hektar Südbuchenwald schon abgeholzt sind, weiß Graciela nicht, jedenfalls sind es schon zu viele. Hinzu kommen die durch Biber und bei Bränden vernichteten Flächen. Obwohl sie viele Rückschläge und Anfeindungen einstecken muss, ist Graciela optimistisch. Sie hofft, dass sich das Bewusstsein der Menschen wandelt.

»Ohne Wald wird es keinen Tourismus mehr geben«, sagt sie, und ihre Augen blitzen spitzbübisch. »Da viele Leute jetzt in den Tourismus investieren, wächst auch das Interesse, die Umwelt zu erhalten.«

Am Ufer des Lago Fagnano stehen zwischen hohem Gras und Schilf windgebeutelte Bäume. Sie haben sich der vorherrschenden Windrichtung angepasst. Wie ein Wegweiser sind sie waagerecht nach Osten gebogen und können sich auch bei Windstille nicht mehr aufrichten.

Der Himmel droht in dunklem Lila. Und wieder einmal rast der Westwind in Böen heran und peitscht das Wasser. Zwei Meter hohe Wellen rollen über den See und schlagen am Ufer auf. Es ist mir ein Vergnügen, mich gegen den Wind zu stemmen, ich fühle mich stark und lebendig. In meinem Rucksack befinden sich Zelt, Schlafsack und Verpflegung für ein paar Tage, denn ich bin auf dem Weg zum 50 Kilometer entfernten Lago Escondido, dem verborgenen See. Der Pfad führt zunächst am Südufer des Fagnano-Sees entlang, mit flachen Buchten, hohen Felsklippen und von Steinen umrahmten Stränden, und dann steil aufwärts in die bewaldete Bergregion. Im Wald bin ich vor dem Sturm geschützt, dafür tropft es von den Bäumen, und der Boden ist nass und glitschig. Immer wieder muss ich durch angestaute Bäche waten. Die unermüdlichen Biber haben auch hier meterhohe Sperren errichtet, die so stabil sind, dass ich manche von ihnen als Brücken benutze, um trockenen Fußes die Gewässer zu überqueren.

Lindgrüne Bartflechten streifen mein Gesicht wie Geisterfinger, und die monströsen Wucherungen der rosafarbenen Baumpilze verunzieren die Bäume. Im Unterholz leuchten rote Fuchsien und Feuerbüsche, immer wieder schallt das Klopfen der Magellanspechte durch den Wald. Nach Stunden erreiche ich eine baumfreie Anhöhe, die mich mit einem Blick auf den Lago Fagnano und die umgebende Bergwelt mit ihren Hochtälern und Gletschern überrascht. An ebener Stelle baue ich mein Zelt auf.

In der Nacht aufzuwachen und Regen aufs Zelt plätschern zu hören, ist nicht unbedingt das, was ich mir wünsche. Auch am Morgen regnet es weiter, und ich muss das Zelt nass einpacken. Die Bäche schwellen an, und es wird immer beschwerlicher voranzukommen. Der Pfad verläuft nun wieder im Wald. Er ist mit stacheligen Sträuchern überwuchert, und umgefallene Bäume versperren den Weg. Bald zweifle ich, ob ich mich nicht verlaufen habe, aber ein Blick auf die Kompassnadel zeigt, dass die Richtung noch stimmt. Wieder ein Bach mit einem Biberdamm, dessen Krone vom Hochwasser überflutet wird. Mit gewaltigem Rauschen bricht es durch das Geflecht von Zweigen und Ästen. Hier ist kein Durchkommen. Ich schlage mich seitwärts durch und suche dann lange nach dem Pfad.

Am Abend muss ich mein nasses Zelt aufbauen, denn wegen des Regens konnte ich es vorher nicht trocknen lassen.

Das Wetter bessert sich am nächsten Tag, und ich freue mich, als die ersten Sonnenstrahlen Lichtpunkte auf den Waldboden zaubern. Endlich stehe ich auf dem Pass, dem Paso Garibaldi, und tief unten sehe ich ihn, den heimlichen See, versteckt zwischen steil abfallenden, bewaldeten Berghängen. Das tiefblaue Wasser glitzert in der Sonne. Still und ruhig ist es, kein Vogelruf. Nur das Wehen des Windes.

Nachdem ich am See übernachtet habe, mache mich erst am nächsten Tag auf den Rückweg zum Lago Fagnano. Mein Ziel dort ist der Ort Tolhuin. In der Sprache der Ona bedeutet der Name »Herz«. An dieser Stelle befand sich ihr letztes Rückzugsgebiet vor gnadenloser Verfolgung. Tolhuin selbst wurde erst im Jahr 1972 gegründet, um den Familien der Sägewerksarbeiter ein Heim zu bieten und zugleich eine Versorgungsbasis zwischen Río Grande und Ushuaia zu schaffen. Von beiden Städten ist Tolhuin fast gleich weit entfernt.

Noch immer ist es eine kleine Siedlung mit knapp 2000 Einwohnern, doch es wächst schnell, wie alle Orte auf Feuerland, das kann ich an den zahlreichen Neubauten erkennen.

Vor der Panadería la Union, der in der Region bekannten Bäckerei mit köstlichem Gebäck, parkt gerade ein Bus, und die Fahrgäste strömen in den Laden, um sich tütenweise mit den Spezialitäten einzudecken.

Als der Bus abfährt, betrete ich die Panadería und komme mit Lydia ins Gespräch, die ursprünglich aus Buenos Aires stammt. Von ihr erfahre ich, dass am See Fagnano noch immer Ona leben, nicht weit von Tolhuin entfernt. Sie bietet mir an, mich hinzuführen. Lydia ist mit Richard, einem Selk'nam, befreundet, wie die Ona sich selbst nennen. Ungefähr 400 Mitglieder zählt die Selk'nam-Gemeinschaft, von denen einige auch in der Nähe von Río Grande leben.

Lydia nimmt mich ein Stück mit ihrem Wagen mit, dann gehen wir einen sandigen, von Nadelbäumen eingefassten Weg entlang. Von Weitem schon hören wir Baulärm und gelangen zu einem Grundstück, wo gerade ein Podest für ein Holzhaus errichtet wird. Lydia stellt mich ihrem Freund Richard vor, der nicht unbedingt indianisch aussieht. Eine seiner Urgroßmütter war eine Selk'nam, aber sie heiratete einen Weißen, ebenso die Großmutter und seine Mutter. Es gibt heute keine Selk'nam mehr, die nicht auch von Weißen abstammen.

»Was soll's? Tatsache ist doch – wir sind Nachkommen der Selk'nam!«, betont Richard. »Entscheidend ist nicht, wie viel Indianerblut in unseren Adern fließt, sondern dass wir uns als Selk'nam fühlen.«

Richard berichtet mir, dass die jungen Mitglieder der Gemeinschaft sich bemühen, das reiche indianische Erbe wieder wachzurufen, um ihre kulturelle Identität zurückzugewinnen. Seine Großmutter könne mir sicherlich noch mehr aus der Vergangenheit erzählen, meint er, und wir machen uns gemeinsam auf den Weg zu Magdalenas Holzhäuschen. Im Garten flattert Wäsche auf der Leine, ausrangierter Hausrat liegt herum, zerbeulte Töpfe, ein kaputtes Sofa, ein verrosteter Fahrradrahmen und vieles mehr. Magdalena erklärt mir später, sie werfe nie etwas weg, denn alle Dinge könnten irgendwann noch einmal nützlich sein. So haben auch ihre Vorfahren alle Teile eines Tieres verwertet, die Haut, die Knochen, die Sehnen. Nie haben sie etwas weggeworfen.

Magdalena ist 82 Jahre alt und schon recht gebrechlich. Die grauen Augen in ihrem Runzelgesicht aber leuchten wach und mustern mich prüfend. Ihr Häuschen mit dem Wellblechdach hat nur ein einziges, wenn auch geräumiges Zimmer mit Kochnische. Ein Vorhang trennt den Schlafteil ab. Im Gegensatz zum Gerümpel im Garten herrscht hier eine gemütliche Ordnung. Der Tisch ist mit einer Häkeldecke geschmückt, auf dem Sofa liegen Kissen, in einem Schränkchen sind Gläser aufgereiht. An der Wand fällt ein farbiges Marienbild auf, ringsum Familienfotos von ihren Kindern und Enkeln. Eine Aufnahme zeigt sie als Mädchen in der Schuluniform der Salesianer. Magdalena war erst sechs, als sie ihre Mutter verlor und in die Obhut des Salesianer-Ordens in Río Grande kam. Ihrem Vater, einem Weißen, ist sie nie begegnet.

»Bei den Salesianern habe ich Lesen und Schreiben gelernt, und die Padres haben mir den Weg zu Gott gewiesen. Das war sehr wichtig für mich, denn der Glaube hat mir in der Not viel geholfen.«

Nur eines verzeiht sie den Salesianern nicht. Sie haben ihr die Sprache genommen.

»Ich konnte ja kein Wort Spanisch, nur Selk'nam. Meine Angehörigen hatte ich verloren. Ich war sehr traurig und weinte viel. In der Mission arbeiteten Selk'namfrauen, aber mit ihnen durfte ich mich nicht in meiner Sprache unterhalten. Wenn ich nur ein einziges Wort sagte, wurde ich hart bestraft. Die Padres ließen mich hungern und sperrten mich in einen dunklen Raum. Das war furchtbar für so ein kleines Ding, wie ich es war. So wollten sie mich zwingen, Spanisch zu lernen. Als ich älter wurde und eine gute Christin sein wollte, glaubte ich, meine Sprache wäre Sünde. Vor dieser Sünde wollte ich meine Kinder bewahren und habe nie ein Wort Selk'nam mit ihnen gesprochen.«

»Sehen Sie!«, ruft Richard empört. »Die christlichen Missionare haben nicht nur unsere Kultur und unsere Spiritualität zerstört, sondern uns mit der Sprache auch die Identität genommen.«

»Ich bedaure sehr, dass ich meinen Kindern nicht ihre ureigene Sprache vermittelt habe«, sagt Magdalena bitter. »Jetzt ist es zu spät. Ich selbst habe sie so gut wie vergessen, kann nur noch ein paar Brocken. Aber die Padres trifft keine Schuld, sie haben in gutem Glauben gehandelt.«

In der Hostería Kaiken am Lago Fagnano komme ich mit Lucho ins Gespräch. Er bietet mir an, mich in seinem klapprigen Lieferwagen nach Río Grande mitzunehmen. Rund 130 Kilometer fahren wir auf der Route 3, diesmal nach Norden. Lucho, ein kräftiger, untersetzter Mann mit Schnurrbart, Bartstoppeln am Kinn, die tiefblauen Augen in Lachfalten eingebettet, stammt aus Cordoba im Norden Argentiniens, lebt aber seit 26 Jahren in Río Grande. Er ist Elektroingenieur, arbeitet jedoch als Manager – für ihn wohl eine Bezeichnung für einen alles umfassenden Job als Transporteur, Händler, Reparateur, Grundstücksmakler und was sich sonst noch so anbieten mag.

Lucho nimmt eine Hand vom Steuer und bietet mir eine Zigarette an. Als ich dankend ablehne, zündet er sich selbst eine an. Für Feuerland entschied er sich aus einem einzigen Grund. Er glaubte, hier vor negativen Einflüssen der Zivilisation sicher zu sein, und zählt auf, was er damit meint: Bevölkerungsexplosion, Umweltverschmutzung, wachsende Kriminalität.

»Ha!«, lacht er auf. »Da hatte ich geglaubt, ganz klug zu sein, wenn ich mich im fernsten Winkel der Welt verkrieche, und was habe ich mir eingehandelt? Alle Flüche der Zivilisation.«

Während das waldreiche Bergland in die steppenartige Pampa übergeht, spricht er in sarkastischem Ton weiter: »Am Anfang hat ja noch alles gestimmt, Ruhe, Natur, wenige Menschen. Das änderte sich Schlag auf Schlag. Zuerst die Aufrüstung gegen Chile. Was glauben Sie, was hier los war! Auf einmal war der Krieg ganz nah. Es ging noch mal gut, aber dann brach der Krieg tatsächlich über uns herein, als wir gegen England um die Islas Malvinas kämpften. Die Soldaten waren in Río Grande stationiert, meist blutjunge Burschen, gerade von Mutters Schürzenzipfel weggerissen. Die Generäle haben die Jungs gewissenlos verheizt. Ich habe gesehen, wie sie zurückkamen, zerfetzt und verstümmelt, gezeichnet für immer. Ja, *wenn* sie zurückkamen! Der Krieg hat 649 Menschen das Leben gekostet, 1 068 wurden verwundet.«

Lucho besinnt sich einen Moment und spricht erregt weiter: »Der nächste Schlag – das Ozonloch. Das ist bei uns mindestens so gefährlich wie in Australien, nur wird hier nicht darüber gesprochen. Dann das Erdöl! Wer kümmert sich um die Pipelines? Irgendwann werden sie leck sein und alles verseuchen. Und der Rauschgiftschmuggel! Darüber spricht auch niemand! Selbst der Tourismus ist eine Gefahr! Warum kommen Sie und all die anderen eigentlich nach Feuerland? Die Touristen fühlen sich angezogen von der unberührten Natur, aber sie zerstören sie gleichzeitig. Denn durch die vielen Besucher kommt immer mehr Geld ins Spiel, das muss investiert werden. Es wird gebaut und gebaut. Hektik, Stress, Gewinnstreben beherrschen schon jetzt unser Leben.«

Lucho verstummt, umklammert das Lenkrad und starrt geradeaus. Ich schweige betroffen, weiß nicht, was ich entgegen könnte. In dieser Deutlichkeit die Wahrheit zu hören ist schwer zu ertragen. Still blicke ich nach draußen, sehe einen schilfumsäumten Fluss. Enten gründeln im Wasser, Ibisse schreiten am Ufer entlang, und in einem Altgewässer waten Flamingos. Weiter geht die Fahrt durch eine sanft gewellte Landschaft – reine Natur. Nirgendwo ein Mensch. Keine Anzeichen von Zerstörung und Einflüssen der Zivilisation. Und doch stimmt, was Lucho beklagt.

Er setzt mich in Río Grande beim Hotel Argentino ab, wo ich mich telefonisch angemeldet habe, denn noch immer ist Hochsaison, und wenn man Pech hat, ist überall ausgebucht.

Das Hotel ist einfach, die Zimmer sind klein, aber die Atmosphäre im Haus ist locker und freundlich. In den großzügigen Aufenthaltsräumen begegne ich vor allem Reisenden aus Chile und aus anderen Landesteilen Argentiniens.

Am nächsten Morgen strahlt die Sonne in mein Zimmer. Draußen ist es sommerlich warm. Auf dem Mittelstreifen der breiten Straßen blühen Mittagsblumen in grellen Farben. Ungewöhnlich klar und intensiv ist das Licht. Wolken wehen wie weiße Fahnen, und das Himmelsblau scheint sich weiter als sonst ins Universum auszudehnen.

Die meisten Städte auf Feuerland sind sehr jung – Río Grande ist eine der ältesten. Offiziell gegründet am 11. Juli 1821, blieb der Ort lange eine unbedeutende Handelsniederlassung am Atlantik. Erst als die Schafzuchtbetriebe größer wurden, man schließlich Erdöl entdeckte und die Stadt zu einem zollfreien Bezirk erklärte, entstand hier ein Wirtschaftszentrum, und Produktionsfirmen für Elektroindustrie und Großhandelsbetriebe ließen sich nieder. Aber immer noch haftet Río Grande das Flair einer Pionierstadt an. Der Eindruck entsteht durch die flachen, oft einstöckigen Gebäude entlang der überbreiten, im Schachbrettmuster angelegten Straßen, die an ihren Enden in die freie Pampa weisen.

Es gibt Supermärkte, Fast-Food-Restaurants, Banken und Fachgeschäfte für den Anglerbedarf, denn im Río Grande, der nahe der Stadt in den Atlantik mündet, und in seinen Nebenflüssen tummeln sich nordamerikanische Regenbogenforellen und aus Europa eingeführte Bachforellen, die hier wahrhaft gigantische Ausmaße erreichen. Man spricht von neun, zwölf, sogar 15 Kilogramm schweren Fischen. So wurde die Sportfischerei, die reiche Hobbyangler, zum Beispiel Hollywoodstars, Staatsmänner und Wirtschaftsbosse, anlockt, zu einer wahren Goldgrube.

Zur zehn Kilometer nördlich gelegenen Misión Salesiano, die 1893 von Monseñor José Fagnano gegründet wurde, fahre ich mit dem Bus. Als der Auftrag der Mission, die Ureinwohner zu christianisieren, beendet war, weil letztendlich keine mehr lebten, wurde sie zu einer Landwirtschaftsschule umgebaut; angeschlossen ist ein Museum. Wenige Mönche, inzwischen schon zu alt, um in eine andere Mission zu wechseln, sind geblieben. Ein Padre, verantwortlich für die Bibliothek, begrüßt mich und führt durch die Ausstellung. Ehrfürchtig weist er auf eine große Fotografie. Sie zeigt Monseñor Fagnano in der Kutte der Salesianer, wie er einem Selk'nam-Jungen den Arm um die Schultern gelegt hat – mir will scheinen, mit festem Griff, so wie man ein gelungenes Werk präsentiert.

Der Padre erzählt mir die Geschichte des Ordens der Salesianer. Gegründet wurde er von dem Italiener Don Bosco. Obwohl der nie in Feuerland war, habe er in einer Vision die bedauernswerten Ureinwohner gesehen, gottlos, von Kälte und Hunger geplagt. Dass sie erst durch die weißen Eindringlinge in diese ausweglose Lage gebracht worden waren, erwähnt der Padre nicht. Unbeirrt fährt er fort: »Um sie zu zivilisieren und Gott nahezubringen, entsandte Don Bosco zehn Padres, unter ihnen unseren Monseñor.«

In Vitrinen und auf Fotos an den Wänden wird die Geschichte des Ordens dargestellt. Reich ist das Museum an klerikalen Ausstellungsstücken: prunkvolle Messgewänder, Abendsmahlskelche, bestickte Altardecken und vieles mehr. Die ethnologischen Exponate dagegen sind spärlich und wenig geordnet. Da liegt ein Rindenkanu der Yamana neben Fellkleidung der Selk'nam, die als Guanakojäger die Pampa durchstreiften. Die Schwarz-Weiß-Fotos, die die Missionsarbeit zeigen, sprechen für sich. Da sieht man Nonnen, die Selk'nam-Mädchen in Handarbeiten und Hausputz unterweisen, Jungen, die von Mönchen in der Gartenarbeit ausgebildet werden. Die Kinder und Jugendlichen wirken bedrückt, auf ihren Gesichtern liegt eine tiefe Traurigkeit, festgefroren wie tödlicher Frost. Eingezwängt in die Schuluniform, erstarren sie, verloren in fremder Umgebung.

Früher, so habe ich gelesen, waren auch Knochen und Schädel, einer sogar mit einem Einschussloch, ausgestellt gewesen. Sie sind inzwischen entfernt worden. Auch angesehene Museen in Europa hatten Schädel der Feuerland-Indianer erworben und gut bezahlt; es lohnte sich also, Jagd auf die Ureinwohner zu machen.

Ich gehe zum abseits gelegenen Friedhof, der von einer niedrigen Mauer eingefasst ist. Selten sah ich ein trostloseres Stück Erde, trocken, steinig, staubig. Keine Pflanze, keine Blume auf den Gräbern. Auf den Grabstätten der Salesanier stehen Kreuze mit Namen, Geburts- und Sterbedatum. Die meisten Gräber aber sind eingesunken, nur erkennbar durch ein namenloses Kreuz.

Der harte Westwind fegt über die Ebene, wirbelt mir Staub in die Augen. Ich blinzle, blicke gedankenverloren zum Horizont. Ein Wort der Yamana-Sprache kommt mir in den Sinn: *taiyi-alagöne*. Es bedeutet: Rufe in der Einsamkeit, um zu sehen, ob jemand es hört und sich auf den Weg macht.

Morgen werde ich weiterreisen, nach Norden über die Magellanstraße nach Patagonien.

Fluch des Goldes

In Wahrheit stellt sie einen ununterbrochenen Kreuzweg dar, ein zerfetztes, labyrinthisches Gewirr von Windungen und Wendungen, von Buchten, Baien, Fjorden, Sandbänken und verwickelten Wasserdärmen, das Schiffe nur mit größter Kunst und größtem Glück heil zu durchfahren vermögen.

STEFAN ZWEIG

Der Bus der Firma Tecni-Austral braucht acht Stunden von Río Grande nach Río Gallegos, heißt es. Während ich auf die Abfahrt warte, blättere ich im Buch von Klaus Bednarz, »Am Ende der Welt«, und stoße auf die Geschichte von Julius Popper und die Entdeckung von Gold auf Feuerland. Bednarz beschreibt, wie Glücksritter von diesem südlichen Ende der Welt angezogen wurden, weil sie dort das El Dorado, das Goldland, vermuteten. Viele kamen aus Europa, wie Julius Popper, ein rumänischer Ingenieur. Er soll Gold gleich tonnenweise mit einer besonderen Technik gewonnen haben, so viel, dass er sogar sein eigenes Geld aus reinem Gold prägen ließ.

Inzwischen hat sich der Bus in Bewegung gesetzt, und während wir durch die weite Landschaft rollen, denke ich weiter über das Gold nach, das so vielen zum Fluch wurde.

Der Rumäne Julius Popper muss ein kluger, vielseitig begabter Mann gewesen sein, doch seine dunkle Seite riss ihn schließlich ins Verderben. Wie bei »Dr. Jekyll und Mr. Hyde« nahm die dämonische Veranlagung immer mehr von ihm Besitz, und als er schließlich völlig vom Goldfieber gepackt wurde, beherrschten ihn die Dämonen ganz.

Zuerst verlief sein Lebensweg in einer positiven Richtung. Nach Abschluss seiner Studien in Paris bekam er den Auftrag, einen urbanen Bebauungsplan für Havanna zu entwerfen. Kubas Hauptstadt verdankt ihre Gestalt also dem Rumänen Popper. Das nächste Großprojekt war der Bau einer Brücke im Amazonasgebiet. Dann führte ihn sein Weg nach Argentinien. In Buenos Aires landete er im Jahr 1885 und kam Feuerland, seinem Endziel, immer näher. Popper war davon überzeugt, dass es dort riesige Goldlager gebe. Bei einer Expedition im nördlichen Feuerland hatte der chilenische Marineleutnant Ramón Serrano in den Flüssen der Sierra Boquerón Goldflitter entdeckt – allerdings nur geringe Mengen; es zu waschen hätte sich nicht gelohnt.

Popper aber hatte einen Plan gefasst, wie er das Gold ohne großen Aufwand gewinnen könnte. In Buenos Aires drang der brillante Mann schnell bis in die obersten Kreise vor und machte sich besonders beim damaligen Präsidenten Celman beliebt. Den überredete er schließlich, ihm eine Forschungsreise zu seinem Traumziel zu finanzieren.

An Bord nahm Popper seine erste kleine Privatarmee, die er vor Ort bald vergrößerte. Zuerst aber musste das gelbe Metall gefunden werden. Eine fieberhafte Suche begann. Es heißt, Popper sei der erste Weiße gewesen, der Feuerland von der Magellanstraße bis zum Atlantischen Ozean durchquert habe. Gewiss, eine enorme Leistung, noch dazu ohne topografische Karte.

Das Wunder geschah, Popper fand Gold! An einem Ort, wo außer ihm wohl niemand gesucht hätte, am Strand! Und zwar auf der Halbinsel El Paramo, die flach und schmal in die San-Sebastian-Bucht hineinragt. Keine ergiebige Goldader war der Lohn der entbehrungsreichen Suche, sondern nur feiner Goldstaub und Flitter, winzige Körnchen von den Flüssen aus den Bergen herausgewaschen und hier abgelagert. Viel zu mühsam wäre es gewesen, um mit der Waschpfanne messbaren Erfolg zu erzielen. Der versierte Ingenieur hatte eine viel bessere Idee: Er ließ das Meer für sich arbeiten. Er sah, dass der Gezeitenunterschied zehn Meter betrug, und beschloss, die gewaltige Kraft von Ebbe und Flut zu nutzen. Seine Leute mussten sieben Meter unter dem Hochwasserstand waagerechte Schächte in die Steilküste graben. Stieg das Meer bei Flut, wurde das Wasser mittels massiver Holztore in diesen röhrenartigen Schächten eingeschlossen, bei Ebbe entließ er es aus seinem Gefängnis. Zuvor mussten seine Arbeiter diese Röhren mit Sand füllen. Im Sand, fein verteilt, befanden sich winzige Goldkörnchen. Das herausströmende Wasser schlemmte den Sand mit hinaus, aber das Gold sammelte sich in einem Filter. Das Meer arbeitete also wie eine Goldwaschanlage. Die Ernte war riesig. Fast eine halbe Tonne Gold pro Jahr.

Unser Bus nähert sich dem Ort San Sebastian. Die Straße führt einige Kilometer an der Küste entlang; beim Blick aus dem Busfenster sehe ich eine weite Wasserfläche, die San-Sebastian-Bucht, die im Norden von der Halbinsel El Paramo begrenzt wird. Ich befinde mich also genau in der Gegend, wo sich vor fast 130 Jahren die Geschichte um den erfindungsreichen und grausamen Goldsucher abspielte.

Der Bus hält an einer Raststätte. Die Fahrgäste nutzen den Halt, um Mate zu trinken und etwas zu essen. Aus meinem Rucksack ziehe ich Francisco Coloanes Buch »Feuerland« und lese nach, wie es mit Julius Popper und dem Gold weiterging, denn der argentinische Schriftsteller hat die wahren Begebenheiten in einer atmosphärischen Erzählung verdichtet.

Von der Gezeitenwaschanlage, der Popper den Namen »Goldernter« gab, profitierte nur er allein. Die Leute, die für ihn schufteten, ließ er am Reichtum nicht teilhaben, deshalb machten sich einige aus dem Staub. Popper ließ sie wieder einfangen und zur Abschreckung aufhängen. Die zum Tode Verurteilten mussten ein Schild auf der Brust tragen, der gebildete Rumäne hatte einen Satz aus Dantes

»Göttlicher Komödie« darauf geschrieben: *Lasciate ogni speranza voi ch' entrate.* Diese Worte stehen am Eingang zur Unterwelt und bedeuten: Wer diese Schwelle überschreitet, der lasse alle Hoffnung fahren. Niemand außer Popper selbst wird den Wortlaut verstanden und überhaupt Dantes Werk gekannt haben, umso zynischer die Menschenverachtung, mit der er die ihm Ausgelieferten verhöhnte.

Je mehr kostbares Metall Popper anhäufte, umso weniger nahm er Rücksicht auf das Leben anderer Menschen. Er fühlte sich bald als uneingeschränkter Herrscher Feuerlands, errichtete gewissermaßen sein eigenes Imperium. Ohne Befugnis der Regierung ließ er Briefmarken drucken. Rot auf weißem Grund war diagonal ein Schriftband gezogen mit der Aufschrift »Tierra del fuego«. Darunter ein großes »P« für Popper und ein winziger Briefumschlag. Natürlich musste der Größenwahnsinnige auch sein eigenes Geld prägen – selbstverständlich aus purem Gold. Jede Münze wog fünf Gramm, auf der Vorderseite war eine große 5 geprägt, rundum die Schrift: Goldwäsche des Südens. Auf der Rückseite verewigte sich der selbst ernannte Herrscher: Julius Popper – Feuerland – 1889.

Immer stärker kam seine sadistische Seite zum Vorschein. Mit seiner Leibgarde, einer Horde von Verbrechern, die er in Phantasieuniformen nach Art der k. u. k.-Armee gesteckt hatte, machte er Jagd auf Indianer. Als hätte er nicht schon genug Geld, kassierte er für jeden getöteten Selk'nam ein Pfund Sterling von den Schafzüchtern. Und immer wieder schlug er Revolten seiner meuternden Angestellten blutig nieder, bestrafte die sich Ergebenden mit unglaublicher Grausamkeit. Den Unmut der Provinzgouverneure zog er sich aber nicht deswegen zu, sondern weil er eigenmächtig seinen Staat im Staat gegründet hatte und ihre Machtinteressen gefährdete. Popper verstand es jedoch meisterhaft, seine Widersacher gegeneinander auszuspielen. Im Intrigenspinnen war er mindestens ebenso begabt wie als Ingenieur.

Sein Machtstreben kannte keine Grenzen, schon arbeitete er am nächsten Projekt: der Eroberung der Antarktis. Um die dafür notwendige Unterstützung zu bekommen, kehrte Popper nach Buenos Aires zurück, wo ihm der eine oder andere auf irgendeine Art verpflichtet war. Aber bevor er seine neuen Pläne in die Tat umsetzen konnte, starb Julius Popper – ganz plötzlich. Die Todesursache wurde nie geklärt, und so liegt die Vermutung nahe, dass er einem Giftanschlag zum Opfer fiel. Er war erst 35 Jahre alt, überraschend jung nach einem so bewegten Lebenswandel. In Rumänien wird Julius Popper als Nationalheld verehrt. Seine Münzen und Briefmarken sind bei Sammlern hochbegehrt und extrem teuer.

Wir fahren weiter, lassen den Grenzort San Sebastian hinter uns und somit auch Argentinien, denn um zur Fähre an der Engstelle der Magellanstraße zu gelangen, muss der Bus durch den chilenischen Teil der Insel fahren. Vier Grenzübertritte, von Argentinien nach Chile, dann wieder von Chile nach Argentinien, kosten Geduld. Irritierend sind die roten Schilder, die vor Minen warnen.

Warten an der Fähre. Zeit genug, sich ein umfassendes Bild zu machen. Drei Kilometer sind es zum jenseitigen Ufer. Bleigraues, kaum bewegtes Wasser, grauer Himmel, nasskaltes Wetter. Eine Kette von Binnenseen ist hier am Ende der letzten Eiszeit zu einem gewundenen Wasserweg verschmolzen, der seit etwa 10 000 Jahren Feuerland vom südamerikanischen Festland trennt.

Fast 500 Jahre ist es her, dass der portugiesische Generalkapitän in spanischen Diensten, Fernando de Magellan, am 10. August 1519 mit fünf Schiffen und 273 Mann Besatzung von Sevilla in Spanien, genauer vom Hafen Sanlúcar de Barrameda, in See stach, um als erster Mensch die Erde zu umsegeln.

Magellan oder Fernão de Magalhães, wie er auf Portugiesisch hieß, hatte Wikingerblut in den Adern. Seine Vorfahren waren Normannen, die sich im 13. Jahrhundert in Portugal niederließen. Die Familie gehörte dem niederen Adel an, und der kleine Fernão diente als Page am portugiesischen Königshof. Erstaunlich und wenig bekannt, dass Magellan im Dienst der portugiesischen Krone schon vor seiner Weltumseglung in Indien war, danach sogar in Malaysia.

Vielleicht waren die Gene seiner normannischen Vorfahren schuld, denn er muss ein aufbrausender, zum Jähzorn neigender Mensch gewesen sein. Jedenfalls fiel er am portugiesischen Hof in Ungnade, weil er es gewagt hatte, sich lautstark zu beschweren, als ihm trotz einer schweren Verwundung bei einer Schlacht in Marokko um die Festung Azamor nicht die gewünschte Anerkennung vom portugiesischen König geschenkt worden war.

Magellan zögerte nicht lange und bot seine Dienste dem Konkurrenzunternehmen, der spanischen Krone, an. Die war an einer neuen Handelsroute zu den sogenannten Gewürzinseln interessiert, denn zwischen Spanien und Portugal gab es Streit um die Vorrechte auf See. Im Vertrag von Tordesillas war die Erde zwischen den beiden konkurrierenden Seemächten aufgeteilt worden, und zwar entlang des Nord-Süd-Meridians 370, der bei der Malaiischen Halbinsel verläuft, wodurch Spanien von den alten Seewegen abgeschnitten war. Magellan versprach Kaiser Karl V., die Ostwestpassage zu finden, der ihm fünf Schiffe dafür zur Verfügung stellte. Magellans Sicherheit, dass eine Durchfahrt existierte, gründete sich auf Gespräche mit einem portugiesischen Astronomen und auf Phantasiekarten, in denen solch eine Passage ohne wirkliche Kenntnis der Gegebenheiten eingezeichnet war.

Von Anfang an war die Spannung an Bord der Trinidad spürbar. Die spanische Mannschaft, erst recht die Offiziere und Kapitäne der vier anderen Schiffe wollten sich den Befehlen des Portugiesen nicht unterordnen. Die Situation spitzte sich zu, als die Flotte den Río de la Plata erreichte, dort, wo heute die Metropole Buenos Aires liegt.

Die breite Bucht verlockte zu der Annahme, dies sei die versprochene Durchfahrt. Als sich die Hoffnung als Irrtum erwies, wollten die meisten umkehren. Einen gewissen Rückhalt fand Magellan bei den 30 Portugiesen, die er mitgenommen hatte, außerdem war der Italiener Francisco Antonio Pigafetta an Bord, durch dessen Chronik die Vorgänge bekannt geworden sind.

Der Aufruhr steigerte sich zur Meuterei, die Magellan mit harter Hand niederschlug. Er verurteilte die Anführer zum Tode und segelte weiter entlang der Ostküste nach Süden. Es wurde kälter und die See stürmischer. Die Ruhe an Bord war trügerisch, unter den Matrosen gärten Wut und Hass gegen den Generalkapitän, der sie ins Verderben zu stürzen drohte.

Im Oktober erreichten sie wieder eine Bucht beim Kap Vírgenes. Dass es die gesuchte Passage war, vermutete niemand. Der Zufall musste erst zu Hilfe kommen. Ein schrecklicher Sturm brach los, wütete mehrere Tage und Nächte. Als er abflaute, waren zwei Schiffe verschwunden, der Orkan hatte sie in die Öffnung hineingetrieben. Die Kapitäne dieser beiden Schiffe nutzten die Gelegenheit und drangen weiter vor. Nach jeder Engstelle kam wieder eine Öffnung. Hoffnung keimte auf: Das musste die Passage sein! Sie wendeten und berichteten Magellan von ihrer Entdeckung. Der Chronist schrieb: »Nun sanken wir alle auf die Knie und dankten Gott und der heiligen Maria.«

Die Seeleute aber wollten nicht weiter. Gerade hatten sie wieder einen von vielen Orkanen überlebt, der sie mit seinem Wüten zermürbt hatte. Die Nahrungsmittel waren knapp geworden, mit Mühe und Not würden sie für die Rückfahrt reichen. Ihre Leidensfähigkeit war erschöpft. Sie wollten heim nach Spanien!

Magellan aber ließ sich nicht beirren. Mit herrischer Stimme verkündete er, wie Pigafetta notierte: »... er werde durch diese Straße fahren, um sein dem König gegebenes Wort einzulösen, selbst dann, wenn er wüsste, dass er das Leder am Segelwerk der Schiffe verzehren müsse.«

Einen Monat dauerte die Westfahrt durch das 600 Kilometer lange Labyrinth. Immer wenn sie glaubten, den Ausgang erreicht zu haben, war es nur eine weitere Bucht. Die unübersichtliche Lage zwischen Felsvorsprüngen, Verengungen und Seitenarmen nutzte ein Kapitän zur Flucht, mit seinem Schiff und der Mannschaft kehrte er um und segelte nach Spanien zurück. Die anderen setzten ihren Weg fort.

Als sie schließlich den westlichen Ausgang der Meerenge erreichten, lag der Ozean reglos und still vor ihnen. Kein Lufthauch regte sich. So kam der für seine Wetterunbilden gefürchtete Ozean zu seinem Namen *Mare Pacífico*, Stiller Ozean, Pazifik. Sie segelten in den Ozean hinaus, doch ihr Unglück wollte es, dass sie lange an keiner Insel vorbeikamen. Die Vorräte waren aufgebraucht. Matrosen erschlugen sich im Streit um die letzten Ratten, und Magellans Prophezeiung erfüllte sich: »Um nicht Hungers zu sterben, aßen wir das Leder, mit dem die großen Rahen zum Schutz der Taue umwunden waren.«

Im März 1521 erreichte die völlig erschöpfte Expedition die Philippinen. Als Magellan einen Streit zwischen verfeindeten Einheimischen schlichten wollte, wurde er erschlagen. Nach dem Tod Magellans übernahm der Baske Juan Sebastián Elcano das Kommando, ein einfacher Bootsmann, denn keiner der Kapitäne hatte die mörderische Fahrt überlebt. Nur ein einziges Schiff, das kleinste mit dem siegreichen Namen »Victoria«, kehrte unter dem Kommando des Basken nach Spanien zurück; die anderen waren in Stürmen gesunken oder von Bohrmuscheln zerstört worden. Von den 273 Männern, die ausgezogen waren, als Erste die Welt zu umsegeln, waren nur noch 18 am Leben. Unter ihnen Pigafetta, der Chronist.

Regen verhängt die Sicht. Es riecht nach Salzwasser, nach fauligem Fisch. Der Wind frischt auf, als unser Bus auf die Fähre rollt und wir übersetzen. Die Wasserstraße wirkt wenig eindrucksvoll, nichts ist zu spüren von der Dramatik, die Weltumsegler und frühe Entdeckungsreisende hier erlebt haben. Weniger als 30 Minuten dauert es, bis uns die Fähre ans gegenüberliegende Ufer bringt.

Nach einem langen Fahrtag erreichen wir am Abend Río Gallegos. Als Unterkunft wähle ich La Posada, ein einfaches Hostal in einem der älteren Häuser. Seine Zimmer öffnen sich zu einem Innenhof mit Garten. Den nächsten Tag nutze ich für Erkundungen der Stadt.

Río Gallegos liegt am gleichnamigen Fluss, der sich zu einem zehn Kilometer breiten Bassin öffnet, bevor er sein Wasser in den Atlantik ergießt. Die Provinzhauptstadt hat sich in den letzten Jahren sprunghaft entwickelt und ist mit 100 000 Einwohnern kurz vor der Schwelle zur Großstadt. Dabei begann die Besiedlung erst um 1885, als Argentinien diese Region in Besitz nahm. Um 1900 boomte die Wollindustrie, und so wurde Río Gallegos als Hafenort immer wichtiger. Vor allem Briten und Chilenen kamen auf der Suche nach Land und Reichtum in diese Provinz. Der Anteil der Argentinier betrug damals kaum 20 Prozent. Heute wird die Wirtschaft von den in der Nähe befindlichen Ölfeldern angekurbelt.

Nach den Wochen in einsamer Wildnis wirkt Río Gallegos auf mich laut und betriebsam. Bald bin ich es müde, die verkehrsreichen Straßen in dieser streng rechtwinklig angelegten Stadt entlangzugehen, und fühle mich erst wieder wohl, als ich den alten Hafen erreiche. Ein nicht mehr schiffbarer Kutter liegt auf dem Kiesstrand, fest verankert an einer Eisenkette wie ein müder Hofhund.

In der Nähe fällt mir ein Schuppen auf, in den Eisenbahnschienen hineinführen. Niemand ist zu sehen, und da das Tor offen steht, trete ich neugierig ein. Meine Augen müssen sich einen Moment an die Dunkelheit gewöhnen, dann sehe ich sie – die alten Dampfrösser. Metallene Ungetüme, die aber irgendwie liebenswürdig auf mich wirken. Sie strahlen etwas Persönliches aus, als hätten sie eine Seele und wollten mir erzählen von ihren heroischen Tagen, als sie fauchend und dampfend auf dem Schienenstrang entlangrollten. Gemessen an unserer hochtechnisierten Welt, sind sie alt, sehr alt, Relikte einer vergangenen Zeit. Das dunkle Depot ist für diese drei Lokomotiven die Endstation, wo ihnen bald die Verschrottung bevorsteht, so glaube ich jedenfalls. Ich gehe zwischen ihnen herum, klettere in den Lokführerstand, berühre die Griffe und Hebel, stelle mir vor, wie es gewesen sein muss, die mächtigen Maschinen zu beherrschen. In meiner Phantasie dampfe ich durch das weite Patagonien, werfe ab und zu mit einer breiten Schaufel Koks in das glühende Ofenloch, betätige einen Hebel, schon quillt Dampf aus der Esse, und ein durchdringender Pfeifton lässt die Luft erzittern.

Jetzt stehen sie hier, ausrangiert, haben keine Aufgabe mehr. Irgendwie lassen mich die alten Dampfrösser an Saurier denken. Sie verkörpern die Vergangenheit, die etwas Neuem weichen musste, nicht weil sie schwach, alt, krank waren oder weil das Neue besser oder stärker war, sondern weil sich das Schicksal gegen sie gewendet hat. Die Saurier wurden durch die Veränderung der Umwelt vernichtet, ausgelöst durch einen Kometen, und die Dampfrösser haben ihre Aufgabe durch die Weiterentwicklung der Technik verloren.

Der patagonische Wind zerrt und zurrt an der Halle, bringt lose Blechteile zum Klirren. Obwohl es mitten am Tag ist, befällt mich ein unheimliches Gefühl, hier im dunklen Depot allein mit den Saurier-Lokomotiven. Durch Rostlöcher im Wellblechdach scheint die Sonne, wirft Lichtflecken auf die Metallteile, lässt golden aufleuchten, was doch schwarz und rußig ist. Auf einmal Schritte, eine Gestalt verdunkelt das Schuppentor. Im Gegenlicht kann ich nur die Umrisse erkennen. Ein Mann im dunkelblauen Overall kommt herein. Er schenkt mir ein beiläufiges Nicken und steigt auf die vordere Lok.

Immer von Neuem überrascht mich das Verhalten der Menschen im südlichen Argentinien. Einen Fremden beachten sie gerade so viel, dass sie seine Anwesenheit registrieren. Fragen stellen sie nie und wollen selbst nicht gefragt werden. Mit ihrer Haltung signalisieren sie: Das ist ein freies und weites Land, jeder kann kommen und gehen oder auch bleiben. Platz ist genug. Mach du dein Ding, und lass mich meines machen, aber komm mir nicht in die Quere.

Diese Mentalität erklärt sich aus der Einwanderungsgeschichte. Der Süden wurde nicht von lebens- und kontaktfreudigen Italienern und Spaniern besiedelt, die Menschen kamen eher aus den kühleren Ländern Europas: England, Irland, Belgien, Skandinavien. Und die sich für Patagonien entschieden, die es überhaupt länger hier aushalten konnten, das waren Charaktere, die sich gern absonderten. Einzelgänger, Eigenbrötler und Exzentriker fanden im fast menschenleeren Patagonien ihr Rückzugsgebiet, hier konnten sie ihr einsames Leben kultivieren. Erstaunlich, dass diese Eigenheit über Generationen weitergegeben wurde und so erhalten blieb.

Ich beobachte, wie der Monteur die Lok unter Dampf setzt. Die Kolben arbeiten – und zu meiner Überraschung rollt die Maschine aus dem Depot. Nur wenige Meter, dann bleibt sie dampfend stehen.

»Die Lok muss regelmäßig gewartet werden, damit sie betriebsfähig bleibt«, erklärt der Mann wortkarg, aber nicht unfreundlich. So frage ich weiter und erfahre: Bald soll die historische Bahn, die eine Spurbreite von nur 75 Zentimetern hat, als Touristenattraktion dienen. Eisenbahnliebhaber und Nostalgiker werden begeistert sein. Der Schienenweg führt 230 Kilometer nach Río Turbio, quer durch Patagonien, von der Ostküste geradewegs nach Westen bis zu den Anden an der chilenischen Grenze. Eine lohnende Strecke mit dieser einst südlichsten Eisenbahn der Welt.

Nur aus einem einzigen Grund wurden damals die Schienen nach Río Turbio verlegt: weil unter der Stadt ein gewaltiges Kohleflözlager liegt, das größte Argentiniens. Kohle wird noch immer gefördert, aber seit 1997 sind Dieselloks im Einsatz und transportieren die Kohle zum neuen Hafen.

Ein gellender Pfiff lässt mich zusammenzucken, eine dicke Dampfwolke steigt in die Luft. Der Lokführer grinst, und ich bedanke mich lächelnd für das ohrenzerreißende Abschiedssignal.

Begegnung mit dem Horizont

»Alles atmete Schweigen und Einsamkeit. Und trotzdem empfindet man bei der Betrachtung solcher Landschaften, in denen kein auffallender Gegenstand den Blick fesselt, ein schwer bestimmbares, aber sehr lebhaftes Gefühl von Vergnügen.«

CHARLES DARWIN

Von Río Gallegos fahren täglich Busse zum 320 Kilometer entfernten Calafate. Ziele aber sind für mich nur ein Vorwand, unterwegs zu sein. Nach Calafate zu fahren hätte für mich keinen Sinn, wenn ich nicht unterwegs Entdeckungen, Erfahrungen, Begegnungen, Beobachtungen sammeln könnte. Im Bus bin ich abgeschieden von der Umwelt, werde von einem Ort zum anderen transportiert und kann mir bestenfalls durch das geschlossene Fenster mit seinen getönten Scheiben einen flüchtigen Eindruck von der Landschaft verschaffen.

Deshalb miete ich bei der Firma »Christina«, so der Name der Inhaberin, einen Leihwagen. Christinas Teilhaber José betreibt in Calafate eine Zweigstelle, wo ich den Wagen später zurückgeben kann. Die resolute Geschäftsfrau nimmt sich Zeit, mir gute Tipps mit auf den Weg zu geben.

»An Güer Aike, einer der ältesten Estancias, sollten Sie nicht vorbeifahren«, rät sie mir.

Es ist bereits später Nachmittag, ich fahre dennoch los, denn die empfohlene Estancia liegt nur 35 Kilometer von Río Gallegos entfernt. Vorher habe ich angerufen und ein Zimmer reserviert.

Die Straße ist geteert, eine Seltenheit in Patagonien, so komme ich zügig voran. Von der Kreuzung der Route 3 mit der nordwestlich verlaufenden Route 5, der ich in den nächsten Tagen folgen werde, ist es nicht weit zu dem Anwesen. Wie die Estancias in Feuerland sind die Gebäude auch hier in Patagonien mit weiß gestrichenem Wellblech verkleidet. Mit den dunkelgrünen Fensterrahmen und den seegrünen Dächern bieten die Häuser einen freundlichen Anblick. Das Hauptgebäude wurde 1906 in England konstruiert, zerlegt und per Schiff an seinen Bestimmungsort gebracht, wo es Stück für Stück zusammengesetzt und aufgestellt wurde.

Als der alte Besitzer die Estancia aufgeben musste, wurde sie von José Menéndez übernommen, einem der größten Grundstückseigner sowohl Feuerlands wie auch in Patagonien. Ursprünglich aus Spanien stammend, hatte es Menéndez mit Cleverness, Rücksichtslosigkeit und auch Glück zu einem der drei reichsten Männer im Süden Amerikas gebracht, neben dem Litauer Moritz Braun und dem Portugiesen José Nogueira. Jeder der drei besaß Territorien von der Größe europäischer Staaten. Menéndez, der als »Wollbaron« bezeichnet wurde, hielt auf seiner Estancia Primera Argentina 140 000 Schafe. Noch bedeutender war die zweite Estancia La Segunda Argentina, die er später Maria Behety nannte, nach seiner Ehefrau. Besucher können dort den größten Scherschuppen der Welt bewundern. Beide Estancias liegen auf Feuerland in der Nähe von Río Grande und sind noch immer in Familienbesitz, während Güer Aike bald verkauft wurde.

Die Estancia wird gern besucht, besonders von Anglern, denn zum Besitz gehört ein zwölf Kilometer langer Flussabschnitt des Río Gallegos. Da nur fünf Gästezimmer zur Verfügung stehen, war ich gut beraten, mich vorher anzumelden.

Leopoldos Stiefelschäfte sind abgewetzt, die Absätze krumm getreten, den breitkrempigen Hut hat er weit aus der Stirn geschoben, die hochgerollten Ärmel seines rot-weiß karierten Hemds entblößen sonnengebräunte, muskulöse Arme. Leopoldo ist Gaucho, also Viehhirte, das Gegenstück zum nordamerikanischen Cowboy.

Leopoldo zeigt uns, den neun Gästen, wie ein Schaf geschoren wird, dazu führt er uns in den Scherschuppen, den *galpón*. Abgesondert von der Herde, die draußen weidet, drücken sich in einem Pferch drei Schafe ängstlich aneinander. Routiniert packt Leopoldo zu, fängt mit raschem Griff ein Tier, zerrt es heraus auf den Gang, nimmt es zwischen die Beine, zieht es an den Vorderbeinen in die Höhe, sodass es aufrecht auf den Hinterbacken sitzt, und entfernt mit dem Schermesser das Fell. Das Opfer gibt keinen Laut von sich, stumm und ergeben lässt es die Prozedur mit sich geschehen. Etwa vier Kilogramm Wolle erhält man je Schaf. Ohne Fell sieht das Tier erbärmlich mager aus, zitternd drängt es sich zwischen seine Gefährten, nachdem es in den Pferch zurückgeschoben wurde. Die Schur dient nur zur Demonstration, einer der Programmpunkte, die den Gästen geboten werden neben Angeln, Ausritten und Asado, dem Grillen am Abend – unter freiem Himmel, wenn das Wetter mitspielt.

Mit beiden Händen greife ich in die geschorene Wolle, um ihre Weichheit zu spüren, und bin überrascht, wie fettig sie sich anfühlt; es bleibt sogar ein dünner Fettfilm an meinen Handflächen zurück. Im Schuppen aufgestapelt liegen die gepressten Ballen der letzten Schursaison.

»Die Wollpreise waren auf niedrigstem Stand, da lohnte sich der Transport nicht«, antwortet Leopoldo auf meine Frage.

»Ohne die Einnahmen durch die Gäste könnten wir nicht überleben«, erzählt mir später Maria, die Wirtschafterin.

Seit den 70er-Jahren haben wegen sinkender Wollpreise immer mehr Schafzüchter aufgegeben. Reiche Ausländer kauften sich ein, vor allem Amerikaner oder große Firmen, wie der italienische Modekonzern Benetton.

»Wir haben Glück«, meint Maria. »Bei uns kommen Touristen vorbei, das hält uns über Wasser.«

Am nächsten Tag vereinbare ich einen Ausritt mit Leopoldo. Sobald wir die nähere Umgebung der Gebäude verlassen haben, umgibt uns braungraue, staubige, fast vegetationslose Pampa. Beim Reiten durch dieses versteppte Land wird mir bewusst, wie sehr die Natur durch Überweidung geschädigt wurde. Zwischen 1930 und 1970, der Glanzzeit der Schafwirtschaft, gab es in Patagonien mehr als tausend Estancias mit insgesamt sieben Millionen Schafen. Als die Wollpreise auf dem Weltmarkt sanken, versuchten die Besitzer, die Einbuße zunächst durch erhöhten Viehbestand auszugleichen. Die unökonomischen Investitionen trieben viele in den Ruin, zudem wurde das Land durch Überweidung geschädigt. Dort, wo die Pflanzendecke vernichtet wurde, ist der Erdboden schutzlos der Winderosion ausgesetzt.

Nachdem wir gut eine Stunde scharf geritten sind, halten wir an, um den Pferden eine Rast zu gönnen.

»Wie lebt es sich so als Gaucho?«, frage ich.

»Nicht schlecht«, ist Leopoldos wortkarge Antwort. Doch als er erfährt, dass ich ein Buch über Patagonien schreiben will, wird er gesprächiger.

»Gauchos gab es bereits lange vor den großen Viehfarmen«, erzählt er. »Damals war die Pampa noch frei und ohne Zäune. Die meisten Gauchos waren Kinder von Weißen mit Indianerinnen, man nannte sie Mestizen. Sie fühlten sich weder der einen noch der anderen Gruppe zugehörig und wurden von niemandem anerkannt. So lebten sie allein oder in Gemeinschaft mit Leidensgenossen in dem weiten Land und ernährten sich von verwilderten Rindern, die sich enorm vermehrt hatten.«

Die Rinder waren so zahlreich, dass die Gauchos – da es in der Pampa keine Bäume gab, woran sie ihre Pferde anbinden konnten –

einfach eine Kuh erschossen, um an deren Hörnern ihr Reittier zu befestigen. Das Fleisch diente ihnen zum Eigenverzehr, haltbar machen konnten sie es nicht, außer durch Trocknen. Die Felle und hin und wieder auch das Trockenfleisch verkauften sie, den Erlös brachten sie dann in der *pulpería* durch, der Kneipe, beim Spielen und Trinken.

Die Viehwirtschaft entwickelte sich erst mit den Schlachthöfen und Kühlhäusern, wo bald riesige Fleischmengen gepökelt, geräuchert, zu Extrakt verarbeitet und exportiert wurden. Die Fleischindustrie versprach ungeheure Gewinnchancen. Auf einmal lohnte sich die Viehhaltung, und so wurde es wichtig, Land zu besitzen. Einige wenige Reiche erwarben riesige Gebiete und zäunten sie ein. Nun fehlten den neuen Grundbesitzern nur noch Leute zum Arbeiten. Gauchos wären eigentlich gut geeignet gewesen, waren sie doch an einen anspruchslosen Lebensstil und Entbehrungen gewöhnt, wussten mit Tieren umzugehen und waren sattelfest. Aber die freiheitsliebenden Männer kannten keine Herren über sich und waren nicht willig, sich unterzuordnen. Also mussten die wilden Gauchos fügsam gemacht werden. Das gelang mit Gesetzen, welche die Regierung auf Wunsch der Gutsbesitzer eilig in Kraft setzten. Das Vagantengesetz von 1815 besagte: Nur wer ein Arbeitsverhältnis auf einer Estancia nachweisen konnte, durfte durch die Pampa reiten. Alle anderen wurden zu gesetzlosen Elementen erklärt.

Damit waren die Tage der frei umherziehenden Gauchos vorbei. Die tragischen Ereignisse hat der Poet José Hernández 1872 in seinem Versepos »El Gaucho Martín Fierro« verarbeitet. Heute kennt jedes Kind in Argentinien dieses Werk, das als Nationalepos zum Schulstoff gehört.

Der Schriftsteller, der 1839 auf der väterlichen Estancia geboren wurde, verlebte seine Kindheit und Jugend im Milieu der Viehhirten. Als Autor romantisierte er das Leben der unabhängigen Gauchos, zu einer Zeit, als sie bereits nicht mehr existierten, ihre wilde Unabhängigkeit als gesetzlos gebrandmarkt, ihre Freiheit eine Illusion und der Gaucho zu einer tragischen Figur geworden war, die nach den Wolken greift und dabei den Boden unter den Füßen verliert.

Nur in der Folklore leben diese Gauchos fort. In Liedern und Tänzen wird ihre Lebensart verherrlicht. Stolz präsentieren sich Männer in traditioneller Gauchokleidung. Stiefel aus Fohlenleder, Absätze mit Sporen und kunstvoll aus Holz geschnitzte Steigbügel gehören dazu und weite, über den kurzen Stiefelschaft gebauschte Hosen. Ein Lederwams, ein Tuch fesch um den Hals geschlungen, in der Hand das geflochtene Lasso oder die Wurfkugeln, ursprünglich eine Waffe der Indianer, vervollständigen das Outfit. Ein silberbeschlagener Gürtel und das *facón*, das lange Messer mit dem silbernen Griff, hinten in den Gürtel gesteckt, dürfen nicht fehlen.

Wollten sie überleben, mussten sich die entrechteten Gauchos den Großgrundbesitzern als *peón*, Landarbeiter, andienen und jede niedere Arbeit verrichten oder als Viehhirten die Herden hüten und zur Schlachtbank treiben.

»Was bedeutet für Sie Freiheit, Leopoldo?«, frage ich.

»Freiheit ist das Größte, was der Mensch besitzen kann!« Der Stolz eines Gaucho, als der er sich immer noch fühlt, schwingt in seiner Stimme mit.

»Sie selbst, fühlen Sie sich frei?«

»Natürlich, wie auch nicht. In der Stadt, das wäre kein Leben für mich. Auf dem Land ist die Luft sauber, und die Arbeit mit den Tieren mache ich gerne. Was will ich mehr?«

»Sind Sie denn nicht abhängig von Ihrem Arbeitgeber?«

»Nein, bin ich nicht! Wenn es mir hier nicht mehr passt, kann ich gehen, wohin ich will. Ja, früher war das anders, da war der Peón wie ein Leibeigener. Er durfte die Estancia ohne Erlaubnis des Padron nicht verlassen. Die Unterkunft war miserabel, das Essen sowieso, das Leben eine einzige Schufterei. Da blieb nur der Alkohol, um das Elend eine Weile zu vergessen. Am besten wird sein, ich mache Sie mit Eugenio bekannt. Er ist neunzig Jahre alt und wird Ihnen alles viel besser schildern können, auch den großen Aufstand der Landarbeiter damals. Da war er zwar noch ein Kind, aber doch Augenzeuge.«

Auf einer Anhöhe liegt das Häuschen von Eugenio, umgeben von einem Gemüsegarten und einem weiß gestrichenen Holzzaun, der so niedrig ist, dass er das Anwesen nicht abgrenzt, sondern schmückt. Seine Enkelin öffnet uns die Tür. Der Großvater sei in der Küche, weist sie uns den Weg.

Neben dem eisernen Herd, hinter dem die Wand weiß gekachelt ist, sitzt ein Mann in blau-weiß kariertem Hemd und Hosen aus derbem Stoff. Er begrüßt uns freundlich. Seine 90 Jahre sieht man ihm nicht an, aber die harte Arbeit, die schon. Die schwieligen Hände, von dicken, blauen Adern durchzogen, ruhen auf seinem Schoß. Seine Augen liegen eng beieinander und mustern uns neugierig, wandern fragend von Leopoldo zu mir. Außer tief eingegrabenen Furchen auf der Stirn ist sein Gesicht kaum runzelig. Die grau melierten Haare sind in der Kopfmitte gelichtet, die buschigen, dunklen Augenbrauen verleihen ihm ein ernstes und zugleich verwegenes Aussehen. Ein mehrere Tage alter Bart schmückt sein Kinn. Lächelnd streicht er sich mit der Hand über die Stoppeln und meint entschuldigend: »Als Mann hat man es wirklich nicht leicht. Jeden Tag rasieren, kann es etwas Lästigeres geben?«

Seine Stimme ist kräftig, und trotz seines Dialekts kann ich ihn gut verstehen. Er ziert sich nicht lange und beginnt lebhaft zu erzählen:

»Geboren bin ich in Montevideo, also in Uruguay. Als ich sieben war, übersiedelten meine Eltern nach Río Gallegos. Es hat mir hier gleich gefallen, und wie. Ich war verzaubert von dieser weiten Erde, dieser unbegrenzten Aussicht, und auch der Wind, den fand ich gut; manchmal glaubte ich zu fliegen, wenn er mich packte.«

Bei seinen Worten gleitet ein verschmitztes Lächeln über sein Gesicht und verjüngt es, sodass ich glaube, den kleinen Jungen von damals vor mir zu sehen.

»Mein Vater ist mit dem Ochsengespann durchs Land gefahren«, erzählt Eugenio weiter. »Er brachte Waren vom Hafen zu weit entfernten Estancias. Alles, was man dort so brauchte, angefangen von Zucker und Mehl bis zu Werkzeugen, überhaupt alles.«

Eugenio fragt, ob wir Mate trinken wollen. Er ruft seine Enkelin und bittet, Wasser heiß zu machen, dann erzählt er weiter:

»Ich wuchs heran und wurde Gaucho, hütete Schafe, markierte die Neugeborenen, trieb die Herde zum Desinfizieren in große Wannen, tausend Tiere waren normal, manchmal zählte die Herde sogar viertausend Schafe. Meist arbeitete ich allein, selten half mir jemand. Der Padron sparte sich so die Bezahlung für weitere Angestellte. Die Arbeit damals war hart, viel härter, als ihr es euch heute überhaupt vorstellen könnt.«

Ob es deswegen zum Aufstand gekommen sei, will ich wissen.

»Genau deswegen. Die Landarbeiter konnten das Elend einfach nicht mehr ertragen. Als ich mit meiner Arbeit als Schafhirte begann, hatte sich allerdings schon vieles zum Besseren gewendet. Ich war erst zehn oder elf Jahre alt, als die Revolte ganz Patagonien entflammte, aber ich erinnere mich noch, als wäre es heute. Die Landarbeiter wollten ja nichts Unrechtes, nur ein wenig Menschlichkeit. Ihnen ging es einfach zu schlecht. Sie lebten in elenden Unterkünften ohne Licht, ohne Wasser. Statt Lohn erhielten sie Gutscheine, die sie nur in Geschäften, die dem Padron gehörten, gegen Waren eintauschen konnten, oft zu Wucherpreisen. Ihre Forderungen waren bescheiden genug: Matratzen zum Schlafen, Wasser zum Waschen, Kerzen für die langen, dunklen Winterabende, einmal im

Monat einen Tag frei für einen Stadtbesuch. Alles selbstverständliche Dinge, die man Menschen nicht vorenthalten darf.«

Einen Augenblick schließt Eugenio die Augen, um Bilder von damals in seinem Inneren vorüberziehen zu lassen.

»Ihr müsst wissen«, fährt er fort, »ich lebte zu der Zeit mit meiner Mutter und den Geschwistern auf dem Land, und da kam eines Tages ein Trupp hoch zu Ross dahergeritten, sie trugen Waffen und sahen grimmig aus. Was hab ich für Angst gehabt! Meine Mutter hatte schnell die Ochsen vor den Wagen gespannt, doch die Männer holten uns ein, und wir dachten, sie bringen uns um. Zuerst schrien sie herum, beruhigten sich aber bald und wollten nur etwas zu essen. Dann ritten sie weiter. Ich habe damals nicht begriffen, was da vor sich ging. Nur an meine Angst kann ich mich deutlich erinnern.«

Die Armut der Landarbeiter hatte sich durch die Weltwirtschaftskrise noch verschlimmert. Die Ausbeutung war unerträglich geworden. In den Fleischfabriken kam es zu ersten Streiks, beeinflusst durch Kontakte mit russischen Anarchisten. Im August 1920 brach dann die Revolte los, und einmal entzündet, verbreitete sie sich in Patagonien wie ein Buschfeuer. Der Führer des Aufstands war Antonio Soto, ein aus Galicien stammender Spanier, der in Buenos Aires mit revolutionären Ideen in Kontakt gekommen war.

Die Reichen gerieten in Panik. Oberst Varela erhielt von der Regierung freie Hand, den Aufstand wie auch immer niederzuschlagen. Erbarmungslos führte er die zehnte Kavallerie gegen die Aufständigen, denen es an Feuerwaffen mangelte und die sich oft nur mit Lassos, Fangleinen, Wurfkugeln und Messern zur Wehr setzten. Ein Jahr dauerte der Feldzug gegen die Ausgebeuteten, die ihre Menschenwürde verteidigten. Trotz großen Opfermuts waren sie den besser bewaffneten und ausgebildeten Soldaten unterlegen. Die letzten Überlebenden, einige hundert, verschanzten sich in der Estan-

Steilküste von Meer und Wind geformt.

Lago Argentino – Einsamkeit zum Träumen.

Geisterwald – das Werk von Bibern.

Spegazzini-Gletscher im Parque Nacional los Glaciares.

Welt aus Eis – der Perito-Moreno-Gletscher.

Blick über den Lago Viedma.

Die Ruta Cuarenta entlang der patagonischen Anden.

Leuchtturm am Kap San Pablo auf Feuerland.

Angeschwemmtes Totholz am Lago Brazo.

Arbeiter auf einer Estancia.

Vorfahrt für Seelöwen!

Asado – das Grillen von Schaffleisch ist Tradition.

Blick auf das Massiv des Fitz Roy.

cia Anita, einem Musterbetrieb der superreichen Familien Braun-Menéndez, die sich inzwischen verschwägert hatten. Die Landarbeiter kämpften bis zur letzten Patrone, dann ergaben sie sich – und wurden erbarmungslos erschossen, nachdem sie noch ihre eigenen Gräber hatten ausheben müssen.

Oberst Varela, der die Armee befehligte und das Blutbad zu verantworten hatte, musste mit seinem Leben dafür bezahlen. Den Opfern half es nicht mehr, doch den wenigen Überlebenden verschaffte es zumindest Genugtuung, als es dem Anarchisten Kurt Wilkens gelang, die toten Landarbeiter zu rächen. Er sprengte den Oberst in Buenos Aires in die Luft.

Mein Wagen rollt über die Schotterpiste, Steinchen spritzen unter den Rädern in alle Richtungen. Schnurgerade zielt die Straße auf den Horizont. Rechts und links dehnt sich eine unermessliche braune Ebene, auf der nichts wächst außer Dornbüschen, Disteln und gelben Gräsern. Hin und wieder sehe ich ein paar Schafe und die einsame Silhouette eines Gaucho, die sich dunkel gegen den Himmel abhebt.

Während ich fahre, hänge ich meinen Gedanken nach, habe Muße, mich an die gestrige Begegnung mit Eugenio zu erinnern, dem 90-jährigen Zeitzeugen des Landarbeiteraufstands. Wir hatten zusammen noch Mate getrunken, dieses bittere Getränk aus den Blättern von *Ilex paraguayensis,* einem Strauch, der mit der Stechpalme verwandt ist. Die Blätter werden getrocknet und dann fein gehackt. Eugenio füllte die *yerba,* wie Argentinier mitunter ihren Mate nennen, in ein kugeliges Holzgefäß und goss mit heißem Wasser auf, eine routinierte, vielfach wiederholte Handlung. Ein Ritual, das jeder ein wenig anders zelebriert.

»Das Wasser darf nicht kochen«, erklärte mir Eugenio, »die Blätter würden verbrennen.« Er füllte das Gefäß bis zur Hälfte mit Blattschnipseln, drückte sie mit dem Daumen zusammen und feuchtete die Masse mit warmem Wasser an, damit sie quellen konnte, dann erst goss er heißes, aber nicht kochendes Wasser darüber. Getrunken wird das Gebräu mit einem Metallröhrchen, genannt *bombilla*. Das untere Ende des Röhrchens ist mit einem kleinen Sieb verschlossen, damit keine Blättchen aufgesogen werden.

Mate ist mehr als ein Getränk. Man genießt ihn am liebsten in Gesellschaft, im Grunde geht es dabei vor allem um den Akt des Teilens. Das Gefäß wird im Uhrzeigersinn von einem zum anderen weitergereicht, und alle saugen die heiße, bittere Flüssigkeit aus dem gleichen Röhrchen.

Eugenio reichte mir also die dunkel gebeizte Holzkugel, und ich spürte die seidenglatte Oberfläche, poliert von den Handflächen der zahlreichen Matetrinker vor mir. Das Gefäß war klein, mit meinen Händen konnte ich es ganz umschließen. Behutsam näherte ich meine Lippen der *bombilla*. Das silbrig glänzende Metall fühlte sich kühl, aber nicht unangenehm an. Ich begann zu saugen, mein Mund füllte sich mit Flüssigkeit, heiß und bitter, für mich ein angenehmer Geschmack. Ich sog noch ein paarmal, gab das Gefäß Eugenio zurück, der Wasser nachgoss und es dann an Leopoldo weiterreichte.

Das Matetrinken haben die Einwanderer von den Indianern übernommen. Jesuiten waren die Ersten, die den Mate nicht nur tranken, sondern auch anbauten. Der österreichische Jesuitenpater Martin Dobrizhoffer lobte den Mate, er sei sowohl appetitanregend, könne aber auch Hunger und Durst stillen, vertreibe die Mattigkeit und rege an, ohne den Körper aufzuputschen wie Schwarztee oder Kaffee. Später hat man festgestellt, dass er auch Vitamine und andere wertvolle Stoffe enthält.

In Argentinien ist Mate das Nationalgetränk, in mindestens 92 Prozent aller Haushalte wird er regelmäßig zubereitet und genossen. So verbindet ein Getränk die gesamte Bevölkerung, gleich welcher Herkunft und Stellung.

Es war bereits Abend, als Leopoldo und ich dann zurück nach Güer Aike ritten. Dort loderte im gemauerten, drei Meter breiten Kamin das Feuer. An der Frontseite des Kamins schmorten drei geschlachtete Schafe, ein archaisches Bild mit den breit aufgeklappten Körpern, die jeweils auf ein metallenes Kreuz gespannt waren.

Am nächsten Morgen verabschiedete ich mich von Maria und allen Angestellten und natürlich von Leopoldo. Er überraschte mich. In meine Hand drückte er ein kleines, in braunes Packpapier gewickeltes Päckchen. Als ich das Papier öffnete, kam eine *bombilla,* ein Mate-Trinkröhrchen, zum Vorschein.

Das Fahren auf der schnurgeraden Piste schläfert ein. Ich halte das Auto an und wandere hinein in dieses maßlose Nichts. Gehe immer weiter in die winddurchtobte Weite. Beim Gehen erst wird mir die spröde Schönheit der Steppenlandschaft bewusst und die unendliche Einsamkeit. Bei jedem Schritt scheint der Horizont ein Stück zurückzuweichen, öffnet sich der Weg ins Nichts. Mich umgibt eine Leere, wie ich sie nie zuvor empfunden habe. Die klare Luft steigert das Gefühl der Unendlichkeit. Ich höre auf zu denken, gehe und gehe einfach immer weiter durch den zeitlosen Raum.

Irgendwann tauche ich aus dem meditativen Gehen auf und stehe vor einem Zaun; es scheint, als wolle er das Nichts begrenzen. Zwischen Holzpfosten ist Stacheldraht gespannt, wie eine Linie zieht er sich diagonal durch das Bild und endet nirgendwo. Es ist einer der Zäune, welche die Pampa zerstückeln und zerhacken. Sie wollen zum Eigentum erklären, was Menschen eigentlich nicht besitzen sollten.

Ich blicke auf meinen Kompass, hoffentlich finde ich mit seiner Hilfe mein Fahrzeug wieder. Auf dem Rückweg ergreift mich die Melancholie der flachen Landschaft erneut, einer Landschaft, die nichts Aufregendes bietet, in der selbst ein Zaun ein optisches Ereignis darstellt. Ich sehe ein paar Pflanzen, krüpplige Büsche, dornige Sträucher, an den Boden gepresste Kräuter. Tieren begegne ich nicht. Der Wind, der mir den Staub ins Gesicht wirbelt, ist das einzige belebende Element.

Das also ist Patagonien, denke ich. Niemand weiß genau, wie es zu seinem Namen gekommen ist. Das spanische Wort *pata* bedeutet Fuß und *patagon* so viel wie Großfuß. Es sollen die riesigen Fußstapfen der Tehuelche-Indianer gewesen sein, die ihre Füße zum Schutz gegen die Kälte mit Fellen umwickelten und so die weißen Entdecker zu der Bezeichnung Patagonien animierten. Verbürgt ist das nicht.

Patagonien war nie ein Land oder ein Staat, sondern einfach eine Landschaft. Unscharf abgegrenzt, bezeichnet Patagonien im Allgemeinen alles, was südlich vom Río Colorado liegt und bis zur Magellan-Straße reicht, andere rechnen auch Feuerland hinzu.

Ich habe richtig gepeilt. Ein Gefühl der Erleichterung durchflutet mich, als ich meinen Wagen entdecke. Ich fahre weiter ins Nirgendwo. Die einzige Ansiedlung auf der 320 Kilometer langen Strecke ist der Ort Esperanza, auf Deutsch »Hoffnung«. Entlang der Durchfahrtsstraße reihen sich Drogerie, Lebensmittelladen, Café, Restaurant und Tankstelle. Vor dem letzten Haus krümmen sich vom Wind gebeugte Bäume, dann bin ich wieder draußen in dem unwirtlichen Land.

Später lockt mich eine Fahrspur von der Piste abzuweichen, denn allmählich wird es Zeit, mich nach einem geschützten Platz für mein Zelt umzusehen. Mein Wagen holpert über ausgefahrene Buckel und Löcher. Zäune rechts und links, keine Möglichkeit, irgendwo mein Nachtlager aufzubauen. Dann in der Ferne ein grüner Fleck – ein Pappelhain, der darauf hinweist, dass dort eine Estancia liegt, denn die hohen, biegsamen Pappeln werden als Windbrecher angepflanzt. In Windungen führt der Weg darauf zu.

Ich zögere weiterzufahren, denn Estancias, die Gäste aufnehmen, weisen schon vor der Abzweigung an der Hauptpiste mit einem werbenden Schild auf ihr Angebot hin, und ein weiß gestrichener Torbogen lädt zum Durchfahren ein. Nichts von alledem hier. Da die Piste aber zu schmal zum Wenden ist, muss ich weiterfahren. Macht nichts, denke ich. Sind die Leute unfreundlich, kann ich immer noch umkehren oder, falls das Anwesen verlassen ist, mein Zelt im Windschatten der Bäume aufbauen.

Vom Geräusch des Wagens herausgelockt, tritt eine Frau vor die Tür. Sie mustert mich kritisch, aber nicht unfreundlich. Wieder einmal empfinde ich es als Vorteil, als Frau allein unterwegs zu sein. Einen Mann hätte sie bestimmt nicht ins Haus gelassen, erzählt Teresita mir später. Die Estancia Mata negra wurde nach einem Strauch in der Pampa, einem Eisenkrautgewächs, benannt. Nein, sie sei nicht die Besitzerin, nur Wirtschafterin. Der Eigentümer lebe in Buenos Aires. Einmal im Jahr komme er, immer im Januar, zur *esquila,* der Schafschur.

Teresita, eine kleine, lebhafte Frau, noch ohne Grau im schwarzen Haar, ist 60 Jahre alt. Ihr Mann sei sehr früh gestorben, die beiden Söhne habe sie allein großziehen müssen. Wir sitzen zusammen in ihrer Küche, dem Herz jeder patagonischen Estancia, wo im Eisenherd immer ein Feuer knistert.

»Mein Vater kam aus Kroatien«, erzählt Teresita weiter. »Meine Mutter war spanisch-schottischer Abstammung. Sie arbeitete als Köchin auf einer Estancia, dort traf sie meinen Vater und verliebte sich in ihn.«

Meine Gastgeberin nimmt den Kessel vom Herd und gießt Tee für uns auf.

»Auch ich wurde Köchin, habe in Hotels gearbeitet, bis ich meinen Mann kennenlernte. Wir hatten beide gespart und konnten uns in der Provinz Santa Cruz, nahe dem Ort Perito Moreno, eine Estancia kaufen, eine kleine. Wir besaßen nur achttausend Schafe, dreißig Pferde und einige Rinder. Als mein Mann starb, das war vor fünfundzwanzig Jahren, musste ich allein mit allem fertig werden. Das gelang mir auch, und ich war stolz darauf. Dann kam der 8. August 1991 – ich weiß es noch wie heute –, der Tag, als der Hudson ausbrach, ein Vulkan hinter der Grenze in Chile. Er spuckte eine Woche lang gewaltige Mengen Asche in die Luft, und der starke Westwind blies alles auf unsere Seite, bedeckte das ganze Land mit einer grauen, erstickenden Schicht. Die Schafe fraßen trotzdem das Gras, sie waren ja hungrig. Die Asche schmirgelte ihre Zähne zu Stümpfen ab, bis sie nicht mehr kauen konnten und elendig starben.«

»Furchtbar! Was haben Sie da gemacht?«

»Wir konnten gar nichts tun, fast alle Tiere verendeten. Meine Rücklagen reichten nicht, um mir einen neuen Bestand anzuschaffen. Ich musste alle Leute entlassen, habe meine Kinder gepackt und mir eine Arbeit gesucht. Inzwischen sind meine Söhne längst erwachsen, leben in Calafate und haben ihre eigenen Familien.«

Teresita zeigt mir den Platz, wo ich mein Zelt aufstellen kann. Die Nacht ist unruhig. Heftiger Wind heult durch die Reihen der hundertjährigen Pappeln, schüttelt und rüttelt die Baumveteranen, biegt ihre Kronen herab und pfeift über die Kanten der Wellblechdächer. Scheppernd schlagen lose Teile aufeinander, dröhnt Holz gegen Eisen, schleifen Gegenstände über den Boden. Die ganze Nacht hindurch spielt der Wind seine wilde Fuge.

Dafür erfrischt mich am Morgen meine Gastgeberin mit einem Mate-Tee und hat einen Vorschlag: »Wenn Sie schon über die Gauchos schreiben, sollten Sie auch einen echten kennenlernen. Humberto ist so einer, Marcos wird Ihnen den Weg zeigen.«

Auf Anweisung von Teresita hat Marcos, der mehr als nur ein Stallbursche ist und überall auf der Estancia mit angreift, zwei Pferde gesattelt, und ich genieße es, durch die morgenfrische Steppe zu reiten. Trampelpfade gehen vom Wirtschaftshaus hinaus in die einsame Landschaft mit ihren harten Gräsern und krüppligen Büsche. Sie führen zu den einzelnen Vorposten der Estancia Mata negra, den *puestos*. Die Schafherden werden von drei Gauchos gehütet, die jeder für sich in einer Hütte wohnen, weit entfernt voneinander. Das Dasein von Humberto und den beiden anderen Schafhirten richte sich ganz nach dem Lebensrhythmus der Schafe und dem Rhythmus der Jahreszeiten, erfahre ich von Marcos.

Vor den Hufen unserer Tiere springt erschrocken ein Hase auf und jagt in hastigen Sprüngen davon. Hasen wurden vor über hundert Jahren in Europa gefangen und in Argentinien ausgesetzt, wo sie sich gut vermehrt und weit über das Land verbreitet haben. In einem Busch lärmen die rotbrüstigen Loicas. Sie sehen den Staren ähnlich, deshalb gab man dieser Vogelgruppe im Deutschen die Bezeichnung Stärlinge. Der Name beruht aber nur auf äußerlichen Ähnlichkeiten, mit den Staren sind sie nicht verwandt. Sie sind eine eigene, nur in Amerika vorkommende Vogelfamilie.

Wir reiten scharfen Trab und benötigen doch drei Stunden bis zu dem Hüttchen aus Wellblech und Zementbausteinen, einer winzigen Oase inmitten der ergreifenden Leere. Hier haust Humberto und erträgt das selbst gewählte Alleinsein mit stoischer Gelassenheit. Keine Gefühlsregung lässt erkennen, wie er unser Eindringen in seine Abgeschiedenheit empfindet.

Marcos redet, ich beobachte und Humberto schweigt. Sein Alter könnte ich nicht erraten, er scheint zeitlos zu sein, wie aus Stein gehauen. Während er in Schweigen verharrt, geben seine Hände Auskunft. Die Haut ist rissig, übersät mit Narben, Wunden und Schrunden vom Feuer, vom Frost, von der Sonne. Die Nägel sind aus dunklem Horn, scharfkantig wie Schaufeln. Der immerwährende Kontakt mit Lasso und Zügel haben an Fingern und Handflächen dicke Schwielen und Knoten wachsen lassen. Die Hände, wie sie da auf den Knien aufgestützt liegen, darunter die abgewetzte Hose, zeugen von niemals endender Arbeit.

In seiner Hütte hat Humberto weder Strom noch fließendes Wasser, aber sie ist penibel sauber und aufgeräumt. Er besitzt nur das unbedingt Notwendigste, bescheidener kann ein Mensch kaum leben: Kochherd, Wasserkessel, Topf, Teller, Trinkgefäße, Petroleumlampe, Tisch und Stühle, Bett, Regal und Schrank. Seine Vorräte sind dürftig: Salz, Zucker, Mehl, Mate, Seife. Das ist alles.

»Was essen Sie denn, Humberto?«, frage ich.

»Asado!«, lautet die knappe Antwort.

Marcos klärt mich auf: Humberto isst in der Tat fast nur gegrilltes Schaffleisch. Zum Frühstück schneidet er sich vom kalten Braten, der vom Abend übrig blieb, einige Stücke ab. Tagsüber, wenn er Schafe hütet, bleibt natürlich keine Zeit zum Kochen. Hat er Hunger, greift er in ein Beutelchen am Sattel und steckt sich Trockenfleisch zwischen die Zähne. Am Abend wird dann am Feuer wieder Fleisch gebraten.

»Kein Gemüse, keinen Salat? Auf Dauer kann ein Mensch ohne Vitamine nicht überleben«, gebe ich zu bedenken.

Zum ersten Mal blitzen Humbertos Augen kurz auf, er wirft mir einen schnellen Blick zu, in seinen Mundwinkeln spielt ein Lächeln. Dann wendet er sich wieder Marcos zu, öffnet langsam den Mund und sagt nur ein Wort: »Mate!«

»Aha, er meint«, erklärt Marcos, »dank Mate braucht er kein Gemüse, der Mate liefert ihm genug Vitamine.«

Ich bemühe mich, die Sperre zu durchbrechen, die der alte Gaucho um sich aufgebaut hat. Weil ich mich nicht nur durch Marcos mit ihm unterhalten will, richte ich meine Fragen direkt an ihn: »Humberto, was gefällt Ihnen an Ihrem Leben?«

Er schweigt. Wir warten eine Weile, dann sagt Marcos: »Darauf kann Humberto nicht antworten. Er versteht gar nicht, was Sie da fragen. Er lebt einfach sein Leben, er kennt nichts anderes.«

»Was macht er denn den ganzen Tag?«, beginne ich unversehens, in das Spiel einzusteigen und mich über ihn zu unterhalten.

Marcos weiß Bescheid, und ohne Humberto einzubeziehen, antwortet er für ihn: »Also, so etwa im September, im Frühling, zieht er mit den Herden zu den weiter entfernt liegenden Weiden. Einen Monat später lammen die Mutterschafe, da kommt er kaum noch zum Schlafen. Ab Mitte November erhalten die Lämmer ihre Ohrmarkierung, und die männlichen Jungtiere werden kastriert. Da hat er von früh bis spät zu tun. Im Januar treibt er die Herde zur Estancia, dort werden alle Tiere geschoren und gegen Zecken und Krätze in Desinfektionslösung gebadet. Im März sortiert er die Lämmer aus, die geschlachtet werden sollen. Diese Lämmer werden in Lastwagen zu den Schlachthöfen, dann zu den Kühlhäusern transportiert, die übrige Herde treibt er in neue Weidegebiete. Im Mai, zu Beginn des Herbstes, schneidet er das Fell um die Augen herum ganz kurz, damit sich keine Schneekristalle festsetzen und die Augen zufrieren. Von Juni bis August, das ist die dunkle Jahreszeit und die schwerste, da wird es kaum noch hell. Humberto muss trotz Frost und Schnee zu den Tieren raus, damit sie bei Stürmen nicht in Panik geraten und sich gegenseitig erdrücken oder dem Puma zum Opfer fallen.«

»Wie viele Tiere hütet er denn?«

»Dreitausend!«, kommt Humbertos prompte Antwort, obwohl ich ihn diesmal nicht persönlich angesprochen habe.

»Ich würde gerne Ihre Tiere sehen, Humberto«, bitte ich.

Wortlos steht er auf. Wir folgen ihm und steigen draußen auf unsere Pferde. Die Hunde entdecken uns von Weitem. Jaulend und hechelnd laufen sie uns entgegen. Eine weiße, wollige Masse ergießt sich über die Ebene. Viele Tausende Hufe stampfen den Boden, Mäuler rupfen und zupfen, Mägen grummeln, eine vielstimmige Lautkulisse erfüllt die Luft. Humberto kümmert sich nicht um uns, reitet mal hier-, mal dorthin, scheint alles zu sehen, jedes einzelne seiner Tiere wahrzunehmen, weiß, wo er eingreifen muss oder abwarten kann. Mit kurzen Pfiffen dirigiert er die Hunde. Ein Mann, der aufgeht in seiner Arbeit. Der ganz und gar das ist, was er tut.

Wir rufen ihm einen Abschiedsgruß zu. Ob er ihn gehört hat? Er zeigt es jedenfalls nicht. Wir reiten davon, lassen einen Mann zurück, der völlig in der Natur lebt, so fern der Zivilisation.

Die Weite im Herzen

So gut kannte der Jäger die Steppe, dass er sich, wenn er über die Ebene galoppierte, instinktiv an jeder beliebigen Sache orientierte: dem Flug der Vögel, einem fernen, hell lodernden Feuer, dem Wind, den er immer an derselben Seite des Gesichts spürte.

R. B. CUNNINGHAME GRAHAM

Als ich die Estancia Mata negra am nächsten Tag verlasse, drohen dunkle Wolken am Himmel. Graupelkörner lösen sich aus ihren schwarzgrauen Bäuchen, schlagen hart auf die Erde, auf das Dach und die Motorhaube meines Wagens. Innen bin ich geschützt, doch draußen tobt ein Unwetter, das die Schotterpiste in eine schmierige Rutschbahn verwandelt. Windböen stemmen sich gewaltig gegen das Fahrzeug, werfen es fast um. Meine Hände um das Lenkrad verkrampft, versuche ich den Wagen auf der Fahrbahn zu halten. Trotz der Kälte beginne ich zu schwitzen.

Schon blitzt die Sonne wieder hervor, und Wolkenfetzen jagen in rasender Geschwindigkeit am Himmel dahin. Ein dramatischer Anblick. Obwohl es jetzt hell genug ist, muss ich die Autoscheinwerfer eingeschaltet lassen, denn in der Provinz Santa Cruz ist es Pflicht, auch tagsüber mit Abblendlicht zu fahren.

Kurz vor meinem Ziel El Calafate mündet die RN 5 in die berühmt-berüchtigte RN 40, La Ruta Cuarenta, wie sie von Insidern respektvoll genannt wird. Sie durchzieht das Land der Länge nach, verläuft 5 000 Kilometer parallel zur Andenkette und verbindet die reizvollsten Kultur- und Naturschätze Argentiniens. Weit im Norden beginnend, tangiert sie die Cueva de los Manos mit den prähistorischen Felsmalereien, die versteinerten Wälder, die Felstürme Torre Cerro und Fitz Roy, den Nationalpark Los Glaciares mit dem Gletscher Perito Moreno und führt zur chilenischen Grenze nahe Puerto Natales, schwenkt dann nach Osten zur Atlantikküste und weiter bis zur Südspitze des Kontinents.

Gerade weil die Schotterstraße anstrengend zu befahren ist, gilt sie als Herausforderung und zieht motorisierte Abenteurer magisch an. Unerschrockene sehen es als lohnende Aufgabe, die unbefestigte Straße zu bezwingen, und wollen sich nicht abschrecken lassen von der schier endlosen Ödnis, dem Staub, dem Gerüttel und Geschüttel, bei dem man alle Knochen zu spüren meint, noch von der Ungewissheit, ob man unterwegs eine Tankstelle findet, die auch wirklich Treibstoff hat. Jeder, der sich auf die RN 40 traut, sollte mindestens zwei Ersatzreifen und ausreichend Werkzeug dabeihaben. Doch die Abenteurer müssen sich beeilen, immer mehr Streckenabschnitte werden asphaltiert, und bald wird es wieder ein Wagnis weniger geben. Diejenigen, die nicht zum Vergnügen unterwegs sind, wie die Lastwagenfahrer, werden sich dagegen freuen, weil ihr harter Job etwas leichter geworden ist.

Ein Schachbrettmuster flachdächiger Häuser taucht in meinem Blickfeld auf. Die Ortschaft El Calafate dehnt sich weit am Ufer des Lago Argentino aus. Die Straße führt von einer Anhöhe hinab in die Stadt, sodass ich die Gegend gut überblicken kann. Ich fahre rechts ran und nehme mir Zeit, das Panorama zu betrachten. El Calafate hat inzwischen 8 000 Einwohner; im Jahr 1940 stand hier nur ein ärmliches Rasthaus, ein Holzhüttchen, in dem die Ochsenkarrentreiber auf ihrer anstrengenden Reise zum Atlantik übernachten konnten. An der Küste verluden sie dann die Wolleballen auf Frachtschiffe, bevor sie den weiten Rückweg antraten. Die Entwicklung zu einer betriebsamen Stadt verdankt El Calafate einzig und allein dem Tourismus. Der Ort liegt günstig an einem Schnittpunkt zu dem Bergsteiger-Eldorado El Chaltén 200 Kilometer weiter im Norden und zu dem 80 Kilometer westlich gelegenen Gletscher Perito Moreno. Der jährlich wachsende Besucherstrom lässt fast eine Goldgräberstimmung aufkommen. Aus allen Landesteilen siedelten sich hier Argentinier an, die im Tourismus ein lohnendes Geschäft wittern.

Die Ansammlung der Häuser begeistert mich nicht gerade. El Calafate wirkt auf mich wie ein Schmutzfleck in der sonst unberührten Landschaft mit ihren sanften Hügelwellen und flachen Tälern. Allerdings, der Lago Argentino ist schön genug, dass sich das Anhalten und Aussteigen gelohnt hat. Der See wird von mehreren Gletschern gespeist, die aber weiter westlich einmünden und von hier aus nicht sichtbar sind. Doch sie geben dem Wasser eine intensive Farbe von leuchtendem Türkis. Die Oberfläche ist spiegelglatt, denn es weht nur ein sanfter Hauch, der das Wasser nicht zu kräuseln vermag. Der 1550 Quadratkilometer große See bedeckt dreimal mehr Fläche als der Bodensee; entwässert wird er von einem einzigen Fluss, dem Río Santa Cruz.

Nachdem ich mich an dem Anblick satt gesehen habe, steige ich wieder ein und fahre in die Stadt hinein. Das Zentrum von El Calafate besteht eigentlich nur aus einer einzigen Straße, der Avenida Libertador. Ähnlich wie in Ushuaia reihen sich Souvenirgeschäfte, Reisebüros, Restaurants, Pizzaläden aneinander. Die Passanten auf den Straßen sind durch ihre modische Sportkleidung als Touristen erkennbar. Abseits dieser Hauptstraße, das hatte ich vom Panorama-Ausblick gesehen, schmilzt der touristische Schein schnell dahin. Da gibt es unbefestigte, staubige Straßen und planlos aus dem Boden gestampfte Gebäude und, wie ich bei einem Spaziergang später sehen werde, viel Unrat und Schmutz, verwahrlost wirkende Häuser, ärmlich gekleidete Leute und im Dreck spielende Kinder. Es sind die Armen, die es noch nicht geschafft haben oder es nie schaffen werden, ein Stück vom Kuchen abzubekommen, und höchstens ein paar Krümel erhaschen. Sie alle hatte die Hoffnung auf ein besseres Leben hergetrieben, zurückgelassen haben sie an ihrem Heimatort ein ebenso elendes Leben. Sie kamen, um ihre einzige Chance zu nutzen. Auch wenn ihnen der Aufstieg nicht gelingt, so doch vielleicht ihren Kindern, wünschen sie sich.

Von der Avenida Libertador biegt ein Sträßchen rechts ab, führt eine Anhöhe hinauf, wo in der Straße Valentin Feilberg meine Unterkunft liegt. Die Beschreibung im englischen Reiseführer »Lonely Planet« hat mich neugierig gemacht. Über die Pension Hospedaje Familiar las Cabañitas steht dort: »Märchenhafte Hütten mit Giebeldächern, Gärten voller Lavendel und ein charmanter Eigentümer mit Sinn für Romantik.« Da nur vier Hütten für Übernachtungen zur Verfügung stehen, hatte ich mich vorsichtshalber telefonisch angemeldet und bin nun doch etwas skeptisch, denn von außen kann man nicht ahnen, wie anheimelnd der innere Bereich ist. Den Lavendel gibt es tatsächlich; die hüfthohen Stauden wuchern überall auf dem Anwesen. Die dunkel gebeizten Holzhütten mit steilen, spitzen Dächern und kleinen Fenstergucklöchern ähneln Hexenhäuschen. Ich bin begeistert, dieses individuelle Kleinod in der touristisch-betriebsamen Stadt gefunden zu haben. Der Besitzer, ein älterer Herr, bietet mir an, dass ich seine Küche benutzen und mir außer Tee und Kaffee sogar Spaghetti oder eine Suppe kochen kann.

Nachdem ich mich eingerichtet habe, will ich den Nachmittag nutzen, um die Gegend zu erkunden. Am Südufer des Lago Argentino fahre ich nach Westen. Kaum habe ich die Stadt in meinem Rücken, umfängt mich Steppeneinsamkeit. Inzwischen ist Wind aufgekommen, faucht über die glitzernde Seefläche, und mächtige Wellen brechen sich am Strand. Möwen kreischen, weißbrüstige Cauquén-Gänse grasen zwischen Ibissen, und im flachen Wasser waten Flamingos. Kein anderes Fahrzeug begegnet mir auf der

Schotterstraße, die von zerzausten Bäumen eingerahmt ist und schnurgerade bis zu einer Gabelung führt. Links geht es zum Gletscher Perito Moreno und rechts zum Hafen Puerto Bandera. Zum Gletscher will ich ein andermal, mir für dieses Erlebnis einen ganzen Tag Zeit nehmen. So biege ich nach rechts ab, wo der Hafen Puerto Bandera still und verlassen liegt. Hier herrscht nur Betrieb, wenn die Touristendampfer an- und ablegen, um zu den Gletschern zu gelangen, die sich von der Andenkordillere herabschieben und mit gewaltigen Eistürmen in den Lago Argentino kalben; am Hafen Puerto Bandera sind aber noch keine Gletscher zu sehen. Hinter hohen Zäunen, Mauern und Toren verbergen sich Gebäude und Kasernen der argentinischen Marine, entdecken kann ich niemanden.

Ich fahre zurück, halte bei einer Anhöhe mit Blick auf eine tiefer gelegene Lagune und setze mich auf einen mit Flechten geschmückten Stein. Ein Schwarzhalsschwan gleitet majestätisch über den See, Flamingos stehen still im Wasser. Inzwischen ist es Abend, die Sonne senkt sich langsam dem Horizont entgegen. Der richtige Zeitpunkt für das Abendessen. Ich packe meinen Proviant aus. In Argentinien hatte ich bisher noch keine lukullischen Erlebnisse, außer einmal bei Familie Andrade in Ushuaia, wo ich mit gebratenem Fisch bewirtet wurde. Sonst ernähre ich mich meist von Brot, Käse, Schinken und Obst. Inmitten der Natur mein Mahl einzunehmen entschädigt mich für entgangene Gaumenfreuden.

Die Flamingos breiten die Schwingen aus, steigen auf und segeln davon. Ein rosa-schwarzes Farbenspiel, das sich abhebt gegen das Dunkelgrün der Wälder.

Als ich mich mit meinem Wagen der Abzweigung nähere, sehe ich von Weitem zwei Gestalten am Straßenrand. Wer mag in der Abenddämmerung noch unterwegs sein? Ich erkenne einen Mann und eine junge Frau, neben ihnen dicke Rucksäcke. Sie winkt, er legt zu einer bittenden Geste beide Handflächen aneinander. Früher bin ich auch durch halb Südamerika getrampt, kreuz und quer durch Spanien und die Philippinen, aber was um Himmels willen machen die beiden hier, wo nur am Morgen die Reisebusse und Mietwagen zum Gletscher fahren und nachmittags zurück? So spät am Abend kommt heute keiner mehr – außer mir. Keine Frage, dass ich anhalte und die beiden mitnehme.

Angelina, ein graziles, schwarzhaariges Mädchen, studiert im ersten Studienjahr Philosophie, und Roberto hat einen Job in einer Computerfirma. Ich bin erstaunt, als sie mir erzählen, dass sie in nur sechs Tagen von Buenos Aires bis Ushuaia getrampt sind. Die beiden stecken mich an mit ihrer fröhlich ausgelassenen Stimmung. Roberto ist der Bedächtigere, Angelina die Temperamentvolle, die vor Begeisterung sprüht.

»Ist es nicht sehr schwierig, in Gebieten zu trampen, wo so viele Urlauber unterwegs sind? Reisebusse dürfen keine Fremden mitnehmen, und Touristen im Mietwagen, halten die denn?«

»Du hast gehalten«, sagt Roberto.

»Ja, aber ich war eure einzige Chance. Was hättet ihr denn sonst gemacht?«

»Unser Zelt aufgebaut und es morgen früh wieder versucht«, sagt Angelina heiter.

»Wir machen das zum ersten Mal und hatten bisher sagenhaftes Glück. Und was für nette Leute wir getroffen haben, einfach toll!«, schwärmt Roberto.

»Es ist die beste Art, ein Land wirklich gut kennenzulernen«, ergänzt Angelina.

Als wir El Calafate vor uns liegen sehen, beginnt es kräftig zu regnen. So schnell wird es nicht aufhören.

»Bei diesem Wetter wollt ihr doch sicherlich nicht zelten. Soll ich euch zur Jugendherberge fahren?«

»Nein, nein«, widersprechen beide entschieden. »Das bisschen Regen macht uns nichts aus!«

Statt auf dem offiziellen Zeltplatz wollen sie wild am See zelten. Am Morgen zwischen Gänsen und Möwen zu frühstücken, das gefalle ihnen besser, als auf einem tristen Campingplatz aufzuwachen. Im strömenden Regen steigen sie aus, schultern lachend ihre Rucksäcke und eilen davon.

Am nächsten Morgen fahre ich zum Ostende des Sees Lago Argentino, dort hat sich der Río Santa Cruz einen breiten Ausfluss aus dem See gebahnt. Ich lasse den Wagen stehen und wandere zu Fuß die Windungen des Flusses entlang. Goldgelb flimmern die Steppengräser im weiten Talgrund, rot flammt auf flachen Hügeln der wilde Ampfer, und die Berghänge sind bewachsen mit Calafate-Sträuchern. Kleine grüne Knötchen deuten an, wo später im Herbst blauschwarze Beeren hängen werden. Man sagt, dass, wer die Früchte dieser Berberitzenpflanze gekostet habe, sich unsterblich in das Land verliebe. Die Berberitze gab dem Ort El Calafate ihren Namen. Nach dem Ort werde ich mich sicherlich nicht zurücksehen, wohl aber nach der Weite und Einsamkeit dieser urweltlichen Landschaft. Dabei ist sie rau und herb, gebeutelt vom tosenden Wind. Aber das strahlende Licht und die intensiven Farben berauschen mich. Eine beglückte Stimmung ergreift mich, als könnte ich zum Daseinsgrund alles Lebendigen hinabtauchen und gleichzeitig schwerelos zum Himmel fliegen.

Eine weite Strecke folge ich dem Río Santa Cruz, den schon Charles Darwin erkunden wollte. Im Jahr 1835 kam er mit dem Dreimaster »Beagle« unter dem Kommando Robert Fitz Roys in diese Gegend. Fünf Jahre lang fuhr der Wissenschaftler auf dem 30 Meter langen und mit zehn Kanonen bestückten Schiff zu Vermessungszwecken die Küsten Südamerikas entlang und nutzte jede Gelegenheit zu naturkundlichen Studien. Während das Schiff im Atlantik an der Mündung des Río Santa Cruz vor Anker lag, wollte Darwin die Quelle des mächtigen Flusses suchen. Mit 20 Expeditionsteilnehmern kämpfte sich der spätere Schöpfer der Evolutionstheorie flussaufwärts durch unwegsames Gelände den reißenden Strom entlang. Nach zwei Wochen mussten die Männer entkräftet umkehren. Darwin sollte nie erfahren, dass er nur noch 25 Kilometer von seinem Ziel, dem Ursprung des 280 Kilometer langen Santa Cruz, entfernt war. Weder bekam er den türkisfarbenen Lago Argentino zu Gesicht noch den einzigartigen Gletscher Perito Moreno, der im Westen in den See kalbt.

Am Stadtrand von El Calafate liegt die Laguna Nimez, ein vom Lago Argentino abgetrenntes Gewässer. Die Abendstunden nutze ich, um dort Vögel zu beobachten. Gleich hinter den letzten Häusern der Ortschaft glitzert das Wasser. Begrüßt werde ich von vielfältigen Vogelstimmen: zuerst schrilles Möwengeschrei, Gänsegeschnatter, Entenratschen. Dann entdecke ich Kiebitze, Austernfischer, Ibisse, Uferläufer. Sie alle pfeifen und trillern, quäken und krächzen in vielfältigen Tonlagen. Die Singvögel im Ufergebüsch stimmen mit ihrem Gezwitscher in den Chor ein. Weihen segeln über die Schilfregion, und rosarote Flamingos waten im seichten Wasser. Über 80 Vogelarten finden an der nierenförmigen Lagune ihren Lebensraum; benachbart liegt eine zweite, kleinere, die aber in Sumpf eingebettet und nicht zugänglich ist.

Bei Sonnenuntergang verstärkt sich der Wind zum Orkan und peitscht die zuvor leicht gekräuselte Lagune zu hohen Wellen auf. Dabei wird der Seegrund aufgewühlt, Algen färben die Gischt dunkelgrün. Blitzschnell sind die Tiere verschwunden. Alle haben Zuflucht gesucht in Schilf und Gebüsch. Auf mich wirkt dieser patagonische Sturm wie ein Angriff, wild und rücksichtslos. Er saugt

Kraft und Leben aus meinem Körper, versucht mich umzustoßen. Jeder Schritt wird zur Mühsal. Sand verklebt mir die Augen, dringt in Nase und Hals. Hohe Gräser werden zu Boden gepeitscht und die Bäume waagerecht gebogen. In Patagonien kann auf Dauer nur überleben, was sich beugt.

»Nibepo« klingt wie ein Begriff aus einer der vergessenen Indianersprachen, doch es sind drei Mädchennamen, die sich in dem Wort verbergen. »Ni« für Nini, deren richtiger Name Radoslava war, »be« für Angelika, genannt Bebe, und »po« für Maria, die Porota gerufen wurde. Nini, Bebe und Porota waren die drei Töchter von Santiago Peso und seiner Frau Maria Martinic, den Gründern der Estancia Nibepo Aike. »Aike« ist der Sprache der Tehuelche-Indianer entlehnt und bedeutet »Ort«.

Ende des 19. Jahrhunderts verließ Santiago als kaum 18-Jähriger seine Heimat in Jugoslawien, um nie mehr dorthin zurückzukehren. Er brach auf in eine ihm unbekannte Welt, mit der Hoffnung, sich eine neue Existenz aufbauen zu können. Wie viel Mut, Abenteuerlust, Gottvertrauen oder auch Verzweiflung gehören dazu, einen solchen Schritt ins Ungewisse zu wagen! Während ich die alten Fotos betrachte und die Familienchronik durchblättere, bleiben meine Augen an den knappen Anmerkungen hängen, und in meiner Phantasie entstehen Bilder. Sie mischen sich mit denen aus heutiger Zeit, von Flüchtlingen, die oft auf lebensbedrohliche Weise versuchen, nach Europa zu gelangen.

Santiago landete mit dem Auswandererschiff in Punta Arenas in Chile, wo er Maria kennenlernte, auch sie stammte aus Jugoslawien. Das Paar erwarb Land und benannte die Estancia nach den ersten Silben der Kosenamen ihrer Kinder. Später übernahm Nini mit ihrem Mann Juan Jansma, einem Holländer, den Betrieb. Ihren Nachkommen gehört Nibepo Aike noch heute.

Die Estancia liegt am Brazo Rica, einem Nebenarm des Lago Argentino, 60 Kilometer von El Calafate entfernt. Ich war auf der Route 15 am Südufer des Sees entlanggefahren, hatte die Estancias Maria Elisa, El Galpón del Glacier und Alta Vista besucht. Diese Betriebe finanzieren sich kaum noch durch Viehwirtschaft, haben fast ganz auf die Bewirtung und Unterbringung von Gästen umgestellt und viel zu bieten. Das Programm reicht von Ausritten, Vogelbeobachtungen und botanischen Exkursionen, Angeln, der Demonstration von Schafschur bis zu »echten« Gaucho-Vorführungen. Entsprechend hoch ist der Preis.

Ich entschied mich für Nibepo Aike, einmal des Namens wegen, weil er meine Phantasie anregte, auch weil hier die Fahrpiste endete und ich mir wegen der Abgeschiedenheit am meisten Ursprünglichkeit versprach. Das über hundert Jahre alte Farmgebäude ist in seiner äußeren Gestalt erhalten geblieben, doch innen wurde alles neu gestaltet: eine Leseecke mit Kamin für die Gäste, Frühstücksraum, Café und kleine Bar. In einem Anbau hat man elf Gästezimmer eingerichtet, in denen 26 Personen übernachten können.

Mein Raum ist lichtdurchflutet. Vier große Fenster reichen von der Decke fast bis zum Boden. Durch sie kann ich ohne Umwege gleich nach draußen gelangen. Vor dem Gebäude spenden alte Aurakarien mit meterdicken Stämmen Schatten, und ein Kreis von Pappeln bricht den Wind. Blumenrabatten und ein gepflegter Rasen verschönern das Anwesen – eine von Menschen geschaffene Oase inmitten der rauen Wildnis.

Mein erster Weg führt mich zum See, dem Lago Roca, der sein Wasser vom Brazo Rica, dem Seitenarm des Lago Argentino, erhält. Kiebitze trillern und starten Scheinangriffe, um mich von ihrem Brutplatz abzulenken. Eine Pferdeherde zieht weidend am Ufer entlang. Rot leuchtet der Sauerampfer und türkis das Wasser, eingerahmt vom Dunkelgrün der Wälder. Einst wuchs der Wald bis nahe an den See, jetzt ist nur noch ein Geisterwald übrig geblieben. Die toten, silbergrauen Baumskulpturen erinnern an die Katastrophe, eine lang andauernde Überschwemmung. Der Wind pfeift und rauscht durch die Baumgerippe, eine Melodie, die vom Tod und neuem Leben erzählt.

Am Abend gibt es für die Gäste Asado. Mich lockt ein delikater Salat an den Tisch. Der sei aus eigenem Anbau, versichert der Koch und stellt zum Salat einen Tischgrill vor mich hin mit Fleisch sowie schwarzen und roten Würsten, *morcilla* und *chorizo*. Alles dampft, zischt und brodelt vor Hitze. Obwohl ich Fleisch sonst nicht so schätze, schmeckt es mir diesmal richtig gut.

Beim ersten Morgenlicht stehe ich auf, schlüpfe durch eines der Fenster und wandere den Berg hinter der Estancia hinauf. Es ist morgendlich kühl, ringsum sind die Berge von Reif wie mit Zuckerguss bestäubt. Der Pfad windet sich steil empor, immer mehr weitet sich der Blick über das Land mit den türkis-smaragdgrün schillernden Seen, den hellen Wiesen und dunklen Wäldern. Ob die drei Mädchen Nini, Bebe und Porota sich manchmal die Zeit nahmen, um auf den Aussichtsberg zu steigen? Am Morgen sicherlich nicht, da gab es Arbeiten zu erledigen, aber vielleicht an den Abenden, wenn der Wind weniger stürmte. Saßen sie dann hier auf einem der mit Flechten bewachsenen Steine, schauten über ihr Land und freuten sich an der Schönheit ihrer Heimat?

Bisher war der Morgen nebelgrau, nun steigt die Sonne über den Horizont, wo sich die flache Pampa ausdehnt, modelliert die Berge im Westen mit ihrem Licht, sodass sie plastisch und wie zum Greifen nah erscheinen. Von der Estancia klingt Hundegekläff herauf, das Meckern von Ziegen; mit spitzen Rufen und schrillen Pfiffen treiben Gauchos die Schafherde aus dem Kral hinaus auf die Weide. Pferdewiehern, das Scharren und Trappeln von Hunderten Klauenfüßen auf sonnengehärtetem Boden, dann wieder Stille. Eine Stille, die durch das Wehen des Windes verstärkt wird. Der Berghang ist mit harten Gräsern und dornigen Sträuchern bewachsen, vereinzelt ein Baum. Auf einmal durchschneidet lautes Kreischen die Stille. Ein Pulk Papageien schwirrt grün schillernd durch die Luft und fällt in die Krone einer windzerzausten Südbuche ein. Lebhaft flattern die Vögel herum, turnen an Ästen kopfüber wie an einer Reckstange. Die Sonne steigt höher, brennt herab und lässt die vom Tau benetzten Gräser aufleuchten. Schwalben kurven durch die Luft, hoch oben kreist ein Kondor.

Beim Blick auf den See erinnere ich mich, dass es hier war, wo der Flugpionier Gunther Plüschow 1931 in den Lago Argentino stürzte. Als Erster flog er mit einem offenen, einmotorigen Meinkl-Doppeldecker über das patagonische Inlandeis, sah aus der Luft die imposanten Gletscher und verschneiten Gipfel. Eine erstaunliche Leistung, wenn man bedenkt, dass den Brüdern Wright erst 20 Jahre zuvor Motorenflüge von knapp einer Minute Dauer gelungen waren.

Gunther Plüschow muss ein wagemutiger, allem Neuen gegenüber aufgeschlossener Mann gewesen sein. Von den Möglichkeiten der modernen Zeit ließ er sich mitreißen, genoss die durch das Fliegen gewonnene Freiheit und beschrieb mit schwärmerischen Worten in seinen Büchern die Flugerlebnisse mit seinem Silberkondor.

Sein Auftrag im Dienst der argentinischen Regierung, das Land aus der Luft zu vermessen, war nahezu beendet. Beim letzten Flug passierte das Unglück. War ein Motorschaden die Ursache gewesen? Jedenfalls stürzte der erfahrene Flieger mit seinem Bordmechaniker Ernst Dreblow ab. Beide starben beim Aufschlag in den See, hier am Brazo Rica. Abergläubisch hatte der Pilot seiner Maschine die Zahl 1313 auf den Rumpf gemalt. Die Unglückszahl 13 verdoppelt, sollte ihn vor Unheil schützen, eine vergebliche Hoffnung.

Bevor ich den Abstieg beginne, setze ich mich auf die harte Erde und lasse die Landschaft auf mich wirken. Wenn irgendetwas Patagonien charakterisiert, so ist es seine immense Einsamkeit. Die Gegenwart von Menschen nimmt Gestalt an in Form von isolierten, versprengten Oasen, so wie Nibepo Aike mit seinen sonnenblumengelb gestrichenen Gebäuden dort tief unten. Sonst nichts als Schneeberge und Gletscher, graubraune Steppe, Seen und Flüsse, naturbelassen. Ein magisches, mystisches Land, umgeben von Licht und Wind, beherrscht von einer wilden Schönheit.

Das blaue Leuchten

Wehe demjenigen, der zufällig in der Nähe ist, wenn der Gletscher von einem Wutausbruch erschüttert wird … Ungezählte Tonnen Eis stürzen in das Wasser und tauchen wieder auf. Tiefe Ehrfurcht macht das Herz beklommen, wenn der Zuschauer Eisberge erblickt, die die Größe von Kathedralen haben.

WILLIAM HENRY HUDSON

Es regnet, als ich mich dem Gletscher nähere. Die Schotterpiste windet sich kurvenreich in die Höhe. Buchenwälder, dicht mit Flechten behangen, versperren zunächst die Sicht. Geierfalken hocken paarweise auf kahlen Ästen, und Papageien lärmen in den Baumkronen. Diese Vögel fühlen sich erstaunlich wohl in der eisigen Wildnis. Plötzlich treten die Wälder zurück, der Blick auf die Landschaft wird frei – und da sehe ich ihn, einen weißblauen Lindwurm. Schon aus der Ferne wirkt er unheimlich. Der riesige Eisstrom scheint sich gleichsam aus den Wolken zu ergießen, wie ein prähistorisches Wesen, das sich unaufhaltsam seinen Weg bahnt. Vom Alter zerfurcht und zerklüftet, wälzt er sich ächzend und stöhnend voran. Der Perito Moreno, Patagoniens größte Attraktion. Da bricht plötzlich die Sonne durch die Wolken und zaubert einen Regenbogen, der sich über das funkelnde Eis wölbt wie eine märchenhafte Erscheinung.

Hunderte Gletscher gibt es in Patagonien, die sich von der Andenkordillere hinab in die Täler schieben, aber keiner ist vergleichbar mit dem Perito Moreno. Was lässt gerade ihn zu etwas so Besonderem werden? Ist es seine fremdartige Schönheit, seine beeindruckende Größe, seine Bewegungen und Geräusche? Entscheidend ist, dass man ihm direkt gegenüberstehen, ihm wie einem lebenden Wesen in seine blauen Gletscheraugen blicken kann.

Ich befinde mich an der Spitze der Magellan-Halbinsel. Vor mir ragt die Abbruchkante des Gletschers senkrecht in die Höhe, von der ich nur durch einen vielleicht 30 Meter breiten Wasserarm, den Canal de los Témpanos, getrennt bin. Der Gletscher, so hoch wie die Türme der Frauenkirche in München, reicht 180 Meter tief ins Wasser und dehnt sich fünf Kilometer in die Breite, füllt das Tal zwischen dem 2 380 Meter hohen Cerro Cervantes und den benachbarten bewaldeten Bergen ganz aus. Unaufhaltsam rückt die Eiswand näher, kommt dem Betrachter mit beachtlicher Geschwindigkeit entgegen. Jeden Tag bewegt sich der Gletscher zwei Meter voran. Immer wieder lösen sich Eistrümmer aus der zerklüfteten Wand.

Er lebt, der Perito Moreno – bewegt sich, drängt vorwärts, verändert ständig seine Form. Mit einem Knall springt ein Riss auf, ein kirchturmhoher Block löst sich, neigt sich in Zeitlupe vornüber, stürzt mit Getöse in die weiß schäumenden Fluten, taucht unter – und wie von Geisterhand bewegt er sich wieder hinauf, beginnt sein neues Leben als schwimmender Eisberg.

Eine Weile herrscht tiefe Stille, dann höre ich es: Ein Grummeln, Poltern und Knacken, Gurgeln, Stöhnen und Ächzen dringt aus dem tiefen Bauch des Kolosses. Und wieder ein peitschender Knall, die Luft erzittert. Gewaltiger Donner dröhnt durch das Tal, der Widerhall bricht sich an den Bergen. Dann ein bedrohliches Zischen. Ein Eisturm, tonnenschwer und riesengroß, schwankt, dreht sich, kracht tosend ins Wasser. Gischtfontänen spritzen hoch. Wieder Stille. Atemholen bis zum nächsten Ausbruch.

Mit gewaltiger Energie drücken die Eismassen von den Bergen herab, und trotz der Abbrüche, die manchmal sogar im Minutentakt stattfinden, wächst der Perito Moreno weiter, einer der wenigen Gletscher, der an Masse zunimmt, während weltweit die meisten abschmelzen. Die Argentinier verkünden stolz: *El unico glaciar en el mundo que avanza* – der einzige wachsende Gletscher weltweit. Immer wieder gelingt es dem Perito Moreno, die Wasserbarriere zu überwinden und mit seiner Gletscherzunge an der Magellan-Halbinsel zu lecken. Er sperrt dann den Wasseraustausch zwischen dem Lago Argentino und seinem Seitenarm, dem Brazo Rico, denn der Gletscher reicht bis hinunter zum Seegrund. Durch das schmelzende Eis steigt der Wasserspiegel höher und höher im abgetrennten Arm, auch in der Laguna Roca in der Nähe der Estancia Nibepo Aike, wo ich den vom Hochwasser vernichteten Wald gesehen habe.

Wenn die Gletscherwalze sich also über den Canal de los Témpanos geschoben hat und die Halbinsel berührt, dann passiert jedes Mal ein explosionsartiger Durchbruch. *La ruptura* heißt das Naturspektakel auf Spanisch. Das Eis schmilzt nämlich allmählich im Wasser von unten ab, wird ausgehöhlt, dünner und dünner, bis die Eisbrücke dem gewaltigen Druck des nachschiebenden Gletschers nicht mehr standhalten kann und in einer donnernden Explosion zerbirst. Ein Ereignis, das früher fast regelmäßig alle vier Jahre stattfand. Inzwischen vergrößern sich die zeitlichen Zwischenräume, denn auch der Perito Moreno wächst nicht mehr so schnell.

Als im Jahr 2004 wieder einmal die Eisbrücke kurz vor dem Zerbersten war, saß ein Filmteam startbereit hinter den Kameras, um das Schauspiel auf Zelluloid zu bannen. Die Leute übten sich in Geduld, warteten Tag um Tag, Woche um Woche. Zwei Monate lang – vergeblich, nichts geschah. Frustriert reisten die Filmemacher ab. Nur fünf Tage später brach der Damm.

Für Zuschauer ist La Ruptura nicht ungefährlich, mehr als 30 Todesopfer sind bereits zu beklagen. Bei der Explosion der Eisbarriere entladen sich ungeheure Spannungen, dabei werden Eisblöcke Hunderte Meter weit in alle Richtungen geschossen.

Aber es braucht nicht das spektakuläre Ereignis, damit mich der Gletscher in seinen Bann zieht. Trotz seiner gewaltigen Kräfte und seiner fast unheimlichen Wirkung verzaubert er mich mit seiner märchenhaften Schönheit, dem blauen Leuchten. In den Spalten und Rissen funkelt es kobaltblau, glitzert es türkis und violett. Tiefe Schluchten scheinen mit blauer Tinte ganz ausgefüllt, andere wieder haben das Sonnenlicht eingefangen, sind durchsichtig wie Kristall. Tief in sein Inneres lässt mich der Gletscher blicken, und es sieht aus, als würde im Eis ein blaues Feuer brennen.

Ehrfurcht erfüllt mich angesichts dieses Wunders der Natur. Stunden schon habe ich geschaut und die Zeit vergessen. Jetzt steige ich den Hang hinab zum Ufer, setze mich auf einen von der Sonne warmen, silberweiß gebleichten Baumstamm und beobachte die schwimmenden Eisberge im See – alles Perito Morenos Kinder. Sie schaukeln auf den Wellen wie Skulpturen einer fremdartigen Phantasie. Sie wirken fest und stabil, aber das ist trügerisch. Eben noch ruhig, macht der eine oder andere Eisklotz plötzlich eine gewaltige Drehung um seine Längsachse. Der größere, unter Wasser verborgene Teil schmilzt langsam, wird immer kleiner und leichter, er schwingt nach oben, und der Teil des Eisbergs, der bisher im Licht war, taucht wild gurgelnd unter. Das Auf und Ab bringt den See in Bewegung, Wellen breiten sich aus, schwappen ans Ufer, benetzen die rund geschliffenen Steine, lassen dort kleine Eisstückchen tanzen. Flinke Vögel hüpfen am Spülsaum umher. Der Regen vom Vormittag ist einem azurblauen Himmel gewichen, in dem Schäfchenwolken schweben.

Ich scheine allein zu sein mit meinem Perito Moreno in einer Landschaft wie aus einer verlorenen Zeit. Aber in Wirklichkeit sind hier Hunderte von Menschen, alle versunken in den Anblick des Gletschers. Sie kommen aus der ganzen Welt, sind wie ich angereist, um ihn zu bestaunen – nicht zuletzt hat die UNESCO den

Perito Moreno bereits im Jahr 1981 zum Naturerbe der Menschheit erklärt. Die Besucher sind ungewöhnlich still, wortlos betrachten sie den Gletscher, der sich immer wieder lautstark Gehör verschafft. Sie beugen sich zueinander und flüstern sich ihre Empfindungen leise ins Ohr, können den Blick nicht abwenden vom blendenden Weiß, das durchbrochen ist von blau funkelnden Lichtern, bewehrt mit Zacken, Zinnen und Spitzen wie eine mittelalterliche Burg.

Ein »Ah« und »Oh« ist zu hören, alle Augen wenden sich nach oben. Nur wenige Meter über unseren Köpfen kreist ein Kondor, ein ausgewachsenes Männchen. Eine weiße Halskrause ziert seinen Geierhals, und weiße Federn schmücken seine Flügel. Er äugt herab auf die vielen Zweibeiner, wundert sich vielleicht, wie unterschiedlich sie aussehen, nicht gleichmäßig gefärbt wie eine Herde Schafe oder Guanakos. Dann dreht er ab, zieht einen weiten Bogen über die weiß gezackte Krone des Perito Moreno.

Seinen Namen hat der Gletscher zu Ehren des argentinischen Forschers Francisco Perito Moreno erhalten, der weite Teile Patagoniens bereist und erforscht hat, wobei »Perito« kein Name, sondern ein Titel ist, der so viel bedeutet wie Fachmann oder Sachverständiger.

Wie bedauerlich für Moreno, dass er den Gletscher nicht zu Gesicht bekam. Er wusste nicht einmal von seiner Existenz, obwohl er nur noch 60 Kilometer von ihm entfernt war. Seine Expeditionen führten ihn im Jahr 1874 zum Bergmassiv Fitz Roy, zum Lago Viedma und Lago Argentino, er erkundete den Río Santa Cruz bis zu seiner Mündung, folgte dabei den Spuren Darwins 50 Jahre nach dessen Forschungsreise.

Moreno wurde am 31. Mai 1852 in Buenos Aires geboren und begeisterte sich schon als Schuljunge für die Erforschung der Natur. Da seine Eltern nicht die Geldmittel für eine Universitätsausbildung aufbringen konnten, musste er seine Kenntnisse im Selbststudium erwerben. Schon mit 21 Jahren brach er zu seiner ersten Forschungsreise auf, die ihn bis Carmen de Patagones führte. Bei jeder seiner Reisen wagte er sich weiter in unerforschtes Neuland, wurde von Indianern gefangen, sollte geopfert werden und kam durch List wieder frei. Trotz seiner großen Verdienste als Landvermesser im Dienste der Regierung starb er am 22. November 1919 verarmt und fast vergessen. Erst als sein Sohn Eduardo seine Schriften veröffentlichte, erinnerte man sich wieder an ihn. Der schönste Gletscher der Welt wurde nach ihm benannt, ebenso ein kleiner Ort am Lago Buenos Aires und ein landschaftlich besonders reizvoller Nationalpark.

Claudia ist Neuseeländerin und mit dem Fahrrad unterwegs. Zweimal haben sich unsere Wege schon gekreuzt. Wenn ich sie auf der Schotterpiste überholte, sah ich im Rückspiegel, wie sie sich dem Wind entgegenstemmte, und bewunderte ihre zähe Beinarbeit. Zum dritten Mal begegnen wir uns bei den Cuevas de Walichu, wo die Ureinwohner Patagoniens zahlreiche Felsüberhänge mit geheimnisvollen Zeichen verziert haben. Die prähistorische Stätte am nördlichen Ufer des Lago Argentino liegt nur wenige Kilometer abseits der Piste, und doch verirren sich kaum Besucher hierher. Überstrahlt von den spektakulären Glanzstücken wie dem Gletscher Perito Moreno und den Felstürmen Cerro Torre und Fitz Roy, wird manch andere spannende Attraktion nicht wahrgenommen. Darum wundere ich mich nicht, als außer mir nur noch eine einzige Person auf den Beginn der Führung wartet – »meine« Fahrradfahrerin. Wir setzen uns zusammen an einen Tisch in der Cafeteria, und zu meiner Überraschung kann Claudia sich an mich erinnern, weil ich eine der wenigen war, die beim Überholen auf genügend Abstand geachtet haben. Es sei extrem gefährlich, wenn Fahrzeuge mit hoher Geschwindigkeit an ihr vorbeipreschen, wobei Steine unter den Reifen hervorspritzen und mit gehörigem Drall durch die Gegend fliegen.

»Und der Staub!«, ergänze ich. »Im Rückspiegel sah ich, wie die Staubwolken von meinem Wagen dich eingehüllt haben. Wie hältst du das nur aus?«

»Der Wind ist schlimmer! Er macht dich fertig. Du radelst und radelst und kommst kaum vom Fleck! Wie oft habe ich geflucht, war nahe dran aufzugeben. Dauernd diese fauchenden Stürme, Sandkörnchen, die dir in die Augen stechen und die Haut im Gesicht abschmirgeln. Wenn ich dann mit aller Kraft in die Pedale trete, habe ich die Vision, dass ich immer kleiner und unscheinbarer werde und einem Horizont entgegenstrample, der vor mir zurückweicht. Dann möchte ich mich manchmal am liebsten in den Erdlöchern der Gürteltiere verkriechen – nur dass ich da gar nicht erst hineinpasse.«

»Warum tust du dir das an?«

»Gute Frage! Darauf gibt es viele Antworten oder keine. Warum steigen Menschen auf den Mount Everest? Warum klettern sie senkrechte Felsen wie den Cerro Torre hinauf? Warum riskiert man sein Leben? Nicht weil man es verlieren, sondern weil man intensiver leben möchte. Ich bin eine leidenschaftliche Fahrradfahrerin, irgendwann habe ich von der Ruta Cuarenta gehört, der längsten Straße der Welt. Da wusste ich, da will ich einmal entlangradeln.«

»Und hat es sich für dich gelohnt?«

»Oho, ich bin ja noch gar nicht am Ziel! Wenn schon, dann will ich bis Ushuaia fahren. Ob ich schaffe, was ich mir erträume ... Jeder Tag ist eine neue Herausforderung.«

»Also, Claudia, ich habe noch nie jemanden gesehen, der mit so viel zäher Kraft Fahrrad gefahren ist, und dir sieht man die Qual dabei nicht einmal an. Wenn es jemand schafft, die 5 000 Kilometer lange Strecke zu bezwingen, dann bist du es!«

»Oh, danke! Zuspruch kann ich gut gebrauchen. Heute Morgen ging es mir richtig mies; mir war schlecht, wahrscheinlich habe ich mir den Magen verdorben. Ich fühlte mich zu schwach für den Kampf mit den windigen Stürmen, und als ich das Schild Punta de Walichu gesehen habe, kam mir das sehr gelegen. Felsmalereien sind nämlich mein Steckenpferd, und so hatte ich eine gute Ausrede vor mir selbst, mal eine Pause einzulegen.«

Ein junger Mann bringt uns die bestellten zwei Gläser mit Schokolade. Wir verwickeln ihn in ein kurzes Gespräch. Er heißt Ricardo, ist ein Student aus Buenos Aires und hat sich hier zu einem unbezahlten Ferienjob verpflichtet.

»Wenn ihr ausgetrunken habt, beginnt die Führung«, kündigt er an.

In kleinen Schlucken genießen wir die heiße Schokolade, blicken durch das Panoramafenster hinaus auf den See. Wellen mit weißen Schaumkronen schlagen an den Strand, im Hintergrund leuchten die Schneeberge der Anden. Der schmale Uferstreifen, karg bewachsen mit Polsterpflanzen, Margeriten und Büschen, die sich zum Schutz vor dem Wind an den Boden pressen, wird begrenzt von einem senkrechten Felsmassiv mit zahlreichen Nischen und Grotten. Es ist Sandstein, der vor über 100 Millionen Jahren von einem urzeitlichen Fluss angeschwemmt wurde, sich später durch den Druck der Erde verfestigte, und schließlich durch Gletscher der Eiszeit, durch Wind und Wasser seine heutige Form erhielt.

Ricardo stimmt uns ein: »Stellen Sie sich vor, wir würden jetzt 13 000 Jahre in der Zeit zurückgehen. Das mag Ihnen als eine sehr lange Zeitspanne vorkommen, aber hier sah es damals fast genauso aus wie heute. Die Anden gab es schon, den See, den Strand und diese Felsen.«

»Nur die Cafeteria, die fehlte«, wirft Claudia ein.

Ricardo überhört die Bemerkung und fährt ernsthaft fort: »Obwohl die Eiszeit gerade endete, war die Gegend schon besiedelt. Ausgrabungen haben das bestätigt, und Felsmalereien geben ein beredtes Zeugnis.«

Ricardo hat sich mit auswendig gelernten Texten gut auf seinen Job vorbereitet. Er weiß erstaunlich viel, und wenn wir ihn etwas fragen, vergisst er seine manchmal etwas geschwollene Redeweise. An den Felswänden sehen wir Spiralen, Kreise, Punktreihen, auch Tiere sind dargestellt, besonders häufig Guanakos. Weniger gut erhalten sind menschliche Figuren mit gespreizten Beinen. Claudia vermutet, es könnte die Darstellung einer Geburt sein. Ricardo schüttelt den Kopf, diese Deutung steht nicht in seinen Unterlagen.

Am meisten beeindrucken uns die Hände. Das sind keine gemalten Bilder, sondern Abdrücke menschlicher Hände. Vor Tausenden von Jahren hat jemand seine Hand gegen den Felsen gedrückt und Ockerfarbe mithilfe eines Röhrchens ringsum gesprüht. So entstand ein Negativabdruck, eine helle Fläche, dort, wo die Hand war. Die Körper dieser Menschen sind längst zu Staub zerfallen, aber die Umrisse ihrer Hände strecken sich uns entgegen. Wie die Besiegelung eines Vertrags erscheint es mir, wie der Daumenabdruck unter einem Schriftstück.

Selbst in unserer Zeit, in der Magie und Mystik im Alltagsleben kaum eine Rolle spielen, ist mit der Hand eine besondere Aussage verbunden. Nicht ohne Grund reichen wir sie uns zum Gruß. Wir heben die geöffneten Hände, um uns einem Vorwurf zu widersetzen, zeigen die Innenflächen zur Entkräftung eines Verdachts, und wir falten sie, wenn wir verzweifelt sind und Hilfe von einem Gott erflehen. Hände sind neben den Augen die unmittelbarsten Ausdrucksmittel. Jede Gefühlsregung, uns oft gar nicht bewusst, teilen wir durch Bewegungen unserer Hände mit; sie reflektieren, was in der Seele vor sich geht. Darum besitzt gerade die Hand eine starke Symbolwirkung.

»Es ist unglaublich!«, sagt Claudia. »Wie kann es sein, dass die Felsmalereien Tausende von Jahren erhalten geblieben sind – bis heute!«

»Unter dem Felsüberhang sind sie vor Wind und Wetter geschützt«, erklärt Ricardo, »und die Farbe, eine Mischung aus Mineralien und Fetten, hat sich mit dem Gestein fest verbunden. Unlösbar, für immer. Skrupellose Leute haben versucht, Teile der Felsen mitsamt Malereien herauszuschlagen, um die Stücke an Sammler zu verkaufen. Damit das nicht mehr passiert, sind wir hier und passen auf.«

Ricardo zeigt uns auch Positivabdrücke, wobei die Hand mit Ocker eingerieben und gegen den Fels gedrückt wurde, wie ein Stempel.

»Was mögen die Schöpfer der Felsmalereien mit den Abbildungen ihrer Hände bezweckt haben?«, frage ich in die Runde.

Claudia reagiert mit einem Scherz: »Damit wir uns 13 000 Jahre später die Köpfe darüber zerbrechen.«

Ricardo vermutet: »Es waren Botschaften an ihre Götter. Wir müssen uns vorstellen, dass sie an Geister und Dämonen glaubten, an böse und an gute Mächte, die von den Schamanen durch Zeremonien und Rituale beeinflusst werden konnten.«

»Vielleicht waren die Hände ein Abwehrzauber«, meint Claudia.

»Oder ein Schutzzeichen, eine Bitte um Hilfe«, schlägt Ricardo vor.

Durch solche Spekulationen kommt man einer Lösung nicht näher, denn Symbole sprechen nicht zum Verstand, sondern zum Unbewussten. Hand, Auge, Spirale, Labyrinth gehören zu den archetypischen Zeichen, sind Urbilder und nach C. G. Jung im kollektiven Unbewussten aller Menschen eingeprägt. Es sind urtümliche Leitbilder, die auf den gesammelten Erfahrungen früherer Generationen gründen. Ihre Bewusstwerdung kann nur in besonderen Situationen erfolgen wie im Traum, bei Visionen oder Erleuchtungsphantasien.

Die Hand ist wie jede archetypische Urform doppeldeutig, wobei sich die beiden entgegengesetzten Aspekte ergänzen: Die friedfertige Hand schützt und segnet, während die drohende Hand der Abwehr dient. In ihrer stärksten Anwendung, der magischen, konnte eine solche Geste einen Menschen bannen. Wenn ein Schamane einem anderen Menschen seine Willenskraft aufzwang, fiel dieser in Trance, verlor die Beherrschung über seinen Körper, erstarrte wie versteinert.

Weil Symbole doppelsinnig sind, ist es schwierig, sie ohne Schlüssel zu enträtseln. Wir können die Handkonturen nicht deuten, da uns der Zusammenhang unbekannt ist. Zu fern sind wir der magischen Glaubenswelt der Steinzeitmenschen. Doch die Hände an der Höhlenwand sind Realität; sie sprechen zu uns in einer Sprache, die wir nicht verstehen, aber wir können versuchen, dem nachzuspüren, was in uns verschüttet ist.

Wir hätten sie nicht gesehen, die Uhus, dabei sitzen sie nur wenige Meter über unseren Köpfen.

»*Ñacurutú*«, flüstert Ricardo und deutet zu einem Felssims hinauf. Dort hocken drei steingraue Ungeheuer. Mit ihren zerfransten, plüschigen Daunen und den knallgelben Augen wirken sie komisch und erschreckend zugleich. Es sind junge Uhus, die noch nicht fliegen können. Die zwei Alten entdecken wir erst später ganz in der Nähe ihrer Jungen. Reglos drücken sie sich in Felsnischen. Einer der alten Uhus öffnet ein Auge, klappt es aber sofort wieder zu. Der andere verdreht den Kopf in alle Richtungen, ruckelt vor und zurück, wie eine Zoomlinse beim Scharfstellen, und starrt uns gelbäugig an.

»Kommt, lasst uns weitergehen. Wir wollen sie nicht beunruhigen. Sehen wir uns lieber den Unterschlupf der Tehuelche-Indianer an. Die Tehuelche sind vielleicht die Nachkommen der steinzeitlichen Höhlenmaler, aber gewiss weiß man es nicht.«

Starke Äste, senkrecht in den Boden gerammt, bilden ein Halbrund, das mit Fellen und Binsenmatten verkleidet ist. Nach vorn ist der Raum offen, und das Innere ist mit weichen Guanakofellen gepolstert. Die Tehuelche waren wie die Feuerlandindianer wenig kälteempfindlich; ihnen genügte dieser Schirm, den sie *kaú* nannten, als Schutz vor Wind und Regen.

Entdeckt hat die Höhlen Francisco Moreno, als er am See entlangwanderte. Ich stelle mir vor, dass er beim Anblick der Felsmalereien wie elektrisiert gewesen sein muss, aber als gewissenhafter Forscher erlaubte er sich keine Gefühlsausbrüche und beschrieb auf nüchterne Art nur die Fakten. In den Aufzeichnungen über seine Reise von 1876–1877 lese ich: »19. Februar. Das Wetter war schlecht. Ich machte einen Spaziergang ... An senkrechten Felsen entdeckte ich Zeichen von Menschenhand, die ich sorgfältig kopierte.«

Unser Rundgang endet an der Cafeteria Claudia und ich setzen uns zu einem Imbiss ans Panoramafenster.

»Du musst unbedingt die Cueva de las Manos im Río-Pinturas-Tal besichtigen«, empfiehlt sie mir. »So was hast du noch nicht gesehen! Hände über Hände, überall an den senkrechten Klippen. Sie strecken sich dir entgegen wie bei einer magischen Beschwörung. Fast alles linke Hände – neunzig Prozent, wie Wissenschaftler festgestellt haben. Bei einigen fehlen ein oder sogar mehrere Finger. Man vermutet, dass es damals üblich war, unter besonderen Umständen, zum Beispiel bei tiefer Trauer wegen des Todes eines Angehörigen, einen Finger zu opfern. Die Felsbilder sind alle wunderbar erhalten, in leuchtenden Rottönen und in Schwarz, nicht so verblichen wie hier.«

»Weißt du, wie alt die Felsbilder dort sind?«, erkundige ich mich nachdenklich.

»Es heißt, so etwa neuntausend Jahre.«

»Die hier sollen älter sein, obwohl Punta Walichu Hunderte Kilometer weiter südlich liegt. Ist das nicht eigenartig? Wenn sich die

Steinzeitmenschen von Norden nach Süden ausgebreitet haben, müssten die weiter nördlich gelegenen Höhlenmalereien älter sein und nicht umgekehrt«, gebe ich zu bedenken.

»Ich glaube nicht daran, dass die Besiedlung Südamerikas nur von Norden aus erfolgt ist. Man weiß zwar, dass während der Eiszeit der Meeresspiegel so weit abgesunken war, dass es eine Landbrücke gab, auf der die Menschen problemlos von Sibirien nach Alaska wandern konnten. Für diese Einwanderer aber war im unbesiedelten Nordamerika genug Platz. Sie mussten sich nicht auf einen beschwerlichen und gefährlichen Weg nach Süden begeben. Warum sollten sie immer weiter wandern, bis nach Patagonien und sogar noch weiter bis Feuerland, und das zu einer so frühen Zeit, als es noch keinen Bevölkerungsdruck gab?«

»Aber wie sonst wurde Südamerika besiedelt?«, frage ich.

»Sicherlich nicht auf dem Landweg von Norden! Rein zeitlich rechnet sich das überhaupt nicht. Die frühesten Spuren der sibirischen Einwanderer im heutigen Kanada sind elftausend Jahre alt, da können sie zu dieser Zeit nicht bereits hier am Lago Argentino angekommen sein. Wie sollte das gehen? Unmöglich!« Claudia schüttelt energisch den Kopf. »Diese alte Theorie ist sowieso schon längst überholt«, fährt sie fort. »Allerdings haben die etablierten Wissenschaftler, vor allem die Nordamerikaner, die ihren Fehler nicht eingestehen wollen, genügend Macht und Einfluss, gegenteilige Meinungen, neue Erkenntnisse und Forschungen zu unterdrücken. Sie verhindern einfach deren Publikation in den anerkannten Fachzeitschriften, geben ihnen kein Forum bei Symposien und Kongressen. Verbissen halten sie an der lange überholten Theorie fest, der erste Bewohner der Neuen Welt sei ein Nordamerikaner gewesen und die Besiedlung Südamerikas ausschließlich von Norden erfolgt. Dabei gibt es gesicherte Ausgrabungen in Südchile am Monte Verde, die das genaue Gegenteil beweisen. Mindestens tausend Jahre bevor die ersten Einwanderer sich in Nordamerika ansiedelten, lebten dort bereits Menschen!«, ereifert sich Claudia.

»Hat man denn eine Ahnung, woher sie kamen und wie sie nach Chile gelangten?«, frage ich.

»Übers Meer! Die Hinweise verdichten sich, dass Steinzeitmenschen nicht nur entlang der Küsten paddelten, sondern mit seetüchtigen Booten die Meere bezwangen. Die Ausgrabungen am Monte Verde sind keineswegs die Einzigen, aber es wird wohl noch dauern, bis offiziell anerkannt wird, was heute schon nicht mehr zu leugnen ist.«

In der Wildnis liegt die Freiheit

Am Ende der von zwei Bergketten begrenzten Bucht erhoben sich zwei Felsgebilde wie Türme, einer größer als der andere, und ihre scharfen Spitzen überragten alle benachbarten Gipfel. Sie waren frei von Schnee und Eis, und die Indianer nannten sie El Chaltén.

ANTONIO DE VIEDMA

Ein unglaublicher Berg steht im südlichen Patagonien am Rande des Inlandeises, abweisend, unnahbar und trotzdem von irrealer Schönheit – der Cerro Torre. Es ist nur ein Dreitausender, und dennoch zieht diese in den Himmel ragende Granitnadel die besten Bergsteiger der Welt magisch an.

Nach meinem Aufenthalt in der Estancia Nibepo war ich nach El Calafate zurückgekehrt und wohnte wieder in einem der spitzgiebeligen Holzhäuschen im Lavendelparadies von Don Carlos. Wie weit es denn bis zum Torre sei, wollte ich von ihm wissen.

»Acht Stunden müssen Sie mindestens rechnen.«

»So lange?«, wunderte ich mich. »Es sind doch nur zweihundertzwanzig Kilometer.«

Don Carlos zögerte einen Moment, korrigierte sich dann: »Warten Sie mal, die Schotterstraße wird gerade geteert, wenn Sie Glück haben, ist sie zum Teil schon fertig, und Sie kommen schneller voran. Machen Sie sich aber keine Hoffnungen, den Cerro Torre zu sehen, der steckt meist in den Wolken.«

Es ist früh am Morgen, als ich durch das stille, noch menschenleere El Calafate fahre, dann die Richtung nach Norden einschlage und mich erneut auf der berühmten Ruta 40 befinde. Die Straße ist breit wie eine Autobahn, asphaltiert, und es gibt kaum Verkehr. Ich kurble das Fenster hinunter, die Luft ist kühl. Die Sonne steigt über den Horizont, es scheint ein schöner Tag zu werden. Ich fahre durch sanft gewelltes Land, erdbraun, kahl und öd. Haubenfalken inspizieren die Straße nach totgefahrenen Tieren. Rotgesichtig, mit langen, gelben Beinen, stolzieren sie am Straßenrand entlang. Auf mich wirken sie wie Lausbuben, immer bereit, einen Streich auszuhecken. In der Ferne belebt hin und wieder eine Herde Guanakos oder auch Nandus die Einöde. Weit und breit keine Siedlungen, nicht einmal einzelne Gehöfte. Der einzige Hinweis auf Menschen ist die Straße selbst, die schnurgerade die mit Grasbüscheln und Polsterpflanzen bewachsene Landschaft durchschneidet. Manchmal allerdings zweigen Pisten ab, und Schilder weisen auf weit entfernt liegende Estancias hin.

Nach etwa 50 Kilometern, die ich auf der noch immer gut ausgebauten *cuarenta* zurückgelegt habe, sehe ich links die Wasser des Lago Viedma glitzern, der von dem gleichnamigen Gletscher gespeist wird. Von den Bergen herab wälzen sich die Eismassen und ergießen sich am westlichen Ufer in den See. Und da spitzen sie auch schon aus dem Wolkendunst, die berühmten Granitgipfel, die steilsten, von Stürmen umtosten Berge der Welt. Der Cerro Torre hält sich noch verborgen – ich hoffe, dass Don Carlos nicht für die Dauer meines Aufenthalts recht behalten wird –, aber das Massiv des Fitz Roy ragt umso gewaltiger in den Himmel. Die Tehuelche nannten ihn El Chaltén, so wie heute die neu gegründete Bergsteigerstadt heißt. In der Sprache der Indianer bedeutete dies Feuergipfel oder rauchender Berg, eine passende Beschreibung für den fast immer von Wolkenfahnen umwehten Gipfel. Francisco Moreno gab dem majestätischen Gipfel den Namen Fitz Roy zu Ehren des Kapitäns der »Beagle«.

Ich freue mich, dass ich gleich bei der Anfahrt das Bergmassiv zu Gesicht bekomme, von dem es heißt, es sei meist hinter Wolken versteckt und an 300 Tagen im Jahr stürme, schneie oder regne es dort. Es ist seltsam, die Berge, die ich von Abbildungen im Detail kenne und die ich mir oft in Gedanken ausgemalt hatte, nun leibhaftig vor mir zu sehen. Die Fotos waren prächtiger, die Phantasie bunter, aber der Anblick der wirklichen Berge erreicht mein Herz. Ich halte an, steige auf einen Hügel, setze mich auf den trockenen, harten Boden und betrachte den Granitkoloss. Schön ist der kegelförmige Pfropfen eigentlich nicht, aber er beeindruckt mich durch seine monolithische Gestalt und seine glatten, stahlgrauen Wände. Ein Berg, der Macht, Stolz und Unnahbarkeit ausstrahlt.

Bei meiner Weiterreise gelange ich bald an eine Abzweigung, hier verlasse ich die Ruta 40, die weiter nach Bariloche und Esquel führt, dem Endziel von Paul Theroux' »Altem Patagonien-Express«, und biege in die mit Kies bedeckte Piste ein. Bis nach El Chaltén folge ich dieser staubigen, holprigen Straße. Ich komme nun sehr viel langsamer voran und ahne, wie es gewesen sein muss, als die gesamte Strecke von El Calafate bis El Chaltén noch nicht ausgebaut gewesen war. Für diese letzten 60 Kilometer benötige ich die gleiche Fahrzeit wie für die 160 Kilometer Asphaltstraße. Im nächsten Jahr soll die Straße fertig geteert sein, dann können Touristenbusse ungehindert durchbrausen. Der Ausbau der Straße verschlingt Millionen.

Außer El Chaltén liegt kein anderer Ort an der 220 Kilometer langen Strecke, dafür aber ist die Grenze nach Chile ganz nah. So wichtig ist es dem argentinischen Staat, seinen Gebietsanspruch auf ein Stück Niemandsland, auf wilde Felsgipfel am Rande des vergletscherten Inlandeises zu manifestieren, dass er weder Geld noch Mühe scheut, die Straße auszubauen, damit die Bevölkerung in El Chaltén rasch wächst und so ein Bollwerk gegen eine mögliche Invasion der Chilenen bildet. Da man nun nicht mehr in klapprigen Jeeps durchgerüttelt und eingestaubt wird, sondern in gepolsterten und klimatisierten Bussen bequem dahinrollt, kommen nicht nur die genügsamen und an Entbehrungen gewöhnten Extremsportler, sondern ganz normale Touristen und Ausflügler. Der Bedarf an Hotelzimmern, Restaurants, Einkaufsmöglichkeiten wächst. El Chaltén entwickelt sich rasend schnell von einem Basecamp der Bergsportler zu einer großen Stadt mit all ihren Vor- und Nachteilen.

El Chaltén ist der jüngste Ort Argentiniens. Am 18. Oktober 1985 war die offizielle Stadtgründung, obwohl es zu diesem Zeitpunkt dort nur ein einziges Haus gab, eines mit gelbem Dach, weshalb es *Puesto Amarillo* hieß. Der Gaucho Don Rodolfo Guerra hatte es gebaut, um Gäste zu beherbergen und von den Einnahmen leben zu können.

Der Bergsteiger und Autor Rudolf Alexander Mayr besuchte kurz nach der Stadtgründung die Gegend und schildert seine Eindrücke in dem Buch »Durch Patagonien zum Fitz Roy«: »Da war eine Brücke, zwar noch ohne Geländer, aber immerhin, und da war eine Stadt, zwar noch ohne Häuser, aber immerhin ... Kleine, blaue Schilder mit Inschriften steckten in sorgsam ausgesteckten Parzellen, zwischen denen die Hauptstraße und einige Nebenstraßen verliefen. Das erste Schild besagte: *Farmacia* ... Das nächste Schild war beschriftet mit: *Hotel.* Ich spazierte weiter auf der nicht vorhandenen Hauptstraße, ein weiteres Schild besagte: *Policia.* Weiter hinten standen noch weitere Schilder: *Panaderiá, Restaurante, Municipilidad,* das Rathaus. Das Ganze schien mir ähnlich grotesk wie die Idee, mitten in der Wüste Gobi ein Parkhaus zu errichten.«

Längst hat sich in Wirklichkeit verwandelt, was die blauen Schilder einst angekündigt hatten. Nicht nur ein Restaurant gibt es, sondern viele, und dazu auch Unterkünfte aller Preisklassen. Aber anders als El Calafate, das bereits zu sehr vom Tourismus vereinnahmt ist, gefällt mit El Chaltén dennoch, besitzt es doch noch immer den Charakter eines großen Bergsteigerlagers.

Auf dem locker mit Bäumen bewachsenen Madsen-Campingplatz am nördlichen Ende der Ortschaft stelle ich mein Zelt auf. Er ist äußerst einfach eingerichtet, ohne Duschen oder Waschräume, nur mit Plumpsklo und Wasserhähnen ausgestattet, dafür idyllisch, aber ziemlich windig am Ufer des Río de las Vueltas gelegen.

Nachdem ich mich eingerichtet habe, packe ich warme Sachen, einschließlich Mütze und Handschuhe, Regenkleidung und etwas zu Essen, natürlich auch eine Taschenlampe in meinen Rucksack und mache mich auf zu einem ersten Erkundungsgang. Doch zunächst gehe ich zum Informationsbüro der Parkverwaltung, einer wichtigen Anlaufstelle speziell für Bergsteiger und Wanderer. Eine Ausstellung informiert den Besucher über die Tier- und Pflanzenwelt und die Kultur der Tehuelche-Indianer. Außerdem wird mit Fotos, Zeichnungen, skizzierten Aufstiegsrouten und ausführlichen Beschreibungen die Besteigung der Felstürme dokumentiert. Außer einer Karte mit Wanderrouten erhalte ich eine eindringliche Unterweisung über richtiges Verhalten, damit das empfindliche Ökosystem nicht zerstört wird, wobei der wachsende Besucherstrom an sich schon die größte Gefahr darstellt.

Umgekehrt hat sich aber die Natur immer wieder als die Stärkere erwiesen und das Leben von Menschen ausgelöscht, die sich ihr unvorsichtig genähert haben, so wie es dem jungen französischen Bergsteiger Jacques Poincenot ergangen ist. Während ich zum Río de las Vueltas hinabsteige und am Ufer des reißenden Flusses entlanggehe, laufen die Bilder des Unglücks vor meinen Augen ab wie ein Film.

Voller Tatendrang hatten sich die Teilnehmer der französischen Expedition unter Leitung des erfahrenen Bergsteigers Lionel Terray nach Patagonien aufgemacht, wurden aber schon bei der Anreise aufgehalten: Der Fluss führte Hochwasser. Um zu den Felsbergen zu gelangen, mussten sie ihn überqueren – mit ihrer schweren Ausrüstung ein unmögliches Unterfangen. Damals, im Jahr 1951, gab es hier weder Brücken noch Straßen, nur unwegsames Terrain.

Sie baten einen Gaucho um Hilfe, der versprach, sie mit Pferden und seinem Ochsengespann überzusetzen. Ob der eigensinnige Viehhirte eine höhere Bezahlung erzwingen wollte, einfach zu phlegmatisch oder unfreundlich war oder seine Tiere nicht strapazieren wollte – jedenfalls kam er nicht rechtzeitig mit seinen Trag- und Zugtieren zum vereinbarten Treffpunkt. Die Bergsteiger verloren die Geduld, ihnen lief die Zeit davon. Jeder Tag, den sie warteten, war ein verlorener Tag, der sie um den Gipfelsieg bringen konnte.

Bei einem so aufwendigen und riskanten Unternehmen sind bereits vor dem Start viel Geld und Zeit investiert worden, die Erwartungen, die man in das Gelingen setzt, sind dementsprechend hoch. Es sind nicht nur die eigenen, auch die Hoffnungen anderer dürfen nicht enttäuscht werden, und so geraten alle Teilnehmer einer Expedition unter einen hohen Druck.

Das wechselhafte Wetter Südpatagoniens gewährt für bergsteigerische Ziele nur ein äußerst kurzes Zeitfenster. Die Männer durften nicht länger zögern. Nach einer Woche qualvollen Wartens versuchten sie, eine Art Seilbahn über das Wildwasser zu bauen. Jacques band sich ein Bergsteigerseil um die Brust – er wollte durchs Wasser waten und es am jenseitigen Ufer befestigen. Der Untergrund war steinig und glitschig, der junge Franzose rutschte aus und wurde von der starken Strömung umgerissen. Jacques, ein guter Schwimmer, hätte sich vielleicht retten können, doch er hing am Seil fest, und sein Freund Lionel konnte die Verankerung nicht schnell genug lösen. Als die Seilbindung endlich entknotet war, blieb der junge Bergsteiger verschwunden. Erst Tage später fanden ihn die Freunde flussabwärts, angeschwemmt auf einer Kiesbank. Nach ihrer Rückkehr hat Lionel Terray in seinem Buch »Große Bergfahrten« seinen Freund als einen liebenswerten Kameraden und hervorragenden Kletterer beschrieben.

Nachdem ich dem Río de las Vueltas einige Kilometer gefolgt bin, weitet sich der Talgrund und wird vom Fluss in seiner ganzen Breite ausgefüllt. Aufgespalten in zahlreiche Wasseradern, mäandriert er von einer Talseite zur anderen, schiebt Kiesbänke zwischen sein Wassergeflecht und trägt sie wieder ab. Ein Fluss im Urzustand mit all seiner Dynamik und ungeheuren Kraft, ständig sich verändernd und umgestaltend, Neues erschaffend und Altes zerstörend. Wild schäumendes Wasser, das seinen Lauf selbst bestimmt, sich ausbreitet, in immer neue Rinnsale teilt, sich wieder sammelt, ungestüm und ungebändigt. Eisblau und beißend kalt ist das Gletscherwasser. Schnell ziehe ich meinen Zeh heraus, den ich zum Temperaturfühlen kurz eingetaucht habe.

Mein Blick wandert vom Fluss die Uferböschung hinauf. Dort oben aus dem Wald ragt die Granitwand des Fitz Roy hervor. Ich spüre die Faszination, die von ihm ausgeht, und kann verstehen, warum so viele Bergsteiger sich von dieser Herausforderung magisch angezogen fühlen.

Mein Erkundungsgang an diesem späten Nachmittag führt mich zum fünf Kilometer entfernten Wasserfall Corillo de Salto. Ich wandere durch windzerzauste Wälder der Südbuchenart Ñire, die malerisch mit Bartflechten behangen sind. Manchmal leuchten Blumen im Unterholz, buntfarbige Fuchsien oder die blutroten, tentakelartigen Blüten des Notro-Busches und gelbe Pantoffelblumen mit dem poetischen Namen *Zapatito de la Virgen,* das Schühchen der Jungfrau. Ich habe sogar das Glück, eine mehrfarbene Pantoffelblume zu entdecken, deren rotweißgelbe Blüte einem exotischen Insekt ähnelt.

Die Ñire-Südbuchen wachsen kurzstämmig und verästelt, bieten so den Sturmböen besser Widerstand. Alte Bäume liegen umgestürzt am Boden, vermodern langsam. In einige Stämme hat der Magellan-Specht auf der Suche nach Larven tiefe Löcher gehackt. Der Wald am Berghang ist licht und hell, der Boden mit Steinen und

Polsterpflanzen bedeckt. Neben fremdartigen gedeihen hier vertraute Pflanzen wie Schafgarbe, Spitzwegerich, Löwenzahn und Wiesenknopf. Und natürlich finde ich, wie so oft, Pilze für mein Abendbrot.

Der Wind trägt mir das Rauschen des Wasserfalls aus weiter Entfernung entgegen. Das Geräusch bricht ab und taucht im Rhythmus der windigen Böen wieder auf. Der Corillo de Salto ist kein beeindruckend hoher Fall, aber es ist romantisch anzusehen, wie er aus dem Felsen springt und nach seinem Sturz spritzend aufschlägt, einen regenbogenfarbenen Tröpfchenvorhang webt und als sprudelnder Bach durch den Südbuchenwald davoneilt. Gespeist wird der Wasserfall von Gletschern am Fuße des Fitz Roy, dessen Granitwand nun im Abendlicht kupferfarben leuchtet. Den Gipfel umspielen wehende Wolken.

Zurück auf dem Zeltplatz, stelle ich den Wecker auf fünf Uhr. Ich will vor Sonnenaufgang aufstehen, um den Fitz Roy im ersten Morgenlicht aus der Nähe zu fotografieren. Mein Ziel ist die Laguna de los Tres, eine vierstündige Wanderung.

Der Wecker schrillt mich aus dem Schlaf. Der Rucksack ist gepackt, und ich ziehe gleich los. Frühstücken werde ich später. Die erste Stunde geht es ziemlich steil bergauf, ich schreite schnell aus und gönne mir nicht die kleinste Verschnaufpause. Ein Wettlauf mit der Sonne. Gerade geht sie auf, da habe ich die erste Etappe geschafft. Fitz Roy, Aiguille Poincenot und Saint-Exupéry, benannt nach dem Schöpfer des »Kleinen Prinzen«, strahlen im Morgenlicht. Was für ein Glück! Wieder ein Tag mit freier Sicht.

Weiter wandere ich durch felsiges Gelände. Unter einem Vorsprung blitzt es bunt auf. Im ersten Moment glaube ich, es wäre Verpackungsmaterial von Keksen oder Bonbons, und ärgere mich. Bisher waren die Pfade erstaunlich sauber; kein Schnipsel Papier, geschweige denn leere Büchsen oder Plastikflaschen verschandelten die Landschaft, wie es leider so oft in den Bergen der Fall ist. Die *Guardaparques,* die Ranger, haben alle Besucher des Nationalparks eindringlich instruiert und überwachen auch streng die Einhaltung der Regeln. Da erkenne ich auch schon – das Bunte, was dort zwischen den Steinen so leuchtet, ist kein Abfall, es sind Pantoffelblumen. Gleich fünf der fast drei Zentimeter großen Blüten lugen unter dem Felsen hervor.

Nach zwei Wanderstunden liegt die Laguna Capri vor mir, hier darf man sein Zelt aufstellen. Ich will aber noch weiter, marschiere zum Zeltplatz Poincenot, der nach dem verunglückten französischen Bergsteiger benannt ist. Immer wieder rufen die Bezeichnungen der Berge und Lagerplätze die Erinnerungen an Menschen wach, die Opfer ihres Wagemuts geworden sind. Obwohl die französischen Bergsteiger durch den Tod von Poincenot traumatisiert waren und sie zunächst jedes Selbstvertrauen verloren glaubten, setzten sie ihr Unternehmen fort und bestiegen schließlich den Fitz Roy. Ihrem toten Kameraden zu Ehren benannten sie nicht nur den Lagerplatz, sondern auch eine Felsnadel am Massiv des Fitz Roy nach ihm, die Aiguille Poincenot.

Nach sanften Anstiegen und flachen Wegen durch moorige Wiesen erreiche ich das von zerzausten Ñire-Bäumen umgebene Lager. Für meinen Geschmack sehe ich zu viele Zelte und beschließe, weiter zum Camp Río Blanco zu wandern, obwohl ich gern die Kammratten gesehen hätte, von den Indianern *toko toko* genannt, von denen es im Camp Poincenot wimmeln soll.

Das Wetter verschlechtert sich abrupt. Eben war die Sicht noch frei, einen Augenblick später befinde ich mich in einer Waschküche. Grauer Wolkennebel hüllt alles ein, viel zu gefährlich, im unbekannten Gelände ohne Sicht weiterzugehen. Vor dem Wetterumschlag hatte ich in der Ferne den Zeltplatz sehen können und finde ihn trotz Nebel. Kaum habe ich mein Zelt aufgebaut, stürzt Regen herab.

Meine Hoffnungen auf den nächsten Morgen werden enttäuscht, der Tag scheint noch schlechter zu werden. Als ich am Abend zuvor ankam, standen noch zwei andere Zelte auf dem Platz, doch wegen des starken Regens hatte ich mich mit den Bewohnern nicht bekannt machen können. Jetzt sind die Zelte abgebaut, und ich habe die wilde Bergwelt für mich allein, wie ich es so sehr mag, auch wenn ich im Moment nichts davon sehen kann. Ich werde einfach ausharren, genug zu essen für einige Tage habe ich dabei – dachte ich.

Seit fünf Tagen liege ich im Zelt, fünf Tage und fünf Nächte. Mir tut alles weh. Der Rücken, die Hüften, das Gesäß, ich weiß nicht mehr, wie ich noch liegen, auf welche Seite ich mich rollen soll, auf den Bauch oder den Rücken, alles ist gleich unerträglich. Nach draußen kann ich nicht. Der Sturm peitscht die Zeltplanen, lässt sie knattern und knallen, besonders schlimm in den Nächten, wenn ich schlaflos daliege und mich ängstige, der Orkan könnte das Zelt zerreißen.

Mit meinem Kocher bereite ich im Zelt Tee oder Suppe, aber ab und zu muss ich doch nach draußen hinter die Steine. Ich öffne den Reißverschluss einen Spalt. Wenn ich den Kopf hinausstrecke, nimmt mir der Sturm den Atem. Schnee wirbelt durch die Luft, treibt waagerecht dahin. Er ist hart wie Eis und schneidet ins Gesicht. Es hilft nichts, ich muss raus. Auf dem Bauch robbe ich durch die kleine Öffnung, weiter getraue ich mich nicht, den Reißverschluss aufzuziehen, sonst würde der Wind mein Zelt wie einen Ballon aufblähen und davontragen. Geduckt suche ich hinter einem Stein ein wenig Schutz. Dem Sturm ist das egal, er findet immer eine Angriffsfläche und scheint von allen Seiten zu blasen.

Während ich in die Hocke gehe, schaue ich mich um – und sehe nichts. Die Wolken hängen so tief, dass sie mit ihrem milchigen Grauweiß alles verdecken. Wie anders ist es, ziehenden Wolken am blauen Sommerhimmel zuzusehen und ihre schwebenden Formen zu deuten. Wie scheußlich dagegen, in ihrer Mitte eingeschlossen zu sein. Es gibt nichts mehr um mich herum, alles ist verschluckt, das Tal, die Lagune, die Berge, ausgelöscht, als hätte es sie nie gegeben.

Ich husche ins Zelt zurück. Geschafft! Schnell den Reißverschluss zu. Und dann? Wieder warten. Das Nichtstun nagt an den Nerven. Das Heulen des Windes macht mürbe. Die Stunden verrinnen wie Ewigkeiten, nur unterbrochen vom Teekochen und von Essenspausen. Doch das Müsli wird immer knapper, die Schokolade ist schon lange aus. Nur ein paar Rosinen, Nüsse und Kekse habe ich noch, und – sorgsam rationiert – ein Stück Hartwurst. Seit fünf quälend langen Tagen durchleide ich das Patagonien-Syndrom, wie schon so viele andere vor mir: das Warten auf besseres Wetter.

Schon 1937 hatten italienische Bergsteiger versucht, den Fitz Roy zu besteigen, was ihnen nicht gelang. Alle weiteren Expeditionen scheiterten ebenfalls an den schlimmen Wetterverhältnissen und den senkrechten, glatten Wänden. Die Besteigung des Fitz Roy schien unmöglich – ein Symbol unberührter Wildnis. Jedoch gerade die Herausforderung, das Unmögliche zu wagen, stachelte die besten Kletterer immer wieder von Neuem an. So auch Lionel Terray, den Leiter der französischen Expedition, bei der Jacques Poincenot ertrunken war. Noch heute gilt Terray als einer der besten französischen Bergsteiger, der sein Leben ganz den Gipfeln der Welt verschrieben hatte. Ihm gelang die zweite Durchsteigung der Eigernordwand, und sein Satz »Bergsteigen ist die Eroberung des Unnützen« wird immer wieder zitiert.

Bevor er im Jahr 1951 mit neun Bergfreunden nach Patagonien aufbrach, hatte er im Himalaya die Annapurna bestiegen. Es war die erste Besteigung eines Achttausenders überhaupt gewesen und damals eine Sensation. Für den Fitz Roy hatte er sich generalstabsmäßig vorbereitet und rückte mit drei Tonnen Ausrüstung an. Gerade an diesem schweren Gepäck wäre die Expedition beinahe gescheitert, denn die Lasten konnten nicht mit eigener Kraft durch die Flüsse transportiert werden. Nach dem Unglück, bei dem der junge Poincenot sein Leben verlor, erschien der unzuverlässige Gaucho doch noch mit seinem Ochsengespann. Vom Basislager schleppten die Bergsteiger das Material in die Höhe. Sie mussten alles selbst tragen, hier gab es keine Sherpas wie in Nepal. Zuerst den steilen Aufstieg zur Laguna de los Tres, dann über den spaltenreichen Gletscher zum Wandfuß. Tage brauchten sie, bis alles Material an Ort und Stelle war: Kletter- und Fixseile, Haken und Keile, Nahrungsmittel und Brennstoff.

Nur Lionel Terray und sein Seilgefährte Guido Magnone, die stärksten und besten Kletterer des Teams, stiegen in die Wand ein. Die anderen harrten aus in Zelten, die nur wenig Schutz vor den beißenden Winden boten, und in winzigen, selbst gegrabenen Höhlen aus Schnee und Eis.

Am ersten Tag kletterten die beiden gerade einmal 20 Meter. Gebeutelt vom Wind, entmutigt von den klettertechnischen Schwierigkeiten, seilten sie sich vor Einbruch der Dunkelheit ab. Am zweiten Tag mühten sie sich wieder von Tagesanbruch bis zum Abend ab und waren doch nur 120 Meter hoch gekommen. Der Gipfel war 800 Meter weiter oben, scheinbar unerreichbar.

Sie ließen die Seile hängen, um am nächsten Tag schneller an die Stelle zu kommen, wo sie aufgehört hatten. Da schlug das Wetter um. Die Männer hockten in ihren Zelten und Eishöhlen, draußen heulte der Sturm. Tag um Tag hofften sie auf Wetterbesserung. Der Proviant wurde knapp, und der Brennstoff ging zur Neige. Allgemeine Mutlosigkeit ergriff die Expeditionsmitglieder. Alle Hoffnung schien begraben, sie packten für den Abmarsch.

Doch am nächsten Tag zog eine Schönwetterfront auf. Terray und Magnone nutzten die Gunst der Stunde und stiegen erneut in die Wand ein. Wieder erwies sich die Kletterei als äußerst schwierig, stellte höchste Anforderungen an ihre Erfahrung. Sie waren langsamer als erwartet, doch noch hielt das Wetter. Sie arbeiteten sich weiter nach oben, obwohl sie außer einem letzten Schokoriegel keine Nahrung mehr hatten. Die Nacht über blieben sie in der Wand, sicherten sich mit Seilen. Am nächsten Tag hatte sich der Wind gedreht, wehte wieder von Westen, was nichts Gutes verhieß. Denn im Westen köchelt die Wetterküche und brütet Orkane aus. Die ersten Wolkenfahnen umspielten bereits den Gipfel.

Der wegen seiner Kraft und Ausdauer in Nepal selbst von den Sherpas bewunderte Terray war erschöpft und wollte aufgeben. Doch Magnone setzte alles auf eine Karte. Volles Risiko! Gegen alle Vernunft war er entschlossen weiterzuklettern. Seinen Freund überzeugte er mit dem Vorschlag, sich beim Klettern nicht mehr abzuwechseln. Von nun an führte Magnone als Seilerster.

Am Ende ihrer Kräfte – zuletzt fehlten sogar die Haken zum Sichern, seit 48 Stunden waren sie ohne Nahrung und ohne Wasser – erreichten sie völlig ausgelaugt den Gipfel. Erschöpft fielen sie sich in die Arme. Es war der 2. Februar 1952 gegen 17 Uhr.

Warum man sich freiwillig dieses Martyrium antut? Verstehen kann das wohl nur, wer Extremsituationen am eigenen Leib schon erlebt und erlitten hat.

Meine Lage ist nicht gefährlich oder gar lebensbedrohlich, eher langweilig und ermüdend. Tag um Tag warte ich, weil ich einfach nicht akzeptieren will, dass ich wegen des Wetters meine Pläne vielleicht nicht verwirklichen kann. Schlechtes Wetter, wenn es nur das wäre! Das Schlimmste ist der Wind, ein Wind, wie ich ihn zuvor noch nie erlebt habe. Er lässt mich nicht aufrecht gehen, zwingt mich zu einer gebückten Haltung, wirft mich regelrecht zu Boden.

Auch die Kälte höhlt mich von innen aus. Selbst im Daunenschlafsack zittere ich. Und ohne Sicht könnte ich sowieso meinen

Weg nicht finden. Also warte ich. Warte, so lange es geht. An Wasser ist kein Mangel, zu essen habe ich zwar nur noch wenig, aber auch ohne Nahrung kann man länger aushalten, als man denkt. Außerdem wird es bestimmt bald besser, vielleicht schon morgen. Morgen bestimmt! Morgen wird es schön sein! Mit dieser Hoffnung schlafe ich ein, schlafe traumlos die ganze Nacht.

Als ich aufwache, wundere ich mich, warum es so still ist. Kein Laut ist zu hören. Mich überfällt ein ungutes, mulmiges Gefühl, Angst kriecht in mir hoch. Was ist passiert? Ist die Welt draußen noch da? Bisher ließ der pfeifende, heulende, knatternde Wind keinen Zweifel daran. Eine Gänsehaut überzieht meinen Körper. Ich zittere, jetzt nicht nur vor Kälte.

Ich muss mir Klarheit verschaffen. Vorsichtig krieche ich zum Zelteingang, öffne ihn und strecke ängstlich den Kopf hinaus – und sehe den Fitz Roy. Was für eine Pracht! Eine fremdartige Landschaft breitet sich vor mir aus, faszinierend großartig und wild. Im hellen Licht gleißende Gletscher, Gesteinswälle, Moränen, glatt geschliffene Granitplatten – und blauer Himmel, den kein Wölkchen trübt. Die Luft ist trocken und kalt, ein sanfter, kaum spürbarer Luftstrom, der von der Antarktis her weht. Der schlimme Westwind hat sich beruhigt, bis zum nächsten Mal.

Mein Zelt lasse ich vorerst stehen, wandere zur Laguna de los Tres. Steil führt der Pfad im Zickzack zum Bergsee hinauf. Still und einsam liegt er eingebettet in eine grandiose Gebirgswelt. Unheimlich nah ragt der 3404 Meter hohe Fitz Roy in den ozeanblauen Himmel. Keine Wolke stört das tiefe Blau, in dem man sich verlieren könnte, wäre da nicht die markante Pyramide des Berges, die den Blick unweigerlich auf sich zieht.

Gebannt stehe ich da und starre ihn an. Mein Blick rastert die Oberfläche, dieses Gewirr aus Platten und Pfeilern, Linien und Rissen. Sie ähneln Lebensadern, die mit Eis gefüllt sind. In diesen Vorsprüngen und Bändern suche ich nach möglichen Aufstiegsrouten. Nein, ich will da nicht hinaufsteigen, aber vorstellen möchte ich es mir schon. Mir ausmalen, wie es wäre, mit klammen Fingern die Hände in dieses Gestein zu krallen, mit den Füßen auf schmalen Leisten zu stehen, von dem unbeugsamen Willen beherrscht, immer höher zu klettern, trotz Sturm und Kälte, Angst und Erschöpfung, und endlich auf den Gipfel zu gelangen. Der Beweggrund, solches zu wagen, kann nicht sein, einen Berg besiegen zu wollen. Beim Klettern erlebe ich mich selbst auf eindringliche Weise tiefer, als es sonst möglich ist. Der Berg wird dabei zu einem Gegenüber, ein Austausch zwischen Mensch und Natur findet statt.

Auch jetzt empfinde ich diese Gegenseitigkeit, ein sich Aufheben der Grenzen zwischen mir und der Umwelt. Gern würde ich den Fels berühren, meine Hand an das Gestein pressen, seine Kälte fühlen, wie rau oder wie glatt er ist, aber der Gletscher Piedras Blancas trennt mich vom Fitz Roy, und wegen der Spalten kann ich ihn nicht überqueren. Niemand weiß, dass ich hier bin, also könnte mir auch keiner zu Hilfe kommen, wenn ich in eine Spalte abstürzen würde.

Manchmal können auch Freunde nicht helfen, die gleich in der Nähe sind, wie bei dem unglücklichen Philipp Herron. Der junge Neuseeländer und sein Freund Bill Denz waren bei äußerst schlechtem Wetter am Fuß des Cerro Torre in einer Eishöhle gefangen. Ungeduldig warteten sie auf ihre Chance, doch noch auf den Gipfel zu gelangen. Um sich ein wenig Bewegung zu verschaffen, liefen sie unbedacht übers Eis, ohne sich vorher anzuseilen. Schon geschah es, Philipp stürzte in eine vom Schnee verdeckte Gletscherspalte. Er war so gut wie unverletzt, klemmte aber bewegungsunfähig in 40 Meter Tiefe fest. Bill holte sofort das Seil und kletterte in die Spalte hinunter, bis dorthin, wo sie sich verengte und weiteres Eindringen für ihn unmöglich war. Der schlankere Philipp hatte sich einige Meter tiefer verkeilt und konnte weder Hände noch Füße bewegen. Seinem Freund gelang es nicht, zu ihm vorzudringen. Jeder Versuch, Philipp zu befreien, war vergeblich. Während des verzweifelten Bemühens war einige Zeit vergangen und der Verunglückte noch tiefer gerutscht, da das Eis durch die Körperwärme geschmolzen war. Philipp war eingeschlossen wie eine Larve im Kokon. Sein Gefährte entschloss sich, Hilfe aus dem Basislager zu holen. Philipp ahnte, dass er verloren war. Noch bei vollem Bewusstsein bat er den Freund, seine Mutter und alle seine Lieben bei der Rückkehr nach Neuseeland für ihn zu umarmen.

Weniger als die Hälfte der Zeit, die sonst für den Weg veranschlagt wurde, brauchten die Mitglieder der Expedition bis zur Unfallstelle. Man seilte sich in die Spalte ab. Inzwischen war Philipp noch tiefer gerutscht, aber noch zu sehen. Er war tot. Vergebens versuchten sie, seinen leblosen Körper aus dem eisigen Grab zu befreien. Phil, wie ihn seine Freunde nannten, wurde nur 19 Jahre alt. In Erinnerung an sein Schicksal ist der Vorgipfel des Cerro Torre, eine formschöne Bergspitze, nach ihm benannt: Punta Herron.

Von der Laguna de los Tres wandere ich ein paar hundert Meter bergab und gelange zur Laguna Sucia. Der See ist nicht schmutzig, wie die spanische Bezeichnung nahelegt. Sein Wasser schimmert smaragdgrün, ein Farbtupfer in dieser Gletscherwelt von fast außerirdisch wirkender Schönheit. Die Stille ist so tief, dass es in meinen Ohren klingt, dann vernehme ich doch ein äußeres Geräusch, das Gluckern von Wasser. Unaufhörlich schmilzt der Gletscher, milchweiß rinnt es aus ihm heraus.

Eigentlich sind es zwei Gletscher zu Füßen des Fitz Roy: der Glaciar Piedras Blancas und der Glaciar Río Blanco. Reinweiß, wie ihre Namen andeuten, sind sie nicht. Gesteinsstaub verleiht ihnen eine graue Färbung.

Das Gewicht zwingt den Gletscher Río Blanco, hangabwärts zu gleiten, um zwei bis drei Zentimeter pro Tag schiebt er sich vorwärts. Beim Herabgleiten vermischt sich das an der Unterseite schmelzende Eis mit Erde und Steinen, die werden dabei zermahlen und bilden eine Art Schmiermittel, auf dem der Gletscher rutscht. Die Bewegung über das Relief des Untergrunds und die dort liegenden Felshindernisse verursachen Risse und Verformungen im Eis – die gefährlichen Gletscherspalten. Nicht zerriebene Gesteinstrümmer werden an die Seite des Gletschers gedrückt, bilden dort steinerne Wälle, die sogenannten Seitenmoränen. Dort, wo der Gletscher ausläuft, häuft er die Endmoräne an, besonders dann gut sichtbar, wenn sich ein Gletscher zurückzieht. Das geschieht immer dann, wenn er schneller abschmilzt, als in seinem Herzen, also im Nährgebiet, Schnee fällt.

Jeder Gletscher auf der Erde ist von den großen Rhythmen der Klimaveränderungen abhängig, den zyklischen Erwärmungen und Kälteperioden. Zwar ist es eine unleugbare Tatsache, dass wir Menschen durch die Verbrennung fossiler Brennstoffe das Weltklima beeinflussen, aber es ist eben nur ein Faktor im gesamten Geschehen. Weil Gletscher sich bewegen, ihre Gestalt verändern, ihre Form wandeln, länger oder kürzer werden, sich durch Geräusche bemerkbar machen, ächzen und stöhnen und nicht zuletzt die Landschaft gestalten, kommen sie mir vor wie Lebewesen, und wie diese haben sie auch eine bestimmte Lebenszeit.

Den Gesteinsstaub, vom Gletscher fein zermahlen, weht ihnen der Wind auf den Rücken, und deshalb sehen sie manchmal schmutzig aus. Dafür leuchtet das Eis in den Spalten und Verwerfungen wunderbar blau, ein märchenhafter Anblick, doch unpoetisch ist die Erklärung: Das blaue Eis ist durch darüberliegende Eismassen besonders stark zusammengepresst worden, so fest, dass kaum noch Luftbläschen zwischen den Kristallen vorhanden sind. So wird der blaue, kurzwellige Anteil des Sonnenlichts an diesen Stellen stärker gestreut als die anderen Lichtwellen, und das Eis erscheint blau. Allein die Wellenlängen des Lichtes spiegeln unseren Augen die Farben vor. Wo zwischen den Kristallen noch viele Luftbläschen sind, wird das Licht in allen Farben gestreut, die sich gegenseitig zu Weiß ergänzen.

Der Gletscher bestimmt auch die Farben der Bergseen, weil das fein gemahlene Gestein das Sonnenlicht auf unterschiedliche Weise reflektiert. Deshalb leuchten sie in unglaublich intensivem Türkis, Azurblau, Smaragdgrün.

Der weiße Ozean

Nein, wirklich schlimm war unsere Lage nicht. Ein bisschen gefährlich, aber nicht lebensbedrohlich. Und in verklärender Rückschau abenteuerlich, ja sogar befriedigend. Weil uns Wind und Wetter wieder einmal klargemacht haben, dass in Patagonien die Natur das Sagen hat.

TOM DAUER

Rein in die Bergschuhe. Meine Zehen verkrampfen sich vor Kälte. Ich hatte die Schuhe über Nacht mit ins Zelt genommen, dennoch fühlt es sich an, als steckten die Füße in einem Eispanzer. Nachdem ich das Zelt abgebaut habe und im bereits am Abend gepackten Rucksack verstaue, ziehe ich los. Das Licht der Stirnlampe verliert sich im Dunkel.

Nach meinem tagelangen Ausharren im Schneesturm zu Füßen des Fitz Roy bin ich zum Zeltplatz Madsen zurückgekehrt, habe mich erst einmal satt gegessen und mit neuem Proviant eingedeckt.

Nun will ich die *vuelta* versuchen, die große Umrundung des Fitz-Roy-Massivs, dabei muss ich über das Inlandeis gehen. Dieses 1 000 Meter dicke Gletscherfeld ist ein Rest der letzten Eiszeit und eine der größten zusammenhängenden Eisflächen der Erde, neben den Polgebieten und Grönland. Sechs Tage wird für die *vuelta* veranschlagt. Mir ist klar, dass ich diese Tour nicht im Alleingang meistern kann, denn auf dem Gletscher ist man nicht nur den Stürmen schutzlos ausgeliefert, auch Spalten bilden tödliche Fallen.

Inzwischen ist Trekking über das Hielo Patagónico Continental, wie das Inlandeis genannt wird, sehr gefragt, darum wird die Tour von Reiseunternehmen unter Leitung lokaler Bergführer angeboten. Zu meiner Gruppe gehören zwei Japaner, ein chilenisches Ehepaar und ein Holländer. Nicht nur die Nationalitäten sind bunt gemischt, auch die Erfahrungen in den Bergen sind ziemlich unterschiedlich. Andrés, unser Guide, rüstet uns mit Steigeisen und Pickel aus.

Wir wandern durch Sumpfwiesen und Buchenwälder zur Piedra del Fraile, dem Fels des Mönchs. Mit »Mönch« ist der Salesianerpater Alberto Maria de Agostini gemeint, der 1920 begann, die Berge und Gletscher Patagoniens zu erkunden. Agostini, 1883 im norditalienischen Biella geboren, kam als junger Priester nach Südamerika. Seine Vorgesetzten erlaubten ihm, in Patagonien geografische und ethnografische Studien zu betreiben, mit denen sich seine alpinen Interessen gut verbinden ließen. Als einer der letzten klassischen Entdecker Patagoniens zeichnete und kartografierte er und hielt seine Eindrücke in poetischer Sprache fest:

»Am Ende des Sees erhebt sich eine spektakuläre Bergkette. Sie zeigt sich uns am späten Nachmittag, weiß eingehüllt von Eis und Schnee. Die Gipfel sind in den Wolken verborgen, durch die ein geheimnisvolles Sonnenlicht dringt. Von Zeit zu Zeit zerreißt eine Windbö den Schleier, und es zeigen sich in all ihrer wilden Schönheit scharfe Grate, überhängende Wände, Felstürme von schrecklichem Aussehen.«

Im Jahr 1936 stieg Pater Agostini mit seinen beiden italienischen Bergführern auf den 1 500 Meter hohen Paso Marconi. Sie waren die ersten Europäer, die von dieser Stelle aus das südliche patagonische Inlandeis sahen, das Hielo Continental Sur, den weißen Ozean aus Eis.

Aber so weit sind wir noch nicht. Acht Wanderstunden veranschlagt Andrés bis zum privaten Campingplatz am Piedra Fraile. Da er uns und unsere Leistungsfähigkeit erst einmal kennenlernen will und unsere Rucksäcke für die Wochentour ziemlich schwer sind, übernachten wir auf halber Strecke am mir schon bekannten Campamento Poincenot. Wir stellen unsere Zelte zwischen den zerzausten Bäumen auf. Das chilenische Paar ist erschöpft und verschwindet gleich im Zelt, ebenso die Japaner. Sie bemühen sich erst wieder heraus, als wir für alle Tee und eine kräftige Suppe gekocht haben. Da die Mitglieder unserer kleinen Gruppe zu verschieden sind und wir uns vorher nicht gekannt haben, kann an diesem ersten Tag noch kein Gemeinschaftsgefühl entstehen. Als Andrés den Mate braut, sitzen nur noch der Holländer Cees und ich neben ihm. Cees ist knapp 20 Jahre alt und kennt keines der Bücher seines Namensvetters Cees Nooteboom, bedenklicher aber ist, dass er nicht die geringste Erfahrung mit Gletschertouren hat. Überhaupt ist er das erste Mal in den Bergen. Ich werfe einen skeptischen Blick zu Andrés, doch der verzieht keine Miene.

Ob er denn gar nicht beunruhigt sei, unerfahrene Tiefländler über das gefährliche Inlandeis zu führen, frage ich Andrés später.

Er meint lakonisch: »An solche Kunden bin ich gewöhnt.«

Der junge Argentinier hatte Ozeanologie studiert, in den Ferien trampte er nach Patagonien, verliebte sich in die Berge und schmiss das Studium.

»Was sollte ich mit einem Abschluss in Meereskunde, wenn ich mich nach den Bergen sehne?«, erklärt er mir seinen Entschluss.

Als Führer während der Touristensaison verdient Andrés genug, um sein Leben zu finanzieren und seiner Leidenschaft, dem Bergsteigen, zu frönen. Nebenbei bleibt ihm Zeit und Geld für eigene Ziele in den Bergen der Welt. Der 24-Jährige hat bereits den Aconcagua bestiegen, mit fast 7000 Metern der höchste Berg in den Anden. Als Nächstes möchte er an einer Expedition in den Himalaja teilnehmen.

Das wechselhafte Wetter Patagoniens beschert uns am nächsten Morgen stürmische Kämpfe mit den Zeltplanen. Sobald man einige Verankerungen löst, packt der Wind das Zelt, reißt die restlichen Heringe heraus und fetzt die Planen über Steine und Gesträuch.

Wir schultern die Rucksäcke und wandern zunächst den Río Blanco entlang, klettern über massive Granitblöcke und bewundern die weltabgeschiedene Eis- und Felsenwelt. Besonders eindrucksvoll ist der türkisgrüne See Piedras Blancas, in dem Eisblöcke treiben. Vom hochgelegenen Gletschersee geht es wieder bergab ins Tal des Río Eléctrico mit dem gleichnamigen See. Im privat geführten Refugio Los Troncos schlagen wir nach dieser anstrengenden Tagestour mit sechs Stunden reiner Gehzeit unsere Zelte auf.

Am dritten Tag verbietet eigentlich der Sturm weiterzugehen, doch die beiden Japaner haben keine Zusatztage eingeplant. Wollen sie ihren Flug nicht verpassen, haben wir nur noch vier Tage, um zurück nach El Chaltén zu gelangen. Also brechen wir auf, vorbei am »Fels des Mönchs«, immer weiter hinauf in die karge Landschaft, über von Gletschern geschliffene Granitplatten, Schutthalden, alte Seitenmoränen, über Bäche und durch Morast, vorbei am Lago Eléctrico und noch steiler hinauf zum Marconi-Gletscher. Der Sturm wütet in wildem Zorn, springt uns an wie ein Raubtier, will uns umwerfen und zu Boden zwingen. Manchmal gelingt es ihm sogar.

Endlich stehen wir auf dem Paso Marconi, dem 1 500 Meter hohen Pass, und sehen das Inlandeis. So weit das Auge reicht, dehnt sich die Eisfläche wie ein gefrorenes Meer, wild, weit und weiß.

Wir gehen weiter, bis wir für unser Lager einen von Felsen umgebenen Platz finden, doch der Wind faucht von allen Seiten heran, und es wird zur Geduldsprobe, die Zelte aufzurichten und flugsicher zu verankern.

»Wenn es so stürmisch bleibt, können wir morgen nicht weiter, das wäre zu gefährlich«, teilt Andrés uns am Abend seine Bedenken mit.

»Kommt gar nicht infrage, wir haben für die ganze Tour bezahlt!«, protestieren die Japaner, und die Chilenen nicken zustimmend.

Cees blickt betroffen, und auch ich bin enttäuscht. Doch für ungünstiges Wetter kann niemand etwas, und Andrés trägt die Verantwortung für unsere Sicherheit, letztlich für unser Leben.

»Lasst uns nicht streiten«, meint er begütigend. «Warten wir ab, wie es morgen ist, dann treffen wir unsere Entscheidung.«

Um uns abzulenken, beschreibt er uns die Tour: »Zwei bis drei Tage dauert die Runde über das Eis, das von Spalten durchzogen ist. Vorbei an den Gipfeln der Marconikette nach Süden, dann hinauf auf den Paso del Viento, den Pass des Windes, und durch das Tal des Río Túnel zurück nach El Chaltén. Wenn das Wetter mitspielt, haben wir von dort phantastische Ausblicke auf den Cerro Torre, den Fitz Roy und die benachbarten schroffen Felszacken.«

Von Andrés erfahren wir: Das Inlandeis gehört zu den letzten noch nicht ganz erforschten Flecken unserer Erde. Es gibt dort Stellen, wo noch nie ein Mensch gewesen ist. Eigentlich sind es zwei ausgedehnte Eisflächen, das nördliche und das südliche Inlandeis, getrennt durch den Bakerkanal, einen Fjord von 120 Kilometer Länge. Die nördliche Eisfläche ist etwa 100 Kilometer lang und 45 Kilometer breit, aus ihr ragt der 4058 Meter hohe Cerro San Valentin empor, der höchste Berg der patagonischen Anden. Die südliche Eisfläche ist mit einer Länge von 360 Kilometern und einer Breite bis zu 80 Kilometern wesentlich größer. Bei unserer *vuelta* würden wir gerade einmal am Rand der riesigen Eisfläche kratzen.

»Wie auch immer, uns ist die gesamte Umrundung versprochen worden«, beharrt einer der Japaner.

»Wir gehen nur, wenn es morgen besser ist.«

»Und wenn nicht, was machen wir dann?«, will Cees wissen.

»Warten!«, ist die lakonische Antwort.

»Oh!«, stöhnen wir alle. Mir fällt der Ausspruch eines der besten deutschen Bergsteiger ein, des hervorragenden Fotografen und Autors Reinhard Karl. Er kam am Cho Oyu im Himalaja mit 36 Jahren ums Leben, nicht beim Klettern, sondern im Zelt, als eine Lawine das Lager verschüttete. Er schrieb: »Bergsteigen in Patagonien ist wie im Kühlschrank sitzen und Geldscheine verbrennen.«

In der Nacht beginnt es zu schneien. Ich höre, wie der Schnee auf die Zeltplane rieselt, und schlafe ein. Am Morgen sind wir unter Schnee begraben, und es schneit immer noch. Wir sind den ganzen Tag damit beschäftigt, unsere Zelte von den Schneemassen zu befreien; sehen können wir kaum einen Meter weit. Frustriert kriechen wir in unsere Behausungen. Für mich ist die Situation nicht neu, Geduld musste ich bereits zu Füßen des Fitz Roy lernen. Die anderen fügen sich weniger willig in das Unabänderliche. Sie wollen trotzdem aufbrechen.

»Ohne Sicht über das Inlandeis zu gehen wäre sträflicher Leichtsinn. Die Spalten sind unter dem Schnee verborgen, wir können sie nicht sehen. Die Schneeauflage ist zu frisch und weich, sie könnte unter unserem Gewicht nachgeben«, warnt Andrés.

Wir warten. Wieder eine kalte Nacht im Zelt.

Am nächsten Tag kein Schnee, dafür peitschen uns Eiskristalle ins Gesicht. Die Sicht aber ist etwas besser.

»Unmöglich!«, bestimmt Andrés.

Allgemeines Murren wird laut: Die Tour sei teuer, und dabei hätten wir noch nicht einmal einen Fuß auf das Inlandeis gesetzt, es vom Pass Marconi aus nur kurz gesehen.

»Selbst wenn es morgen aufklart, reicht die Zeit für die *vuelta* nicht mehr«, gibt Andrés zu bedenken. Die Japaner stecken flüsternd die Köpfe zusammen; vermutlich überlegen sie, ob sie ihren Flug verfallen lassen sollen.

Da donnert eine Lawine herab. Eisstaub dringt in unsere Lungen, die Ohren dröhnen, und ein Gefühl der Hilflosigkeit gegenüber den Kräften der Natur ergreift alle. Wir packen. Wortlos treten wir den Rückzug an.

Schrei aus Stein

Wenn ich in der Stille und Wärme meines Hauses meine Seele in der Erinnerung vieler Abenteuer umherwandeln lasse, erscheinen die Spitzen Patagoniens so unwirklich, von solch phantastischer Schlankheit, dass ich den Eindruck habe, diese Bilder entstammen einem grotesken Traum.

LIONEL TERRAY

Wie es so ist in Patagonien mit seinen abrupten Wetterwechseln: Nachdem wir unsere *vuelta* abgebrochen haben, ist es am nächsten Tag fast windstill, und das Licht leuchtet kristallklar, fast schon überirdisch. Eigentlich hatte ich einen Ruhetag auf dem Campingplatz in El Chaltén geplant, wollte Wäsche waschen, kochen, lesen, durch den Ort bummeln. Das alles verschiebe ich kurz entschlossen auf später, schultere meinen Rucksack und schlage den Weg zur Laguna del Torre ein. Drei Stunden nur braucht ein Wanderer für die Strecke, ich benötige fast die doppelte Zeit, denn diesmal habe ich meinen Rucksack mit Nahrungsmitteln vollgestopft. Noch einmal will ich nicht im Zelt gefangen sein und hungern müssen. Der Pfad ist gut ausgebaut und nur mäßig steil. Wie ein Sherpa beladen stapfe ich durch stille Buchenwälder am sprudelnden Gletscherbach Río Fitz Roy entlang und erreiche endlich das Campamento Agostini.

Ich stelle mein Zelt auf, deponiere das Gepäck und wandere eine gute Stunde am Nordufer des Lago Torre entlang. Über eine steile Moräne, die der schrumpfende Glacier Grande angehäuft hat, gelange ich höher hinauf. Das Wetterglück schenkt mir einen atemberaubenden Ausblick. Umgeben von einer Naturarena unglaublichster Felsgebilde, fühle ich mich wie in einem Traum, blicke auf die Südseite des schroffen Fitz-Roy-Massivs, und sehe im Nordwesten, aufgereiht wie einen Pilgerzug, gigantische Felszacken in die Höhe ragen: Torre Stanhardt, Torre Egger, Punta Herron und in ihrer Mitte der Gewaltigste von allen, der Cerro Torre. Sie stehen da wie Wanderer, die am Wegrand zum Stillstand gekommen und zu Stein erstarrt sind. Granitnadeln wie Denkmäler mit den Namen der Kletterer, denen sie den Tod gebracht haben.

Nur der Cerro Torre trägt keinen Menschennamen, er ist sein eigenes Denkmal. Kein Foto kann wiedergeben, was man bei seinem Anblick empfindet. Ein schlanker Monolith, aberwitzig steil, mit fast 2000 Meter hohen, senkrechten Wänden, kompakt und glatt, wie poliert. In seltsamer Mischung vereint der Torre Gegensätzliches. Er wirkt elegant, grazil, filigran und zugleich abschreckend, furchterregend und unerbittlich. Von Werner Herzog, dem Regisseur, der am Cerro Torre den Spielfilm »Schrei aus Stein« drehte, stammt die Aussage, dieser Berg habe Eigenschaften, wie sie sonst nur Menschen besitzen. Er sah in ihm etwas Böses, Mysteriöses, Schreckenerregendes. Was wir jedoch beim Anblick grandioser Natur empfinden, sind immer Spiegelungen unseres eigenen Selbst.

Auch der Cerro Torre ist nichts anderes als das Produkt von Kräften, die uns gut bekannt sind, wissen wir doch, nach welchen Gesetzmäßigkeiten die Gebirgsbildung abläuft. Immer wenn zwei Kontinentalplatten, die auf dem glutflüssigen Magma im Erdinneren schwimmen, zusammenstoßen, wölben sich Gebirge auf. Die Anden sind, erdgeschichtlich gesehen, ein sehr junges Massiv. Erst vor 80 Millionen Jahren, in Zeiten, als die Saurier ausstarben und die Blütezeit der Säugetiere begann, wuchsen die Anden empor. Bis heute bewegen sich die gewaltige Nazca-Platte und die Südamerikanische Platte aufeinander zu, schieben sich untereinander, ineinander und pressen dabei die Gesteinsmassen nach oben. Die Anden wachsen noch immer.

Der Fitz Roy, der Cerro Torre und die anderen Granitzacken sind aber noch um einiges jünger als die Anden, in deren Mitte sie vor 17 Millionen Jahren geboren wurden. Tief aus dem Erdinneren stieg eine Magma-Blase auf, durchbrach das darüberliegende Sedimentgestein, ergoss sich in Hohlräume und erstarrte zu Granit. Später legte Erosion die Felsen frei, die zusammen mit dem Andenmassiv weiter in die Höhe gehoben werden.

Aus den Berghängen steigen Nebel auf wie aus unterirdischen Spalten, während auf den Graten und Gipfeln Wolkenfahnen im Blau des Himmels wehen. Sind es die ersten Zeichen eines Wetterumschwungs? Ich schaue zum Cerro Torre, auf dessen Gipfel eine Schneekappe sitzt – sein Wahrzeichen. Auf tragisch-schicksalhafte Weise verknüpft sich mit diesem Berg das Leben zweier der besten Bergsteiger ihrer Zeit.

Es war vor Jahren bei einer Himalaja-Expedition, als ich zum ersten Mal von dem »unmöglichen Cerro Torre« hörte und von Cesare Maestri und seinem Seilpartner Toni Egger. Ich war sofort gefesselt von der Geschichte, diesem Gewebe aus Wahrheit und Lüge, Legende und Mythos. Seitdem habe ich Bergsteigerfreunde um ihre Meinung befragt, Bücher und Berichte gelesen und mir meine Gedanken gemacht. Deshalb berührt es mich nun besonders, den Schicksalsberg mit eigenen Augen zu sehen. Maestris Lebensgeschichte ist auf tragische Weise untrennbar mit diesem Berg verbunden. Es war der Berg seiner Träume, für den er alles zu geben bereit war.

Was damals geschah, weiß nur er allein. Sein Seilgefährte Toni Egger wurde beim Abstieg von einer Eislawine in den Tod gerissen, mit ihm die Kamera und die Gipfelfotos. Es gibt also keinen Beweis, dass die beiden wirklich oben waren, nur Maestris Behauptung. Die Geschichte, die er nach dem Tod seines Seilgefährten erzählte, klang zu unwahrscheinlich, um wahr zu sein. Alle Fakten sprachen gegen ihn, da lag es nahe, ihn der Lüge zu bezichtigen. Bis heute sind Anklagen und Vorwürfe nicht verstummt. War die »größte Leistung des Alpinismus« in Wahrheit der größte Betrug?

Cesare Maestri, im Jahr 1929 in Trient geboren, wusste sehr früh, was er werden wollte: Bergsteiger! Aber nicht irgendeiner, sondern der beste der Welt. Dafür trainierte er Kraft und Ausdauer. Im Winter schlief er auf dem Balkon – ein Detail, das mich belustigt und berührt, denn als Jugendliche versuchte ich mich auf die gleiche Weise abzuhärten. Mit einer Bergführerausbildung erwarb er sich praktische Kenntnisse, und in den Dolomiten kletterte er immer höhere Wände, immer schwierigere Routen – und immer öfter allein.

Der Alleingang war für Maestri die reinste und eleganteste Form des Bergsteigens. Er eignete sich eine artistische Klettertechnik an, die zu seiner Zeit niemand so vollkommen beherrschte wie er. Mit athletischer Sicherheit und spielerischer Gewandtheit bewegte er sich senkrechte Felswände hinauf. Im Alleingang durchstieg er eine schwierige Route nach der anderen, die kein Solo-Kletterer vor ihm gemeistert hatte. Bald wurde nicht nur die Bergsteigerszene auf ihn aufmerksam, sondern auch die Presse. Sie titelte: »*Il ragno delle Dolomiti*« – die Spinne der Dolomiten.

Terray und Magnone, die französischen Erstbesteiger des Fitz Roy hatten bei ihrer Rückkehr von einem Berg berichtet, der zu schwierig sei, um ihn besteigen zu können – der Cerro Torre. Ungeschützt stehe er vor dem Inlandeis, sei immer den Stürmen als Erster ausgeliefert. Ein Berg mit senkrechten Felswänden, von allen Seiten unnahbar, und wenn es tatsächlich schmale Absätze und Vorsprünge in diesen Turmmauern gebe, seien sie von Eis überzogen. Von der Schneekappe auf seinem Gipfel donnerten ständig Eis- und Schneelawinen herab, die jeden tollkühnen Kletterer in den Abgrund reißen würden. Ganz und gar unmöglich, ihn zu besteigen. So dachten damals die meisten Bergsteiger.

Diese Beschreibungen wirkten aber nicht etwa abschreckend auf Maestri, sie stachelten ihn erst recht an, auf den »unmöglichen Berg« zu klettern. Der Österreicher Toni Egger, der von diesem Plan erfuhr, bot sich als Seilpartner an. Bis dahin waren sie sich noch nie begegnet, und so fuhr Maestri nach Lienz, um Egger kennenzulernen. Unterschiedlicher konnten die beiden Männer nicht sein, aber sie waren sich vom ersten Moment an sympathisch. Maestri, kräftig, fast bullig, mit buschigen Brauen, die seinen Blick finster erscheinen ließen, umarmte freundschaftlich den kleinen, schmächtigen Egger, dessen Gesicht von seinen strahlenden, lebhaften Augen beherrscht wurde. So wie in ihrem Äußeren unterschieden sie sich auch in ihren Charakteren und ergänzten sich dabei auf ideale Weise. Dem spontanen, hitzigen, aufbrausenden, theatralischen Wesen Maestris, eines bekennenden Anarchisten und Atheisten, begegnete der tiefgläubige Egger ruhig, ausgleichend, überlegt. Was sie aber verband, das war die Begeisterung und Leidenschaft für die Berge.

Im Dezember des Jahre 1958 erreichte die kleine Expedition den Fuß des Cerro Torre. Mit von der Partie waren der in Argentinien lebende Italiener Cesarino Fava, der die Anreise organisiert hatte, und vier Studenten, Söhne italienischer Einwanderer, die beim Tragen und Einrichten der Lager helfen sollten.

Das patagonische Wechselwetter meinte es zunächst gut mit der siebenköpfigen Gruppe, es war mild, fast windstill. Sie packten sich 30 Kilogramm schwere Rucksäcke auf den Rücken, beluden die fünf Pferde der Estancia Madsen und schleppten so viel Kletterausrüstung, Nahrungsmittel und Brennstoff wie möglich in die Berge. Über Anhöhen und Hügelketten drangen sie immer weiter vor in das versteckte Hochtal, wo sich der Río Fitz Roy als Gletscherbach durch die Talebene windet. Beeindruckt betrachteten die Männer die Kathedralen aus Granit, die zerklüfteten Wände des Fitz Roy und die provozierende Nadel des Cerro Torre.

Das dritte Lager bauten sie direkt am Wandfuß, wo sie eine Höhle in den Schnee gruben. Nur sie bot dauerhaften Schutz vor den patagonischen Stürmen. Egger und Maestri präparierten das erste Teilstück der Wand mit Fixseilen, um das schwere Material, Karabiner, Eis- und Felshaken hinaufzuschaffen, das sie dann weiter oben in der Wand für ihre Stand- und Selbstsicherungen brauchen würden. In fünf Tagen hatten sie erst 300 Meter geschafft – da schlug das Wetter um. Der Wind heulte, es regnete, stürmte und schneite, ständig mussten sie den Höhleneingang freischaufeln. Tagelang dauerte das Unwetter an, schließlich wurden die Nahrungsvorräte knapp, und sie stiegen ab zur Estancia Madsen.

Nach einigen Tagen brach die Sonne hervor. Eine Gutwetterperiode kündigte sich an, die genutzt werden musste. Sie eilten bergauf, doch auf den Anblick, der sie dort erwartete, waren sie nicht gefasst. Der Torre war nicht wiederzuerkennen – er hatte sich in eine Eisnadel verwandelt. Von unten bis oben war der Berg in Weiß gehüllt, als wäre ein Verpackungskünstler am Werk gewesen.

Maestri wollte den Torre noch weiter mit Fixseilen ausstatten, um bei Gefahr schnell den Rückzug antreten zu können. Egger war dagegen, er wollte das günstige Wetter nutzen und schnell den Gipfel angehen. Als guter Eiskletterer wusste er, dass der meterdicke Eispanzer leichter zu bewältigen sein würde als der glatt polierte, senkrechte Fels.

Am 28. Januar 1959 begann ihr großes Abenteuer. Fava begleitete sie über die 300 Meter Fixseile hinaus bis zu einer Scharte zwischen dem Torre und seinem damals noch namenlosen Nachbargipfel, der später den Namen »Torre Egger« erhalten sollte. Die Scharte tauften sie auf Maestris Wunsch »Col de la Conquista«, Sattel der Eroberung.

Fava seilte sich dann allein ab. Er versprach, in der Eishöhle am Fuß des Torre zu warten.

Am nächsten Morgen versuchten die beiden Bergsteiger sich einen Überblick zu verschaffen. Viele Möglichkeiten hatten sie nicht, denn der Sattel, der Col de la Conquista, ist im Norden und Süden von senkrechten Wänden begrenzt, die fast völlig glatt sind. Egger schlug mit dem Pickel mehrmals tief ins Eis, um seine Stärke zu prüfen. Der Pickel saß fest. Dann stieß er die vorderen Zacken seiner Steigeisen hinein, stieg ein paar Meter hinauf und nickte dem Freund im Nachstieg aufmunternd zu.

Maestri, der noch nie anderen die Führung überlassen hatte, akzeptierte ganz selbstverständlich, dass der grazile Egger als Seilerster voranstieg, denn er war ein wahrer Meister im Eis. Akrobatisch kletterte er die senkrechten Wände mit absoluter Sicherheit empor. Auf der Suche nach den verfestigten, weniger steilen Stellen tänzelte er fast wie schwerelos in der Vertikalen hin und her. Zur Zwischensicherung setzte er Eishaken. Maestri folgte auf Seilzug und schleppte dabei die beiden schweren Rucksäcke mit der gesamten Ausrüstung.

Die Kletterei war extrem nervenaufreibend und gefährlich. Es gab nur noch den Berg und sie, den nächsten Meter, den nächsten Haken, die nächste Seillänge. Nach zwölf Stunden waren sie am Ende ihrer Kräfte und dennoch erst 300 Meter über dem Col de la Conquista. Auf einer Rippe pickelten sie sich einen Sitzplatz heraus, verankerten sich mit Haken. Dösend durchlitten sie eine zweite eiskalte Nacht in der Wand.

Am nächsten Tag, dem dritten, kletterten sie wieder zwölf Stunden, so lange reicht im Januar das Tageslicht. Der Höhenmesser meldete ihnen ein Tiefdruckgebiet. Schlechtes Wetter war im Anzug, viel schneller, als sie gedacht hatten. Eigentlich hätten sie sich abseilen müssen, doch rechneten sie damit, am nächsten Tag den Gipfel zu erreichen und wieder unten zu sein, bevor das Unwetter mit seiner ganzen brachialen Gewalt losbrach.

Am vierten Tag standen sie tatsächlich auf dem Gipfelplateau. Es war der 31. Januar 1959, kurz vor 16 Uhr. Sie zogen die Fahnen Argentiniens, Österreichs und Italiens auf, machten ein paar Fotos, vergruben eine Blechbüchse mit ihren Namen im Schnee. Alles sollte der immerwährende Wind wegblasen: Fußstapfen, Fahnen, Büchse. Nichts blieb, um ihren Sieg zu beweisen.

Sie waren am Ende ihrer Kräfte, zu erschöpft, um sich zu freuen. Der Sturm nahm von Minute zu Minute zu, tobte mit entfesselter Gewalt. Sie seilten sich ab, bis in die Dunkelheit herein, erreichten mit letzter Kraft den Platz ihres vorherigen Biwaks. In ihren Rucksäcken fanden sie nichts Essbares mehr. Im Dämmerzustand totaler Erschöpfung warteten sie frierend und hungrig auf den Morgen.

Als es endlich hell wurde, stellten sie voller Entsetzen fest – die Eiskruste war verschwunden, vom Wind weggefegt. Nun mussten sie die glatte Felswand hinunter. Das Abseilen war jetzt äußerst mühsam und kräftezehrend. Sie konnten keine Schrauben mehr ins Eis drehen, sondern mussten mit Hammer und Meißel Löcher für die Bohrhaken schlagen. Mehr als hundert Schläge braucht es, bis das zwei Zentimeter tiefe Loch in den Granit gemeißelt ist, in das dann der Haken hineingetrieben wird, dessen Schaft sich mit seinem quadratischen Querschnitt in dem Loch festbeißt. Der Sturm kühlte sie aus, saugte ihnen die letzte Kraft aus dem Körper, strapazierte ihre Nerven, dröhnte in ihren Ohren. Hagelschauer und Eisregen prasselten auf sie nieder.

In der Nacht hockten sie auf einer schmalen Leiste. Teekochen war unmöglich, ausgedörrt leckten sie Schmelzwasser vom Fels. Seit zwei Tagen hatten sie nichts mehr gegessen.

Sie überlebten die Nacht und seilten sich am nächsten Tag weiter ab. Aber längst waren sie zu abgestumpft, um noch viel zu fühlen. Gleichgültig, zermürbt vom tagelangen Ringen mit dem Berg, erreichten sie den Sattel, den Col de la Conquista, wo sie sich vor sechs Tagen von Fava verabschiedet hatten. Noch ein paar Seillängen, dann würden die Fixseile beginnen, doch die Dämmerung brach herein. Egger befürchtete, eine weitere Nacht in der Wand nicht zu überleben. Er überredete den Freund, ihn mit dem Seil weiter die Wand hinunter zu sichern. Kaum war er in der Senkrechten verschwunden, hörte Maestri ein unheimliches, dröhnendes Geräusch. Eine Lawine donnerte herab, wohl ein Teil der Eiskappe vom Gipfel. Eisblöcke prasselten auf Maestri herab, hart wurde er von ihnen getroffen, dennoch hielt er das Seil fest in den Händen, sicherte mit einem Klemmkarabiner.

Dann war es plötzlich still. Totenstill. Maestri blickte auf das Seil, es war nicht mehr straff gespannt. Egger war von der Lawine mitgerissen worden. Langsam holte er das Bergseil ein, an dem eben noch sein Freund gehangen hatte. Schließlich sah er das Seilende, zerfasert, zerrissen.

Als der Morgen dämmerte, kämpfte sich der Erschöpfte abwärts, erreichte die Fixseile. Bei den letzten Metern verließen ihn die Kräfte, er fiel, landete auf dem Gletscher im frischen, weichen Schnee. Zwar war er unverletzt, aber er blieb einfach liegen.

Wie jeden Tag war Cesarino Fava durch den tiefen Schnee zum Einstieg gestapft, hatte in die graue Ödnis hinaufgeblickt. Nichts. Keine Antwort auf sein Rufen. Seine Gefährten waren tot, denn sieben Tage in Sturm und Kälte ohne Schutz konnte kein Mensch überleben, so glaubte er. Verzweifelt ging er zur Eishöhle und packte seinen Rucksack, um mit der traurigen Nachricht ins Lager zwei abzusteigen. Ein letztes Mal blickte er sich um – und sah einen dunklen Fleck auf dem Gletscher, den er früher nicht bemerkt hatte. Ein Steinbrocken vom Torre? Doch schien es ihm, als würde er sich bewegen. Schnell kämpfte sich Fava durch den Schnee zum Gletscherkegel zurück und fand seinen Freund Cesare Maestri. Mit Pervitin, einem Notmedikament, das letzte Kraftreserven mobilisiert, brachte er den Verunglückten hinab.

Später hieß es, mit der damaligen, unzulänglichen Ausrüstung hätte man auf keinen Fall derart steile Eiswände erklettern können. Niemand wollte Maestri seinen Gipfelsieg glauben. Die andauernden Angriffe zermürbten ihn. Die Querelen mit der skeptischen Bergsteigergilde vergifteten sein Leben, bis er schließlich wünschte, der Torre möge zu Staub zerfallen, denn solange er in den Himmel ragte, könne er keinen Seelenfrieden finden.

Ich blicke hinunter auf den lapizlazuliblauen Gletschersee, in dem kleine Eisberge schwimmen, abgebrochen vom Torre-Gletscher, der mit seiner Stirn in den See ragt. In der Ferne schimmert der Lago Viedma wie ein silberner Schweif, umgeben von brauner Steppe, die langsam in bewaldete und grüne Berghänge übergeht, wo Gletscherbäche zu Tal stürzen. Und dort weiter im Westen erstreckt sich der weiße Ozean des Inlandeises. Es ist das Nebeneinander von Gegensätzen: von Eis und Wald, Gebirge und Steppe, Wasser und Wüste, die diese Landschaft zu etwas so Außerordentlichem machen.

Wie immer ragt der Cerro Torre in den Himmel, unberührt davon, wie viele Menschen an ihm litten, ihn bezwungen glaubten oder ihr Leben seinetwegen verloren haben. So deutlich wie nie zuvor wird mir bewusst, dass der Mensch hier immer ein Fremdling bleiben wird, ein Gast für ein paar Stunden oder einige wenige Tage.

Zwischen Himmel und Erde

Patagonien – der schönste Ort auf Erden, den man sich zum Leben aussuchen kann.

ANDREAS MADSEN

Mitternacht. Ich bin aufgewacht, weil es so still ist. Der Wind ist plötzlich erloschen. Kein düsenflugzeugartiges Rauschen mehr, keine knatternden Zeltplanen. Ich öffne den Reißverschluss und krieche nach draußen. Eine sternenklare Nacht. Wieder fällt mir auf, wie zahlreich die Sterne am südlichen Himmel leuchten. Einige Sternbilder sind nach Tieren benannt: Hase, Rabe, Kranich. Ich kenne aber nur das Kreuz des Südens, vier mittelhelle Sterne, die erst dann ein Kreuz darstellen, wenn man je zwei Sterne mit einer gedachten Linie verbindet. Ich war enttäuscht, als ich diese wenig auffällige Sternenkonstellation das erste Mal sah. In meiner Phantasie hatte ich mir ein funkelndes Diadem in Form eines Kreuzes vorstellt. Dann entdecke ich noch ein weiteres vertrautes Sternbild, den Orion mit seinem Sternengurt in der Mitte. Es sind nahe beieinanderstehende Sterne, wie eine Perlenkette. In heller Pracht spannt sich die Milchstraße über den Nachthimmel und flimmert mit ihren Abermillionen Sonnen. Im sanften Sternenlicht schimmern die wilden Felsnadeln geheimnisvoll. Ein Zauber liegt über der stillen Bergeinsamkeit, und ich kann mich an dem überirdisch schönen Bild nicht sattsehen. Meine Seele nimmt es auf, um es für immer zu bewahren. Und während ich so schaue, spüre ich, dass ich nicht allein bin. Niemand ist da, kein Mensch und kein Tier, und doch durchströmt mich die gleiche Wärme, wie bei einer Umarmung.

Am nächsten Morgen nehme ich Abschied von »meinem« Torre, voller Wehmut, die mich immer befällt, wenn mich etwas sehr tief berührt hat. Ob ich jemals wiederkommen werde? Dennoch, ich muss gehen, in diesen Bergen kann ich nicht bleiben. Sie sind nicht für uns Menschen gemacht.

Zögernd schultere ich den Rucksack; er ist erfreulich leicht geworden, denn bis auf eine Tafel Schokolade und ein paar Kekse habe ich alles aufgegessen. Als ich später eine Rast mache, nähert sich ein Reiter. Er zügelt sein Pferd und grüßt mich. Es ist mir gar nicht recht, als er sich aus dem Sattel schwingt und neben mir Platz nimmt. Ich will für mich sein, die starken Eindrücke der Bergwelt in mir nachklingen lassen.

Sein Name ist Martin, stellt er sich vor. Er arbeitet als *guarda parque,* ist also Parkwächter. Skeptisch frage ich ihn, ob ich vielleicht gegen eine der Parkregeln verstoßen habe?

Er lacht. »Nein! Keine Angst, ich wollte nur mal sehen, wer hier allein in den Bergen herumläuft. Die meisten sind doch in Gruppen oder wenigstens zu zweit.«

Ich weiß darauf nichts zu erwidern. Soll er doch denken, mein Spanisch reicht nicht für eine Unterhaltung, dann verschwindet er hoffentlich bald.

Tut er aber leider nicht. Er hockt neben mir und schweigt. Ich auch. Allmählich entspanne ich mich. Mit der Zeit empfinde ich seine Gegenwart sogar als angenehm. Irgendwann fängt er an zu erzählen. Martin ist auf einer Estancia aufgewachsen, die seine Eltern aber verkaufen mussten, noch bevor er alt genug war, sie zu übernehmen. Wieder das alte Lied von gefallenen Wolle- und Fleischpreisen auf dem Weltmarkt.

»Meine Eltern hätten nie aufgegeben, aber dann brach die Katastrophe über uns herein«, berichtet Martin mit lakonischen Worten, hinter denen die Dramatik jedoch spürbar ist. »Es gab Anzeichen, die uns hätten warnen sollen. Wir spürten, dass sich etwas Ungewöhnliches zusammenbraute, aber das ganze Ausmaß des Verhängnisses konnten wir nicht ahnen.« Martin blickt in die Ferne, schweigt lange, als wolle er die Vergangenheit beschwören, dann fährt er fort: »Der Sommer war unerträglich heiß gewesen und feucht. Es gab so viele Mücken wie nie zuvor, in dunklen Wolken fielen sie über ihre Opfer her. Dann waren sie auf einen Schlag verschwunden. Die Calafatebüsche trugen übermäßig viele Beeren, den Tieren wuchs ein dichtes Fell – alles wies auf einen strengen Winter hin. Meine Eltern deuteten die Vorzeichen richtig, aber sie hatten nicht damit gerechnet, dass er so früh einsetzen würde, schon im April, da war eigentlich erst Herbst. Die Schafe waren auf den Bergweiden, es war noch nicht die Zeit, sie auf tiefer gelegene Weiden zu treiben. So wurden sie dort oben vom Schneesturm überrascht. Der Sturm wütete tagelang. Die Herde drängte sich instinktiv zusammen, wie immer bei großer Gefahr. Dicht bei dicht standen die Tiere. Der Schnee, der auf sie fiel, schmolz durch die Körperwärme, sie wurden immer schwächer und ihre Körper kühlten aus. Schließlich gefror das Wasser des geschmolzenen Schnees zwischen ihren Fellen zu Eis. Und so fanden wir sie: aneinandergefroren, alle tot. Ich war damals zwölf, aber den Anblick werde ich mein Leben lang nicht vergessen. Auf schreckliche Weise hat er sich mir ins Gedächtnis gebrannt. Meine Eltern mussten ihre Estancia aufgeben. Andere, wie unser Nachbar Andreas Madsen, hielten durch und machten irgendwie weiter.«

»Andreas Madsen – nach ihm ist doch der Zeltplatz in El Chaltén benannt. Kennen Sie ihn?«

»Ja, natürlich. Leider lebt er nicht mehr, er ist mit dreiundachtzig Jahren in San Carlos de Bariloche gestorben. Dort hatte er sich die letzten zwei Jahre bei seinen Kindern aufgehalten. Aber Sie können sein Grab hier besuchen. Wir alle haben Don Andreas sehr verehrt, er war un *hombre bueno*. Deshalb hat die Parkverwaltung seine Gebeine umgebettet und im Familiengrab bestattet, wo auch seine Frau liegt und zwei seiner früh verstorbenen Söhne. Auch die Farm von Andreas Madsen können Sie besuchen, im Moment ist sie unbewohnt.«

»Gute Idee, das mache ich, denn ich habe noch einen Tag frei, bis ich nach El Calafate muss.«

»*Hasta pronto!* Wir sehen uns noch!«, ruft Martin mir hinterher.

Am Eingang zum Gehöft stehen zwei mächtige Südbuchen. Hinter dem vom Wetter verblichenen Holzgatter führt ein von Bäumen beschatteter Weg zum Haus, einem einfachen Flachbau, zu den Stallungen und Wirtschaftsgebäuden. Der kleine Garten ist verwildert, und das Windrad pumpt kein Wasser mehr. Der Wind spielt mit einer Tür – auf, zu, auf, zu – in regelmäßigem Rhythmus, als würde sie die Zeit messen. An der Süd- und Westseite recken sich Pappeln in die Höhe, deren Spitzen von den Stürmen zerrissen sind.

Es ist die Estancia Fitz Roy von Andreas Madsen, durch die ich schlendere. Sie liegt zwischen Hügeln eingebettet, mit Blick auf das weite Tal des Río de las Vueltas und das Felsmassiv des Fitz Roy.

»Der schönste Ort auf der Welt, den ein Mensch sich zum Leben aussuchen kann«, schreibt Andreas Madsen in seinem Buch »La patagonia vieja«, das ich im Buchladen von El Chaltén gekauft habe. Eine erstaunliche Behauptung, trotz der langen, kalten und dunklen Wintermonate, trotz aller Entbehrung und Mühsal. Madsen war ein Pionier der Anfangsjahre. Sein Leben und seine Persönlichkeit waren typisch für die Menschen, die damals Not, Mangel und Leid auf sich nahmen, um diesen fernen Süden zu besiedeln.

Geboren wurde Madsen 1881 in Dänemark an der Küste Jütlands in einer ärmlichen Hütte mit Strohdach. Seine Eltern konnten die wachsende Kinderschar nicht mehr ernähren und verschacherten den Neunjährigen als Arbeitssklaven an einen Bauern. Mit 15 Jahren gelang ihm die Flucht, und ohne seine Eltern noch einmal zu sehen, heuerte er auf einem Schiff an. Auf dem Meer hoffte er, die erträumte

Freiheit zu finden. Was ihn aber erwartete, waren neue Ausbeutung, Schufterei und Schikanen, die er als Jüngster von den Seeleuten erdulden musste. Bei der ersten sich bietenden Gelegenheit verließ er das Schiff, das war in Buenos Aires. Argentinien galt zu der Zeit als Land der Verheißung, während in Europa durch die industrielle Revolution vielerorts Hunger und Elend herrschten. Das machte sich die argentinische Regierung zunutze und warb mit lockenden Versprechungen. Sie wollte das Land besiedeln, das fast menschenleer war, nachdem man es von der indianischen Bevölkerung »gesäubert« hatte.

Als Madsen das Gebiet um den Fitz Roy und den Cerro Torre zum ersten Mal sah, war er ergriffen von der scheinbar grenzenlosen Weite dieser großartigen Landschaft und einer Erde, die noch niemandem gehörte. Hier wollte er bleiben und seine Träume vom freien, selbstbestimmten Leben verwirklichen.

Einige Jahre arbeitete er auf verschiedenen Estancias, deren Eigentümer meist Engländer, Skandinavier oder Deutsche waren. Arbeit gab es im Übermaß von früh bis spät, und sie war hart. Einmal im Jahr fuhr er mit einem Ochsengespann den beschwerlichen Weg zur Küste, um Wolle, Nandu-Federn und Felle zu verkaufen und notwendige Dinge für das abgeschiedene Leben im Landesinneren zu erwerben. Durch seinen Arbeitseifer, seine Intelligenz und Ehrlichkeit erwarb sich Madsen bei seinen Arbeitgebern Ansehen, sodass sie ihm bald vertrauten und ihn als Verwalter einsetzten. So lernte der junge Däne, wie eine Farm geführt werden muss, und als er genügend Geld beisammenhatte, kaufte er sich eine Estancia am Fitz Roy, in der Gegend, in die er sich damals verliebt hatte.

Er pflanzte Obstbäume, baute Gemüse und Getreide an, hielt Schafe, Pferde, Rinder, jagte und fischte – und dann reiste er nach Dänemark! 14 Jahre war er fern der Heimat gewesen. Als Zehnjähriger hatte er sich in die sieben Jahre alte Fanny verliebt. Die beiden

Kinder hatten sich die Treue versprochen, ein Leben lang. Andreas hatte Fanny nicht vergessen. Und Fanny? Inzwischen war sie eine junge Frau, doch auch sie hatte das Versprechen ernst genommen und die ganzen Jahre auf ihren Liebsten gewartet.

Sie heirateten, Fanny folgte ihrem Mann nach Patagonien, schenkte ihm vier Kinder, nach drei Buben zuletzt die ersehnte Tochter, und ertrug das Leben in der Einsamkeit heiter und mutig.

Ein Geräusch lässt mich zusammenfahren, und ich höre eine bekannte Stimme: »*Hola, que tal?* Gefällt dir die Estancia Fitz Roy?« Es ist Martin, und er bringt Muchacho mit, einen braunen Wallach.

»Er ist für dich! Nachdem du mir erzählt hast, wie du auf den wilden mongolischen Pferden durch die Mongolei geritten bist, denke ich, ihr werdet gut miteinander auskommen.«

»Martin, das ist nett von dir, aber ich muss heute abfahren.«

Erst jetzt fällt mir auf, dass wir uns auf einmal duzen, als wäre seit dem letzten Treffen unsere Vertrautheit gewachsen.

»Na, komm schon! Muchacho freut sich riesig auf den Ritt. Du kannst ihn doch nicht enttäuschen.«

Er lächelt siegesgewiss. Sein wettergebräuntes Gesicht strahlt, seine Lachfalten vertiefen sich, und seine dunklen Augen funkeln fröhlich.

»Dann muss ich bei der Autoverleihfirma anrufen und fragen, ob ich verlängern kann.«

Bevor ich mich auf Muchachos Rücken schwinge, versuche ich, mich mit ihm bekannt zu machen, sein Vertrauen zu gewinnen. Er schnaubt, wirkt nervös. Vor Pferden habe ich mehr Respekt als vor jedem anderen Tier. Mit ihrem panischen Fluchtverhalten sind sie mir suspekt, da ziehe ich Kamele und Esel bei Weitem vor. Mit ihnen kann ich mich identifizieren, sogar nachempfinden, was sie stört und was sie mögen, sodass sich zwischen Tier und Mensch eine

Beziehung aufbaut. Mit Pferden ist mir das nur einmal gelungen, bei meinem mongolischen Pferd Zimtzucker.

Wenn Martin nicht dabei wäre, würde ich niemals wagen, den mir unbekannten Wallach zu reiten. Da ich mich vor ihm aber nicht blamieren will, nehme ich allen Mut zusammen. Das Aufsteigen klappt problemlos. Muchacho bleibt ruhig, duldet mich auf sich. Ich rede ihm gut zu, und wir reiten los, zuerst im Schritt, dann im schnellen Trab, bis wir den Ortseingang von El Chaltén erreichen. Es ist normal, hoch zu Ross den Ort zu durchqueren, kaum einer wundert sich. Ich habe das Gefühl, eine Wildwest-Filmszene zu erleben.

Den Autoverleiher zu benachrichtigen erweist sich schwieriger als gedacht, denn eine Telefonverbindung existiert nicht. Martin versucht, per Funk die Parkverwaltung in El Calafate zu erreichen, es klappt nicht. Schließlich funkt er die dortige Polizeistation an und bittet, jemanden mit der Nachricht zu José, dem Autoverleiher, zu schicken. Es gelingt mir, den Vertrag zu verlängern, aber nur um einen einzigen Tag. Die Prozedur hat Stunden gedauert, das Wetter hat sich auf typisch patagonische Weise verschlechtert. Doch so schnell wollen wir auf unseren Ausritt nicht verzichten. Tapfer reiten wir los, kommen wieder an Madsens Estancia vorbei.

»Mein Freund Alejandro versucht, die Farm vor dem Verfall zu bewahren. Er plant hier ein Museum, im Gedenken an Don Andreas und die Pionierzeit«, erfahre ich von Martin.

Wir kommen nicht weit, das Unwetter macht es uns und den Pferden unmöglich weiterzureiten. Wir flüchten uns in Martins Unterkunft, ein einfaches Holzhaus, in dem er allein zu wohnen scheint. Die nasse Kleidung drapieren wir um den Kamin, den Martin kräftig anheizt, dann bereitet er uns in seiner erstaunlich gut eingerichteten Küche eine warme Mahlzeit. In seinem Wohnzimmer fallen mir die vielen Bücher auf, die in den Regalen, auf Tischen, Stühlen, Hockern und entlang der Wände zu Türmen gestapelt sind.

»Martin, was machst du nur mit all den Büchern?«

»Na, was schon, lesen natürlich!«

»Dafür reicht ja ein ganzes Leben nicht.«

»Meins schon! Hier schau, das ist ein Buch über unsere Criollo-Pferde.«

»Criollo-Pferde?«

»Das ist die berühmte Pferderasse Argentiniens. Weißt du das nicht? Muchacho und mein Chico sind Criollos. Du weißt doch, die spanischen Eroberer brachten auf ihren Schiffen auch Pferde über den Ozean. Einige dieser Tiere entliefen, verwilderten und wurden von der Natur einer erbarmungslosen Auslese unterworfen. In vier Jahrhunderten passten sie sich der Umwelt in der Pampa an, überlebten Dürre und Kälte. Ihre Körper wurden kleiner und kompakter, zäher und widerstandsfähiger, und ihre Hufe sind hart wie Eisen. Diese Wildlinge sind die Stammeltern unserer Criollos. Die Indianer, die damals in Argentinien noch lebten, die Tehuelche und Mapuche, fingen einige dieser wilden Pferde, zähmten und züchteten sie. Dass unsere Criollos aber bekannt und sogar berühmt wurden, verdanken sie zwei Weißen, dem Tiermediziner Emilio Solanet und dem Schweizer Aimé Felix Tschiffely.«

»Wieso?«

»Solanet war ein leidenschaftlicher Pferdenarr. Von den Tehuelche kaufte er Pferde und züchtete sie nach wissenschaftlichen Grundsätzen und führte ein Zuchtbuch. Zugleich veröffentlichte er Aufsätze über seine Zuchterfolge in Zeitschriften. So erfuhr der Schweizer von dieser ungewöhnlichen Rasse. Er hatte es sich in den Kopf gesetzt, von Buenos Aires nach Washington zu reiten. Niemand hielt diese Idee für realisierbar, auch Solanet nicht.«

»Warum nicht, wenn er doch so begeistert von den Criollos war?«

»Pferde sind nur für den kurzen Einsatz geeignet, lange Strecken können sie nicht durchhalten, so die allgemeine Meinung. Nicht ohne Grund wurden Postkutschenpferde an jeder Station gegen frische Tiere ausgetauscht. Doch der schweizerische Abenteurer ließ sich nicht entmutigen. Schließlich überließ Solanet ihm seine zwei ältesten Pferde, Mancha und Gato, fünfzehn und sechzehn Jahre alt. Der skeptische Tiermediziner wollte keine jungen Pferde aus seiner Zucht aufs Spiel setzen; ohnehin war er überzeugt, der verrückte Tschiffely würde nicht einmal bis zur Grenze Argentiniens durchhalten.«

»Und, schaffte er es, trotz der Unkenrufe?«

»Am 23. April 1925 startete er in Buenos Aires zum großen Ritt nach Washington. Keiner der Zweifler behielt recht. Alle hatten sich getäuscht.«

»Die Pferde haben nicht schlappgemacht? Wie weit ist es denn von Buenos Aires bis Washington?«

»Mancha und Gato hielten sich tapfer. Allerdings dauerte der Ritt, auf dem sie 16 000 Kilometer zurücklegten, dreieinhalb Jahre. Sie durchquerten vierzehn Länder, natürlich nicht in gerader Linie, da war mancher Umweg nötig.«

»Und wie war die Ankunft in Amerika?«

»Ein Triumphzug! Der Ruhm war ihnen vorausgeeilt. In New York wurde die Fifth Avenue gesperrt, und der amerikanische Präsident Coolidge empfing Tschiffely im Weißen Haus in Washington. Der Schweizer und seine beiden Wunderpferde waren auf einen Schlag weltweit bekannt, immerhin hatten sie drei Weltrekorde aufgestellt: den längsten Wanderritt, die Durchquerung aller Klimazonen und die Überschreitung der höchsten Erhebung, des 5 900 Meter hohen Kondorpasses in Bolivien. Eine unglaubliche Leistung, die unsere Criollo-Pferde da vollbracht haben.«

Unsere Hoffnung auf Wetterbesserung erfüllt sich nicht, im Gegenteil. Regen stürzt sintflutartig herab, trommelt gegen die Fenster-

Urwald am Lago Fagnano auf Feuerland.

Gaucho mit frisch geschlachteten Schafen auf dem Heimweg.

Unterkunft in der Wildnis.

Balanceakt über den Rio San Pablo.

Austernfischer an Feuerlands Küste.

Rio Grande – Pionierstadt auf Feuerland.

Lupinen vor einer verlassenen Estancia.

Anflug auf Ushuaia am Ende der Welt.

Ausgedient – Eisenbahnbrücke in Patagonien.

Frei grasende Pferde bei der Estancia Nibepo Aike.

Von Wind und Sonne gebleichtes Skelett eines Guanako.

Besucher aus der Antarktis – Königspinguin.

Am Ende der Reise – der Lago Nahuel Huapi.

scheiben. Martin ist bemüht, sich seine Enttäuschung wegen des verpassten Ritts nicht anmerken zu lassen, er stochert in der Glut, dass die Funken stieben, legt Holz nach. Am Abend grillen wir. Er holt aus dem Keller eine Flasche Wein, dunkelrot schimmert er im Glas. Das Kaminfeuer knistert, der aromatische Duft brennenden Holzes erfüllt den Raum, flackernder Lichtschein tanzt über Martins Gesicht. Genüsslich nippe ich am Wein, lehne mich im Sessel zurück, bin ganz zufrieden mit diesem Abschluss meiner Abenteuer in El Chaltén. Überreich fühle ich mich beschenkt mit den Erlebnissen in dieser wilden Bergwelt, und nun genieße ich die Gespräche mit Martin, der mich immer wieder mit seinen Kenntnissen und seiner Belesenheit überrascht.

Gern würde ich mehr über sein Leben wissen. Er erzählt viel aus seiner Kindheit auf der Farm der Eltern und seiner Arbeit als Parkwächter, die ihm sehr am Herzen liegt. Aber einen wichtigen Teil spart er aus, sein Privatleben. Ich wundere mich, dass dieser attraktive, liebenswürdige, warmherzige Mann keine eigene Familie hat, anscheinend nicht einmal eine Freundin, vermeide es aber, nach dem Grund zu forschen. Uns bleiben nur wenige Stunden, morgen schon werde ich weg sein. Wir fühlen uns stark zueinander hingezogen, bemühen uns aber mit aller Kraft, die Balance zu halten, den Bereich der Freundschaft nicht zu verlassen.

Wie immer erwache ich sehr früh. Gestern Abend war es spät geworden, Martin schläft noch. Leise kleide ich mich an, packe meine Sachen und schreibe ihm auf einen Zettel einen Gruß. Ich will nicht warten, bis er aufwacht, bin sogar erleichtert, das Haus unbemerkt verlassen zu können.

Abschiede fielen mir schon immer schwer. Wenn irgend möglich, versuche ich sie zu vermeiden. Von niemanden, weder von Angehörigen noch von Freunden, lasse ich mich gern zum Flughafen oder zur Bahn begleiten. Quälend lang die Zeremonien, die Umarmungen und guten Wünsche, diese immer gleichen Sätze, die man meint sagen zu müssen.

Einmal zur Abreise entschlossen, habe ich den Abschied innerlich bereits vollzogen, mich von nahestehenden Menschen abgenabelt, die Verbindungsleinen gekappt. Mein Blick ist nach vorn gerichtet, und mein Sinnen strebt vorwärts, dem Horizont entgegen.

Ganz anders die Rückkehr. Dann bin ich dankbar, wenn jemand da ist, der mich willkommen heißt, mich auffängt, der mir die Tür öffnet und auf mich gewartet hat.

Die große Leere

Ich habe die Prärien von Minnesota und Dakota durchquert… Ich bin auch durch die Steppen Russlands gereist, aber noch nie habe ich ein solches, absolut flaches Land gesehen wie die Pampa in Argentinien. Der Horizont unbegrenzt wie der Ozean.

W. J. HOLLAND

Das gleichmäßige, tiefe Brummen des Dieselmotors übertönt die Tangomusik aus dem Kassettenrekorder. Wir rollen durch eine braune Öde aus Sand und Kies, durchsetzt von Dornenbüschen und Disteln. Wie leer dieses Land ist! Keine Stadt, kein Dorf, kein Gehöft, nur die dramatische Unermesslichkeit der Pampa weit und breit.

Vor uns öffnet sich das Nichts. Wir fahren nach Norden entlang der Atlantikküste auf einer schier endlosen Straße dem Horizont entgegen. Immer geradeaus, keine Kurven, keine Kreuzungen, keine Abzweigungen. Seit Stunden das gleiche Bild, monoton und einschläfernd.

Deswegen hat Maurice mich gern mitgenommen, *contra la tranquilidad,* wie er sagte, gegen die große Stille. Maurice ist ein Freund von Don Carlos, bei dem ich nach meinem El-Chaltén-Aufenthalt zum dritten Mal in einem der nach Lavendel duftenden Holzhäuschen Quartier genommen hatte. Als ich Don Carlos von meinem nächsten Reiseziel, den versteinerten Wäldern, erzählte, hat er mich an seinen Freund vermittelt. Maurice ist ein Transportunternehmer, dessen Fahrer erkrankt ist, weswegen er nun selbst den Lkw nach Comodoro Rivadavia steuern muss. Eine Fahrt, für die er zwölf bis 15 Stunden veranschlagte, wenn alles gut geht, also kein Reifen platzt oder andere Unwägbarkeiten passieren.

Maurice hat sein Bestes getan, damit wir auf der Fahrt vom Unglück verschont bleiben. Er hat unser Schicksal in die Hände einer Heiligen gelegt, der Difunta Correa.

»Kein Fernfahrer versäumt es, seine Gebete an sie zu richten und ihr Wasser zu bringen«, behauptet Maurice.

»Wasser? Warum das?«

»Weil sie verdurstet ist.«

»Wer?«

»Na, die Difunta!«

Es ist nicht leicht, dem wortkargen Trucker die Geschichte zu entlocken. Es kostet mich unermüdliches Fragen, viel Geduld und Phantasie, die Bruchstücke zu verbinden und die Leerstellen zu füllen, aber wir haben ja viel Zeit auf der Fahrt nach Norden. Jedoch erst als ich vor dem Schrein stehe, kann ich mir alles zusammenreimen.

Mit quietschenden Bremsen hält Maurice plötzlich an, greift nach einer Wasserflasche und steigt aus. Er winkt mir, das Gleiche zu tun.

»Venga!«, ruft er, als ich zögere.

Folgsam gehe ich hinter ihm den aufgeschütteten Abhang neben der Straße hinauf. Oben steht eine Art Hundehüttchen aus grob zusammengenagelten Brettern, innen eine Figur aus bunt bemaltem Gips. Sie stellt eine auf dem Rücken liegende Frau dar. Ihre Bluse ist geöffnet, und ein Baby saugt an ihrer Brust. Ohne Zweifel eine kitschige Darstellung, dennoch strahlt sie etwas rührend Kindliches aus. Neben der Figur stapeln sich Wasserflaschen. Vor dem Hüttchen noch mehr Flaschen, ordentlich zu Türmen und Pyramiden geschichtet.

»Das ist sie, unsere geliebte Schutzpatronin«, sagt Mauricio, und seine Stimme bebt leicht vor Ergriffenheit. »So haben Gauchos sie gefunden. Tot lag sie auf der Erde, verdurstet, der Säugling an ihrer Brust aber lebte. Sie hat ihr Kind gestillt, obwohl sie gestorben war. Im Tode noch hat sie ihren Sohn gerettet.«

Difunta bedeutet die »Erloschene«. Diesen Namen hat sie erst als Heilige erhalten. Eigentlich hieß die junge Frau Deolinda, war glücklich verheiratet und hatte gerade ihr erstes Kind geboren. Da kamen Soldaten in ihr Dorf – es war im Jahr 1841, die Zeit des Bürgerkriegs. Die Südamerikaner kämpften um die Unabhängigkeit von Spanien. Ihr Mann wurde von der Feldarbeit weg zum Militärdienst gezwungen, musste mit der Truppe mitmarschieren. Deolinda geriet in Panik, ein Leben ohne ihren Mann konnte sie sich nicht vorstellen. Sie nahm das Baby und rannte dem Bataillon hinterher, wollte sich dem Kommandeur zu Füßen werfen, ihn darum bitten, ihren Mann freizugeben. Wenn sie ihm das Neugeborene entgegenstreckte, würde er doch Mitleid haben und ihre Not einsehen. Aber sie konnte den Männern nicht so rasch folgen, blieb immer weiter zurück. Der Weg führte durch eine steinige Wüste, Durst begann sie zu quälen. Ohne Proviant, ohne Wasser war sie davongeeilt. Sie wankte vorwärts, solange ihre Füße sie trugen, dann sank sie erschöpft zu Boden und starb. Für die Gauchos, die sie fanden, war es ein Wunder, dass das Kind noch lebte. Sie errichteten einen kleinen Altar in Vallecita, einem Tal bei San Juan.

Die Bevölkerung der Umgebung bewundert und verehrt die opfermutige Mutter, die ihr Kind noch im Tode stillte, und beten zu ihr, wenn sie Hilfe brauchen. Und wirklich, Difunta Correa erhört die Bittenden. Einmal verhalf sie einem Hirten zu seinen Rindern, die bei einem Gewitter geflüchtet waren, und die Tiere eines Bauern wurden von der Rinderpest verschont, obwohl sie mit kranken Tieren in Kontakt gekommen waren. Die Wundertaten verbreiteten sich schnell über die Provinz hinaus, und Difunta wurde bald zu einer Heiligen der Straßen. Überall im Land, von der bolivianischen Grenze bis nach Feuerland, sind die Straßenränder von Altären gesäumt, in denen Wasserflaschen gestapelt sind. Denn umsonst tut die Heilige nichts, man muss ihr schon etwas mitbringen. Am besten das, was ihr zu Lebzeiten am meisten fehlte: Wasser. Einmal im Jahr wird von ihren treuesten Verehrern, den Lastwagenfahrern, am Wallfahrtsort bei San Juan, der 1100 Kilometer westlich von Buenos Aires liegt, ein großes Fest veranstaltet. Bei der »Fiesta Nacional del Camionero« gedenkt man der bewunderten Volksheiligen. Die katholische Kirche allerdings verweigert der Difunta Correa ihren Segen. Die Argentinier lassen sich davon nicht beirren und glauben felsenfest an ihre Wunderkraft. Wie kaum eine andere Gestalt rührt diese in der Wüste verdurstete Mutter das Herz der Menschen. Weihnachten und Ostern strömen besonders viele Gläubige – 200 000 an einem einzigen Festtag hat man schon gezählt – zur Gedenkstätte nach Vallecita, wo man in 17 Kapellen ihrer gedenken, zu ihr beten und ihre Hilfe erbitten kann. »Gib, dass wir die Hypothek abbezahlen können«, oder: »Bitte, heile mich vom Haarausfall« und andere mehr oder weniger ausgefallene Bitten stehen auf Tafeln in den Kapellen. Dort häufen sich die Devotionalien, diesmal nicht nur Wasserflaschen, sondern alles, was sich die Menschen wünschen oder wofür sie sich bedanken wollen, von Brautkleidern bis zu Boxhandschuhen und Schulheften. Am häufigsten aber sind es die Kennzeichen von Autos, deren Insassen einen Unfall gerade noch einmal glücklich überlebt haben, was sie selbstverständlich der Fürsprache der Heiligen verdanken.

Die Difunta scheint auch uns wohlgesinnt. Ohne Panne rollen wir Stunde um Stunde dahin. Die Nacht bricht herein, und der Mond erhellt die Landschaft. Der Verkehr nimmt merklich ab, und bald sind wir nur noch allein auf der einsamen Straße.

Maurice bleibt wortkarg, antwortet sparsam auf meine Fragen. Das erinnert mich an Ruben, mit dem ich durch Feuerland geritten bin. Beide sind nicht unfreundlich, haben es aber anscheinend nie gelernt, Gespräche zu führen, zu plaudern, über sich und die Welt zu reden. Um meiner Aufgabe gerecht zu werden, Maurice am Einschlafen während der monotonen Fahrt zu hindern, erzähle ich ihm von meinen Erlebnissen unterwegs, dem Ritt durch Moore und Gebirge, dem Königspinguin, der eines Tages plötzlich neben meinem Zelt stand, den Papageien, Bibern, Füchsen und Eulen, dem Kondor, der so nah über meinem Kopf segelte, dass ich den Wind hörte, der durch seine Federn strich, und den Glanz in seinen Augen sah, den Urwäldern am Lago Fagnano, um deren Erhalt eine mutige Frau kämpft.

Da beugt sich Maurice vor und stellt den Kassettenrekorder lauter.

»Tango vertreibt die Müdigkeit«, sagt er.

Na, da haben ihn wohl meine Naturerlebnisse gelangweilt, denke ich. Macht nichts, eigentlich erzähle ich gar nicht so gern. Daran muss es wohl gelegen haben. Vielleicht hat er gespürt, dass ich nur aus Pflichtgefühl rede, und wollte mir die Peinlichkeit ersparen. Ich bin erleichtert. Viel lieber hänge ich meinen Gedanken nach, lasse wie einen Film meine bisherige Reise vor meinem inneren Auge ablaufen. Bin wieder am Gletscher Perito Moreno und der Estancia Nibepo Aike. Erinnere mich an die mutige Pionierfamilie und lausche dem alten Eugenio, wie er vom Landarbeiteraufstand und dessen blutiger Niederwerfung berichtet.

Als ich in Gedanken durch die Bergwelt am Fitz Roy und dem Cerro Torre wandere, taucht Martin auf. Bisher habe ich den Gedanken an ihn erfolgreich vermieden. Wie mag er sich gefühlt haben beim Aufwachen, als er bemerkte, dass ich weg war? Einfach fort, ohne mich zu verabschieden! Versteht er, warum ich so gehandelt habe? Auf einem Zettel habe ich ihm meine Adresse in Deutschland notiert. Ob er sich melden wird? Schon jetzt wünsche ich mir, er würde schreiben, ich solle zurückkommen, und wenn es nur wäre, um den verpassten Ritt nachzuholen.

Wie hell der Mond leuchtet! Es muss Vollmond sein, aber aus der Kabine heraus kann ich ihn nicht sehen. Plötzlich bremst Maurice ab und lässt den Laster am Straßenrand ausrollen.

»Hier ist ein breiter Randstreifen, wo wir parken können. Ich muss schlafen.«

Von einem Vorhang verdeckt, befindet sich hinter den Sitzen im Fahrerhaus ein schmales Bett für eine Person. Und so baue ich mein Zelt neben der Straße auf. Der Mond strahlt tatsächlich rund und voll.

Es ist noch nicht Tag, als Maurice auf die Hupe drückt. Der durchdringende Ton reißt mich gewaltsam aus dem Schlaf. Vom Lärm betäubt, wanke ich aus dem Zelt, packe wie in Trance zusammen. Maurice sitzt schon hinter dem Steuer und wartet ungeduldig. Unausgeschlafen und ungewaschen hocke ich mich auf meinen Sitz. Mir geht es nicht besonders gut.

Maurice reicht mir seine Thermoskanne. Der Kaffee darin ist kalt. Als ich einen Schluck nehme, um den schalen Geschmack im Mund wegzuspülen, merke ich, dass es ein Fehler war. Kalter Kaffee auf nüchternen Magen – mir wird speiübel.

Maurice stellt den Recorder an. Tangomusik erfüllt die Kabine. Allmählich erhole ich mich, und als der neue Tag beginnt, bin ich wieder fit. Rosa Wolken schweben am blauen Himmel, und der Horizont gehört uns, denn die Straße zielt schnurgerade auf diese Linie zwischen Himmel und Erde zu.

»Was ist das Besondere an Patagonien?«, frage ich Maurice. »Dieser ganze Mythos, der in so vielen Reiseberichten beschworen wird. Ist es nur der Wunsch nach einem Traumland, an das Menschen ihre Sehnsüchte knüpfen können?«

»Dazu kann ich nichts sagen. Wahrscheinlich haben das alles nur die Schreiberlinge erfunden, solche wie du. Wir, die wir hier geboren sind, für uns ist Patagonien Heimat. Ich liebe dieses Land, woanders könnte ich gar nicht leben.«

»Und der Wind? Gewöhnt man sich daran?«

Maurice lacht: »Nein, niemals! Seit ich denken kann, habe ich ihn an jedem einzelnen Tag verflucht.«

»So schlimm?«

»Er reißt dir den Hut vom Kopf, nimmt dir den Atem und treibt dir den Sand in die Augen. Soll man da nicht fluchen? Am ärgerlichsten aber ist, dass er dir die Gedanken aus dem Gehirn weht. Ganz leer wird man innerlich, zermürbt und müde.«

Könnte das nicht ein Grund sein, warum die meisten Menschen in Patagonien so wortkarg sind? Das wird es sein, der Wind ist schuld! Wer kann schon viel denken, wenn er seine ganze Kraft braucht, sich gegen ihn zu stemmen?

Die Straße führt nun dicht an der Küste entlang, und bald künden Ölfördertürme die Stadt Comodoro Rivadavia an. Die Förderanlagen erheben sich auf flachen Hügeln, zudem verunstalten Öltanks und Industrieanlagen die Gegend. Überall sieht man Pumpen arbeiten, über die steinige Erde läuft ein Gewirr von Rohren, und die Flanken der Hügel sind von Baggern aufgerissen.

Comodoro Rivadavia wurde 1901 gegründet. Zunächst war der Ort nichts weiter als eine armselige Ansammlung von Hütten und Lagerhäusern. Nur während der Schafschur belebten zahlreiche Saisonarbeiter die trostlose Szenerie. Als Hafenort jedoch war Comodoro Rivadavia schon damals ein bedeutender Umschlagplatz für Wolle und andere landwirtschaftliche Produkte. Doch blitzartig und unerwartet brach der Wohlstand über die Stadt herein. Auf der Suche nach Wasser stieß man bei den Bohrungen auf Erdöl. Die Stadt konnte sich einen neuen, größeren und moderneren Hafen leisten, dazu einen Flugplatz und geteerte Straßen. Textilfabriken entstanden und Fischereibetriebe. Der Reichtum sprach sich schnell herum, Neusiedler strömten herbei, und die Stadt wuchs zu einer der größten Städte in Patagonien heran. Häuser mit Flachdächern und Hochhäuser vermischen sich willkürlich und bilden ein unruhiges Stadtbild.

Im Jahr 1903 landeten Flüchtlinge aus Südafrika an der Küste, Überlebende des Burenkrieges. Trotz tapferen Widerstands waren die Buren der Waffengewalt der Engländer letztendlich unterlegen. Viele Gefangene verhungerten in englischen Konzentrationslagern, vor allem Frauen und Kinder. Auf der Suche nach Sicherheit und neuem Lebensraum kamen die Flüchtlinge unter der Führung von Conrad Vissen und Martin Venter nach Comodoro Rivadavia; ihre Nachfahren sollen noch heute in dieser Region leben. Immer wieder erstaunt es mich, wie verzweigt und verworren Wanderbewegungen sein können und dass Menschen sich mit verzweifeltem Mut ins Ungewisse wagen.

Maurice setzt mich an der Hospedaje Rúa Marina in der Straße Belgrano ab und verabschiedet sich von mir mit einem festen Händedruck. Von einer Bezahlung fürs Mitnehmen will er absolut nichts hören.

Nachdem ich das fensterlose Zimmer gesehen habe, steht für mich fest, dass ich hier nicht bleiben kann.

»Wieso ein Fenster?«, meint die freundliche Besitzerin. »Für frische Luft sorgt doch der Deckenventilator.« Sie knipst ihn an, stellt auf volle Stärke. Die Haare wirbeln wild um meinen Kopf, aber das überzeugt mich keineswegs.

Zwei Häuserblocks weiter finde ich eine andere Unterkunft, die Hospedaje Cari-Hue, wo ich ein einfaches Zimmer mit Fenster zum Garten miete. Der kleine Patio ist zwar geschmückt mit Gartenzwergen, aber immerhin.

Um zu den versteinerten Wäldern zu fahren, miete ich ein eigenes Fahrzeug, was ziemlich kostspielig ist, aber es verschafft mir die nötige Unabhängigkeit.

Im Erdzeitalter Jura vor 150 Millionen Jahren, als hier feuchtwarmes Klima herrschte, war Patagonien von Wäldern bedeckt. Sie waren vergleichbar dem heutigen Amazonas-Dschungel, wenngleich noch gewaltiger und von urzeitlichen Lebewesen bewohnt. In diesen Wäldern wuchsen die Vorfahren der heutigen Andentannen, die Aurakarien. Diese hohen Bäume mit kerzengeraden Stämmen, quirlig stehenden Ästen und harten, dunkelgrünen Nadeln kommen nur in der südlichen Hemisphäre vor – oder bei uns in Blumenläden, wo sie als Zimmertannen verkauft werden.

Bei der Entstehung der Anden kam es zu Erdbeben und gewaltigen Vulkanausbrüchen, dabei wurden zahlreiche Araukarienwälder vernichtet, begraben unter Asche, Lava oder Schlamm und Kies. Jahrmillionen vergingen, allmählich trugen Wind und Regen die Deckschichten ab, und die Bäume traten wieder zutage, inzwischen zu Stein geworden.

Es gibt gleich zwei Fundorte in der Nähe von Comodoro Rivadavia, aber was heißt schon Nähe bei den Dimensionen dieses Landes. Das Monumento Natural Bosques Petrificados, auch unter der Bezeichnung Jaramillo bekannt, befindet sich 248 Kilometer südlich und der Bosque Petrificado Ormadea 140 Kilometer westlich von Comodoro Rivadavia. Beide Wälder fielen unterschiedlichen Katastrophen zum Opfer. Einmal, bei Jaramillo, war es ein Vulkanausbruch, bei dem die Bäume vor 150 Millionen Jahren unter einer 20 Meter dicken Ascheschicht begraben wurden. Jetzt ragen dort mächtige Stämme aufrecht aus dem Boden, wie Säulen eines antiken Tempels, andere sind umgestürzt, liegen übereinander, so wie der Ascheregen sie niedergeworfen hat. Es sieht aus, als wäre eine überdimensionale Streichholzschachtel ausgeschüttet worden. Weit verstreut liegen die Fossilien in der Ebene, begrenzt von der fernen Kulisse des Bergmassivs Madre e Hija.

Die Bäume am zweiten Fundort, dem Bosque Petrificado Ormadea, wurden ungefähr 100 Millionen Jahre später vernichtet. Nach wie vor breiteten sich dichte Araukarienwälder aus, aber die Bäume wuchsen nicht hier, sondern weit entfernt in den Anden. Die Auffaltung des Hochgebirges hatte damals vor 65 Millionen Jahren ihren Höhepunkt erreicht. Ganze Berghänge rutschten ab. Reißende Flüsse transportierten die entwurzelten Araukarien in die Ebene, begruben sie unter Kies, Geröll und Schlamm. Und so sind sie hier gelandet.

Ein steiniger Pfad führt hinein in eine stille, geisterhafte Welt. Rundum erheben sich Berge, die in vielen Farben leuchten: rötlich, violett, orange, grün und weiß. Ein Ort wie aus einem surrealen Traum. Als hätten Riesen Mikado gespielt, liegen 40 Meter lange Baumstämme am Boden, einige sind unversehrt, andere in Stücke gebrochen. Das Holz schillert eigenartig in der Sonne, und wenn man zwei Stücke aneinanderschlägt, klirrt es hart wie Metall, denn diese Baumreste bestehen nicht mehr aus organischem Material, sie sind ganz und gar versteinert. Schlamm hatte das Treibholz innerhalb kurzer Zeit bedeckt und luftdicht abgeschlossen. Das Holz konnte nicht wie üblich vermodern, stattdessen drang Kieselsäure in das Holzgewebe ein, löste die organischen Teile auf, füllte die Hohlräume des herausgelösten Pflanzenmaterials und kristallisierte dann zu Quarz. So genau wurden die feinen Strukturen des Holzes vom Quarz nachgebildet, dass sogar Jahresringe zu erkennen sind. Das Holz als solches versteinerte also nicht, sondern seine Bestandteile wurden ausgetauscht. Das Ergebnis sind Bäume aus Stein.

Staunend wandere ich durch die Berge des Cerro Abigarrado mit seinen buntfarbenen Schichtfelsen, die wie ein riesiges Amphitheater die Fundstätte umgeben. Kreuz und quer liegen die Bäume, so wie der Urstrom sie angespült hat. Die Hitze ist drückend, und in der Ödnis wächst keine einzige Pflanze. Eine ganz und gar anorganische Welt, als würde ich mich gar nicht mehr auf der Erde befinden, sondern auf einem fremden Planeten.

Am Abend, als die Sonne am Horizont versinkt, wird alles noch irrealer. Die zerklüfteten, roten und orangefarbenen Berge beginnen zu leuchten. Die fremdartige Lichtstimmung beflügelt meine Phantasie und versetzt mich zurück in die Zeit der Saurier. Die Giganten Patagoniens waren Zeitzeugen der Naturkatastrophen und wurden nicht selten selbst zu Opfern. Nirgendwo auf der Welt sind ihre Fossilien so zahlreich, wurden so viele verschiedene Saurierarten entdeckt, zum Beispiel ein Raubtier auf zwei Beinen, das dem berüchtigten Tyrannosaurus Rex ähnelte, ihn aber an Größe und Appetit weit übertraf. Dieser patagonische Urschreck Gigantosaurus carolinii war 14 Meter lang und wog acht Tonnen.

Das größte Landtier jedoch, das jemals die Erde bewohnte, war der Argentinosaurus huinculensis, ein 40 Meter langer und 18 Meter hoher Pflanzenfresser, der mit seinen 70 Tonnen so schwer war wie eine zehnköpfige Elefantenherde. Er lebte in der mittleren Kreidezeit, seine Knochen aber wurden erst im Jahr 1989 entdeckt. Die Fossilien des größten bekannten Fleischfressers fand man noch später, im Jahr 1993. Wer weiß, wie viele unentdeckte Geheimnisse in der Erde Patagoniens noch verborgen sind.

Steinige Wege

Es ist nicht die Einbildungskraft, es ist die Natur in dieser desolaten Landschaft, die uns aus einem Grund, den wir erst später erkennen, tiefer bewegt als alles andere.

WILLIAM HENRY HUDSON

Patagonien liegt im Regenschatten der Anden. Nachdem die Wolken sich über der chilenischen Seite abgeregnet haben, peitschen staubtrockene Westwinde unaufhörlich über die patagonischen Hochebenen. Die Flüsse speisen sich fast ausschließlich aus Gletscherwasser, wie der Río Chubut, eine mit Schilf und Wiesen grün eingefasste Wasserader, die sich durch eine trockene Hochebene schlängelt.

Von Comodoro Rivadavia bin ich über 300 Kilometer nach Norden gefahren, in die Provinz Chubut, die nach dem Fluss benannt ist, der bei der Hafenstadt Rawson in den Atlantik mündet. Ich folge von der Küste aus dem Fluss nach Westen, fahre etwa 30 Kilometer mit dem Wagen und wandere dann zu Fuß einen Pfad am Ufer entlang. Das breite, fruchtbare Tal ist durchzogen von einem Netz von Bewässerungskanälen, in deren Mitte Dolavon liegt. Diese Ortsbezeichnung ist Gälisch und bedeutet »Flusswiese«. Wieso Gälisch, die Sprache der Waliser?

Wieder lerne ich eine für Patagonien typische Geschichte kennen. Dolavon sieht aus wie ein walisisches Landstädtchen. Hölzerne Mühlräder hängen über Wasseradern, die eingerahmt sind von rauschenden Pappeln. Die Häuser im historischen Zentrum sind aus roten Backsteinen gemauert, statt Cafés laden Teestuben zum Verweilen ein und verwöhnen den staunenden Gast mit echt walisischem Gebäck.

Eines der ältesten erhaltenen Gebäude ist die Mühle von 1880, die Molino Harinero. Der Wirt, Roman Giallatini, der die alte Mühle restauriert und dort ein Restaurant eingerichtet hat, macht mich mit dem alten Williams bekannt, der sogar noch die gälische Sprache beherrscht und mir detailliert über die dramatische Einwanderungsgeschichte seiner Vorfahren berichtet.

Weil ich es nicht begreifen kann, frage ich ihn als Erstes: »Warum haben die Waliser ihre fruchtbaren Täler und grünen Hügel gegen ein Wüstenland eingetauscht, wo es nur Staub und unerbittliche Winde gibt?«

Die Gründe liegen weit zurück in der Vergangenheit, erfahre ich. Wales, das Gebiet im Südwesten Großbritanniens, war ursprünglich von den Kymren bewohnt, einem keltischen Stamm, der seine Eigenständigkeit zu bewahren suchte, zuerst gegen die Römer, dann gegen die Angelsachsen und Normannen und schließlich gegen die englische Fremdherrschaft. Immer wieder flackerte Widerstand auf, so auch im 19. Jahrhundert. Die Waliser, wie sich die Einheimischen nun nannten, fühlten sich in ihrer nationalen, kulturellen und religiösen Identität missachtet und unterdrückt, in den Schulen durfte nicht mehr auf Gälisch unterrichtet werden. Weideland ließen die englischen Großgrundbesitzer umzäunen und die besitzlos gewordenen Waliser vertreiben. Gleichzeitig verarmten große Teile der Bevölkerung durch die industrielle Revolution, weil Maschinen die Menschen überflüssig gemacht hatten. Um ihre nationale und religiöse Autonomie zu erhalten und eine neue Lebensgrundlage zu finden, sahen walisische Nationalisten nur einen Ausweg: die Auswanderung. Es musste aber ein Land sein, das ihnen politische Autonomie gewähren würde. Im 19. Jahrhundert gab es nicht viele Länder, die dazu bereit waren. Endlich einigten sich die Auswanderwilligen auf Argentinien.

Die argentinische Regierung, die allen Einwanderern ihr Land bereitwillig öffnete, hegte zunächst Bedenken. Sie befürchtete Konflikte mit England. Schließlich liegen die Falklandinseln, die Großbritannien 1833 annektiert hatte und die bis heute ewiger Zankapfel geblieben sind, bedenklich nahe vor der Ostküste Patagoniens. Da konnte man sich Unmut einhandeln, wenn man die englischfeindlichen Waliser ins Land holte.

Schließlich sprach man aber den Flüchtlingen dann doch das Land am Río Chubut zu. Die ersten 153 Ankömmlinge landeten nach einer strapaziösen Fahrt mit dem Segler »Mimosa« an der unbewohnten Küste, wo der Río Chubut ins Meer mündet und sich heute der Hafen Puerto Madryn befindet, benannt nach dem walisischen Einwanderer Baron Madryn Love Perry. Es war das Jahr 1865, und es war Winter. Unter den Neusiedlern befanden sich auch Familien mit Frauen und kleinen Kinder, von denen einige die Kälte und die Stürme nicht überlebten.

Kaum vorstellbar die Verzweiflung der Menschen, die das milde Klima von Wales gewöhnt waren und sich plötzlich im eisigen Patagonien wiederfanden, das keine Ähnlichkeit mit ihrem grünen Heimatland hatte. Ein Zurück aber gab es nicht, so zogen sie notgedrungen landeinwärts und begannen unter Mühen und Entsagungen ihre erste Siedlung aufzubauen. Der Anfang war katastrophal. Nur wenige der Einwanderer waren bäuerlicher Herkunft, die meisten hatten keine Ahnung von Feldbau und Viehzucht. Im damaligen Patagonien aber war dies die einzige Möglichkeit, den Lebensunterhalt zu bestreiten, und das unter den erschwerten Bedingungen eines unfruchtbaren Wüstenlandes.

Die ersten Jahre reichte die Ernte nicht zum Überleben. Ohne die Hilfe der patagonischen Ureinwohner, der Tehuelche, die mit ihnen die Jagdbeute teilten, wären sie verhungert. Allerdings, die erste Begegnung mit den Einheimischen war spannungsgeladen und hätte schlimm enden können. Natürlich fühlten sich die Tehuelche von dem Trupp der über 100 Einwanderer bedroht, stellten sich bewaffnet und mit finsteren Mienen den Walisern in den Weg. In der Nacht zuvor war das erste Kind auf patagonischem Boden geboren worden, ein Mädchen, das den Namen Maria erhielt. Als nun die Krieger des Stammes mit ihren Waffen drohten, die walisischen Männer ebenfalls ihre Pistolen und Gewehre anlegten und es beinahe zu einem Blutbad gekommen wäre, eilte die junge Mutter zur Frau des Kaziken, des Oberhaupts der Tehuelche, und streckte ihr mit flehender Gebärde das Neugeborene entgegen. Eine Verständigung ohne Worte, aber wirkungsvoll. Diese Geste nahm die Indianer sofort für die Neuankömmlinge ein, und fortan kamen die so unterschiedlichen Menschen friedfertig miteinander aus.

Die Tehuelche schlugen ihre Lederzelte am Rande der walisischen Kolonie auf, zeigten den Unerfahrenen, wie man in der harten Umwelt überlebt, und verwöhnten sie mit Spezialitäten der patagonischen Wildnisküche: in Asche geröstete Guanakoblutwurst oder Nandubrust, auf heißen Steinen gegart. Die Tehuelche halfen den Neusiedlern auch beim Anlegen eines Bewässerungssystems, dennoch lagen noch unsagbar schwere Jahre im Kampf gegen Trockenheit und den totalen Mangel an vielem zum Leben Notwendigen vor ihnen. Als die britische Majestät Queen Victoria von der Not ihrer abtrünnigen Untertanen hörte, dachte sie wohl bei sich, nun könne sie die Waliser ins Königreich zurückholen. Sie sandte ihnen ein Schiff, doch die freiheitsliebenden Auswanderer zogen ihr jammervolles Leben in der patagonischen Wildnis der Knechtschaft in der alten Heimat vor und dachten nicht daran, reuevoll zurückzukehren.

Endlich hatten sie es mit zähem Fleiß und Ausdauer geschafft, die Ernteerträge stiegen. Die gute Nachricht erreichte bald die Heimat, und weitere Waliser machten sich auf den Weg nach Patagonien. Schließlich bewohnten sie das gesamte Chubut-Tal, gründeten Städte, wie Rawson, Trelew, Gaiman, wobei der Name Gaiman von den Tehuelche stammt und »Pfeilspitze« bedeutet, eine der wenigen Erinnerungen an die Ureinwohner.

Obwohl die Tehuelche und die Waliser weiterhin einvernehmlich nebeneinander lebten, wurde der Lebensraum für die nomadisierenden Indianer immer begrenzter. Ihre Jagdbeute, die Guanakos und Nandus, wurde von Schafherden verdrängt, die Weidegebiete mit Stacheldraht eingezäunt und sie selbst von Krankheiten hinweggerafft. Ihr Schicksal aber war besiegelt, als General Roca, von der argentinischen Regierung beauftragt, einen Ausrottungsfeldzug gegen die Indianer führte, bei dem keine Gefangenen gemacht wurden. Die wenigen Überlebenden verfielen dem Alkohol, einige verdingten sich als Gauchos oder Peóns auf den großen Viehfarmen. Fragmente ihrer Welt sind noch in den Museen zu finden, in Ortsbezeichnungen und in dem Aussehen der Leute, die einen Tehuelche-Vorfahren in ihrer Familie haben.

In weniger als 50 Jahren war ein Volk ausgelöscht, das Jahrtausende der rauen Umwelt Patagoniens getrotzt hatte. Mit den Menschen verschwanden unwiederbringlich ihre Kultur, ihre Sprache, alle ihre Fertigkeiten, Kenntnisse und Weisheiten.

Zeugen dieses Genozids sind Forscher wie Ramón Lista. Er wurde 1856 in Buenos Aires geboren, studierte in Frankreich und Deutschland und sah seine Lebensaufgabe in der Erforschung der unbekannten Gebiete Südargentiniens. Später wurde er von der Regierung als Gouverneur der neuen Provinz Santa Cruz eingesetzt und residierte in Río Gallegos.

Bei seiner Tätigkeit kam Ramón Lista in engen Kontakt mit den Indianern und räumte einige Irrtümer aus dem Weg, wie die Bezeichnung »Patagonier«, also »Großfuß«, für die Tehuelche. Seit Pigafetta, der Chronist des Weltumseglers Magellan, erstmals über die Ureinwohner berichtet hatte, geistert dieser Begriff bis heute in den Büchern herum und gab schließlich einem ganzen Landstrich den Namen. Da die Tehuelche aber laut Ramón Lista keine abnorm großen Füße hatten und mit durchschnittlich 1,86 Meter die Männer und 1,75 Meter die Frauen zwar hochgewachsen, aber keineswegs Giganten waren, beruhte die Bezeichnung wohl auf einem sprachlichen Missverständnis. Als der Dolmetscher, der ihre Sprache nur rudimentär beherrschte, wissen wollte, wie ihr Volk heiße, irrte er sich in der Wortwahl und fragte stattdessen, wie viele sie seien. Daraufhin antworteten die Tehuelche: »Viele, so etwa hundert«, was in ihrer Sprache *patak* heißt. Aus *patak* wurde *patag* und daraus Patagonien – so die Erklärung von Ramón Lista.

Vor allem aber revidierte der Forscher die bei den Weißen allgemein vorherrschende Meinung vom »unzivilisierten Wilden«. Bei seinen Reisen war er auf die Hilfe der Tehuelche angewiesen, übernachtete in ihren Zelten, erhielt Nahrung und Wasser, lernte sie als gastfreundliche und friedfertige Menschen kennen. Die wahrhaft »Unzivilisierten«, erkannte Ramón Lista, waren die betrügerischen Händler, die den Indianern für wertvolle Felle nutzlosen Tand andrehten und für drei Flaschen billigen Fusel ein Pferd eintauschten. Und da waren noch die Desperados und Banditen, von denen sich immer mehr in Patagonien herumtrieben. Sie überfielen die Einheimischen, vergewaltigten Frauen und löschten ganze Familien aus. Auch die Soldaten der Regierung begingen nicht wenige Verbrechen an den Einheimischen. Vor allem General Julio Roca hat die endgültige Auslöschung der Indianer zu verantworten. Er führte in den Jahren 1878 und 1879 im Auftrag des argentinischen Präsidenten Nicolás Avellaneda mit seiner Armee einen gnadenlosen Feldzug gegen die Ureinwohner, bei dem keiner mit dem Leben davonkam. Dieser Vernichtungskrieg ist als »Conquista del Desierto« – »Eroberung der Wüste« – in die Geschichte eingegangen.

Wohin die Tehuelche auch zogen, in dem riesigen Land waren sie nirgendwo mehr sicher. Von beiden Staaten, Chile und Argentinien, wurden sie verfolgt und aufgerieben. Die Not der »Söhne und Töchter der Wildnis«, die ehemals in einem immensen Gebiet zwischen zwei Ozeanen frei umherziehen konnten und nun rechtlos den Überfällen von Verbrechern ausgeliefert waren, erschütterten Ramón Lista. Mit seinen Schriften hoffte er, die Regierung für ein Einlenken und den Schutz der Indianer gewinnen zu können. Doch umsonst, es war schon zu spät. So versuchte er als einer der letzten Chronisten, wenigstens alles aufzuschreiben. Wenn er schon die Menschen nicht retten konnte, so wollte er doch ihre Überlieferungen festhalten. Tage und Nächte lauschte er den Erzählungen der Ältesten. Besonders die beiden Kaziken Papon und Gunelto und die Schamanin Jatachuena gewährten ihm tiefe Einblicke in den Glauben ihres Volkes.

Wenn sich der Anfang im Dunkeln verliert, dann greifen die Menschen auf Mythen zurück, um sich ihre Herkunft zu erklären, so auch die Tehuelche. Was Ramón Lista zu hören bekam, festigte in ihm die Überzeugung, dass die Ureinwohner Patagoniens nicht aus dem Norden eingewandert, sondern übers Meer gekommen sein mussten, aus Asien, Polynesien, vielleicht aus Europa. Erst Jahrtausende später drangen Indianergruppen aus dem Norden in Südamerika ein und überfielen die Ureinwohner. Viele wurden getötet, einige überlebten und vermischten sich mit den Eroberern.

Beweise für seine These fand der Forscher in den Mythen über »El-lal«, so hieß der Schöpfer der Welt. Ramón Lista fühlte sich sofort an »El« erinnert, den Gott der Phönizier, oder an »Al-lah«, ein altes semitisches Wort, bevor die Araber ihren Gott so nannten. El-lal war streng, weise und großzügig. Er schuf die Tehuelche, kleidete sie in Felle, schenkte ihnen Feuer, Pfeil und Bogen, lehrte sie zu jagen und Zelte zu bauen, und er unterwies sie im richtigen Verhalten, gab ihnen Moralregeln.

Die Entstehung dieses Schöpfergottes war grausam. Sein Vater Nosjthej tötete sein schwangeres Weib, die Mutter El-lals, schnitt ihren Leib auf und riss den Embryo aus der Gebärmutter, um ihn zu verschlingen. Ähnlich wie in den griechischen Göttersagen der Titan Kronos, der seine Kinder fraß, nur Zeus entging seinem schrecklichen Appetit, und so konnte er später ein neues Göttergeschlecht gründen. Anscheinend sind Kinder verschlingende Väter ein Urmythos der Menschheit.

Nosjthej, in seiner blutigen Hand das Kind, hatte sein gieriges Maul bereits weit geöffnet, als er ein seltsames Geräusch vernahm. Überrascht hielt er inne und blickte sich um, wer es wagte, ihn zu stören. Diesen Moment nutzte eine Maus, packte den Kleinen und trug ihn in ihr Versteck. Als Nosjthej begriff, dass er genarrt worden war, stimmte er ein schreckliches Gebrüll an. Das Echo erschütterte die hohen Berge ringsum. Aber der junge Gott El-lal lag sicher in der Höhle der Maus und wurde von der Erde geschützt.

Seine Kindheit verbrachte El-lal in Einsamkeit, nur die Maus leistete ihm Gesellschaft, versorgte ihn liebevoll, polsterte sein Lager mit der Wolle der Guanakos und fütterte ihn mit erlesenen Kräutern. Als Jüngling bestand El-lal allerlei Abenteuer, tötete das Untier Goshg-e, besiegte den mächtigen Kondor, der ihm seine Federn geben musste.

Später schuf El-lal die Menschen, und nachdem er sie alles gelehrt hatte, was sie zum Leben benötigten, sagte er zu ihnen: »Geht, der Horizont gehört euch!«

Nun aber folgte eine sehr verwirrende und widersprüchliche Periode. El-lal verlor seine Göttlichkeit. Statt Pfeil und Bogen benutzte er nun eine Axt, er ließ seine Haare wachsen und bändigte sie mit einem indianischen Stirnband. Nicht mehr von Pflanzen, nur noch von Tieren ernährte er sich. Er wurde zum Schlächter. Gleichzeitig erschien ein neuer göttlicher Held, Sintalk'n. Der war kraftvoll, klug und weise, und er kämpfte gegen El-lal. Das Blut beider Helden tränkte die Erde, Bestien und Dämonen erwachten und krochen hervor. Das Untier Goshg-e, das El-lal getötet hatte, wurde wiedergeboren, schrecklicher als zuvor, größer als die höchsten Berge. Die Sonne verdunkelte sich, die Erde bebte, und der Wind wütete fürchterlich.

El-lal besiegte Sintalk'n nach hartem Kampf, sperrte ihn in eine Höhle und verwandelte sich selbst in einen kleinen Vogel. So winzig war er, dass er sich im Gefieder eines Schwans verbergen konnte. Mit dem Schwan flog er nach Osten über den Ozean und verschwand für immer.

Seine Schriften widmete Ramón Lista den Ureinwohnern Patagoniens. Die Widmung lautete:

»Den armen Tehuelche!
Wäret ihr nicht glücklicher,
wenn ihr morgen wieder erwachtet
und jemand euch erzählte,
dass der weiße Mann
weggegangen ist, um niemals wiederzukehren.«

Die Insel des kleinen Prinzen

Schwere Wolken löschten die Sterne aus. Er beugte sich zur Erde hinunter; er suchte die Lichter der Dörfer; Glühwürmchen im Grase; aber nichts glitzerte aus schwarzer Flur herauf.

ANTOINE DE SAINT-EXUPÉRY

Der Schriftsteller verarbeitete in seinem Buch »Nachtflug« seine eigenen Erlebnisse. Er beschreibt, wie der Pilot mit aller Macht gegen den Orkan anfliegt, um nicht aufs offene Meer hinausgetrieben zu werden. Dieser zu Literatur gewordene Kampf gegen die Naturgewalten ereignete sich vor der Küste der Halbinsel Valdés, meinem nächsten Ziel.

Saint-Exupéry war leidenschaftlicher Flieger, mit seiner Maschine überquerte er die Sahara, blickte von oben auf den Nil und die Pyramiden herab. Drei Jahre lang, von 1929 bis 1931, war er in Argentinien für den Postverkehr per Luftfracht verantwortlich.

Während seiner Flüge über die endlosen Weiten Patagoniens prägten sich ihm Motive ein, die er in seinem Buch »Der kleine Prinz« so meisterhaft ausmalt. Die perfekt geformten Vulkane auf dem Asteroiden, der Heimat des kleinen Prinzen, verdanken ihre Gestalt den Vulkanen, über die Saint-Exupéry auf dem Weg nach Punta Arenas geflogen war. Die Berggipfel, auf denen der kleine Prinz so gern sitzt und Ausschau hält – sie ähneln dem Granitkegel des Fitz Roy und der Felsnadel des Cerro Torre. Der Schriftsteller, der gern betonte, dass sich die Landschaft Patagoniens in seinen Büchern widerspiegelte, hatte sich auch von der Form der Isla de los Pájaros, die vor der Küste der Halbinsel Valdés liegt, zu der Elefanten verschlingenden Riesenschlange inspirieren lassen.

Den unerwartet großen Erfolg seines eigentlich einfachen, dennoch tiefgründigen Märchens, das zu den meistgelesenen Erzählungen der Weltliteratur zählt, hat der französische Pilot und Schriftsteller nicht mehr erlebt. 1944, kurz nachdem der »Kleine Prinz« das Licht der Öffentlichkeit erblickt hatte, kehrte sein Schöpfer von einem Aufklärungsflug über dem Mittelmeer nicht zurück.

In Argentinien ist Antoine de Saint-Exupéry unvergessen, nicht nur ein Felsgipfel im Fitz-Roy-Massiv wurde nach ihm benannt, auch Straßen tragen seinen Namen, wie die Calle Saint-Exupéry in Puerto Madryn.

Am Abend, bevor ich weiter zur Halbinsel Valdés fahre, esse ich in Trelew im »El Viejo Molino« einen vorzüglich gegrillten Fisch. Dem rustikalen Restaurant sieht man an, dass es ehemals eine Kornmühle war. Am nächsten Tag nehme ich mir noch Zeit für das Museo Paleontológico Egidio Feruglio und bin beeindruckt von den Dinosaurierfossilien, die in voller Lebensgröße aufgestellt sind. Beim Anblick der Skelette dieser Giganten begreift man, was wirkliche Größe ist. In didaktisch vorbildlicher Weise sind 300 Millionen Jahre Erdgeschichte dargestellt. Realistische Naturgeräusche und nachgebildete Lebensräume mit der damaligen Tier- und Pflanzenwelt bewirken, dass der Besucher sich in Saurierzeiten zurückversetzt fühlt. Nicht allein viele Arten, sondern sogar 15 Sauriergattungen wurden in Patagonien ausgegraben, ebenso Hunderte von Sauriernestern und gerade geschlüpfte Saurier, darunter auch ein Saurierei, das ganz und gar versteinert nur noch aus Quarz besteht und wie ein edles Schmuckstück wirkt. Die Paläontologen begeistert allerdings am meisten der unscheinbare Fund eines Eorapters. Dieser Saurier ist 230 Millionen Jahre alt und gilt als Stammvater aller Saurier.

Eines gruseligen Gefühls kann ich mich nicht erwehren, als ich den Argentavis magnificens betrachte, dessen Skelett über mir in luftiger Höhe der Museumshalle schwebt. Der Argentavis war kein Saurier, sondern ein Vogel. Aber was für einer! Mit ungeheuren sieben Meter Flügelspannweite war er der größte Vogel aller Zeiten. Noch bis vor sechs Millionen Jahren kreiste er am Himmel über Patagonien.

Trelew, ausgesprochen »tre-lej-uh«, ist ebenfalls eine walisische Gründung; »tre« bedeutet Stadt, und »lew« geht auf Lewis Jones zurück, der sich um den Ausbau der Eisenbahnstrecke verdient gemacht hatte. Gerade als die Waliser glaubten, es geschafft zu haben, nachdem sie drei Jahrzehnte lang mit zähem Fleiß das Tal in eine fruchtbare Oase verwandelt hatten, vernichtete eine ungeheure Flut alle ihre Mühen. Der Río Chubut trat gewaltig über die Ufer, riss Menschen, Vieh und Häuser mit sich, zerstörte Bewässerungsanlagen und Wasserräder, vernichtete die walisischen Ansiedlungen fast völlig. Die Überlebenden begannen noch einmal von vorn. Zugereiste kamen aus der Heimat, die mit anpackten und die Spuren des Hochwassers beseitigten. Die walisische Enklave in Patagonien erblühte von Neuem.

Jeden Südwinter am 28. Juli feiern sie den Tag ihrer Ankunft im Jahr 1865 und den schweren Beginn mit einem großen Fest, dem *Eisteddfodd,* bei dem der Gast gälische Folklore pur erleben kann.

Am nächsten Morgen fahre ich von Trelew zur 90 Kilometer entfernten Halbinsel Valdés. In Form einer Niere hängt sie wie an einem dünnen Faden am Festland. Dieser Isthmus ist nur sechs Kilometer breit, aber 40 Kilometer lang und trennt zwei Buchten voneinander. Im Norden liegt der Golfo San José, im Süden der Golfo Nuevo. Diese beiden Meeresbuchten sind jedes Jahr Schauplatz eines unvergleichlichen Ereignisses. Im Frühling, während der Monate Oktober und November, paaren sich hier die Wale und bringen ihre Jungen zur Welt. Inzwischen schwimmen sie schon längst wieder in den Weiten der Ozeane. Doch bei einer früheren Reise hatte ich das Glück gehabt, dieses einzigartige Schauspiel zu beobachten.

»Dort, ein Wal! Ein Wal! Oh, wie groß!«, hatten die Leute aufgeregt durcheinandergerufen. Zusammen mit anderen Reisenden saß ich in einem Boot, als eine Fontäne aus dem Meer emporstieg. Der Bootsführer fuhr näher heran, und plötzlich befanden wir uns mitten drin im Liebesspiel der Wale. Mit abgestelltem Motor trieben wir zwischen den grauschwarzen Buckeln, die gemeinsam untertauchten und irgendwo wieder erschienen, Fontänen steigen ließen, stöhnten, prusteten, den unförmigen, mit Seepocken bewachsenen Kopf aus dem Wasser hoben, mit elegantem Schwung abtauchten, die Schwanzflosse wie einen letzten Gruß schwenkend. Ab und zu erschreckte uns einer dieser 40-Tonner, indem er senkrecht aus dem Wasser bis zum Bauch herausschnellte und mit Getöse zurückfiel. Es waren so viele, wir konnten sie nicht zählen. Der Bootsführer meinte, so an die 80 Tiere müssten es sein.

»Nein, es ist nicht gefährlich«, beruhigte er uns und ließ das Boot bis auf wenige Meter an die friedfertigen Kolosse herantreiben. Ihm sei kein einziger Fall bekannt, bei dem Wale angegriffen hätten. Allerdings dürfe man sie nicht durch Motorengeräusch erschrecken, deshalb sei es verboten, mit laufendem Motor näher als 100 Meter an die *ballena franca austral,* so heißt der Südliche Glattwal auf Spanisch, heranzufahren.

»Die Weibchen«, erklärte er und schmunzelte dabei, »wählen sich ihren Partner, indem sie ihm davonschwimmen. Meist ist es ja eine ganze Horde, die einem Walweibchen folgt. Stunden über Stunden flüchtet sie, ohne müde zu werden, denn sie ist größer und stärker als die männlichen Tiere. So findet sie heraus, wer von den Walmännern die meiste Ausdauer hat, und mit ihm paart sie sich dann. Nach zwölf Monaten gebiert sie ihr Baby, das bei der Geburt schon fünf Meter lang ist. Ein Jahr lang säugt sie ihr Junges, und frühestens nach drei Jahren kann sie wieder Nachwuchs bekommen.«

Eine Fontäne stieg in die Luft und unterbrach seine Rede.

»Die *ballena* haben keine Zähne, sondern Barten«, fuhr er mit seiner Erklärung fort, »das sind fransige Kämme, die im Oberkiefer hängen und Plankton herausfiltern, vor allem winzige Garnelen, den Krill.«

Warum die Wale die beiden Buchten bei der Halbinsel Valdés bevorzugen, weiß niemand so genau. Mag sein, weil sie da sicher vor heftigen Stürmen sind oder weil die Golfe wegen des geringen Wasseraustauschs mit dem Meer etwas wärmer sind, vielleicht auch salzhaltiger und damit mehr Auftrieb haben – das Neugeborene muss ja für seinen ersten Atemzug sofort an die Oberfläche geschoben werden.

Ein anderes Mal, als ich wieder mit einem Boot hinausgefahren war, gerieten wir in eine Wal-Kinderstube. Eine Menge kleiner Buckel trieb an der Oberfläche dahin – die Rücken der Walbabys. Gemächlich dümpelten einige riesige Buckel zwischen den Kleinen im Wasser. Vielleicht waren es Tanten und große Schwestern, die auf die Kinderschar aufpassten, während die Mütter auf Krillfang gingen. Unbekümmert umspielten sie unser Boot, stießen Fontänen in die Luft, tauchten mit einer unnachahmlichen Bewegung unter, die mir unvergesslich bleibt. Eine elegante Schwanzflosse schwang sich aus dem Wasser empor und sank auf einer Kurvenbahn lautlos wieder ein.

Die Kleinen beherrschten den Schwung schon recht gut, synchron ahmten sie die Großen nach. Da, wo eben noch viele kleine und einige große Buckel waren, sahen wir plötzlich nur noch blaue See. Schade! Plötzlich tauchten sie hinter dem Boot alle wieder auf, wie bei einem neckischen Versteckspiel.

Das paradiesische Erlebnis verliert seine Leuchtkraft, wenn man weiß, dass gerade die Glattwale, auch Südkaper genannt, besonders grausam gejagt wurden, nahe dem Aussterben waren und erst seit 50 Jahren unter Schutz stehen. Seitdem beginnt sich die Walpopulation langsam zu erholen. Der Südkaper war die bevorzugte Beute der Walfänger, weil er sich im Vergleich zu anderen Walarten sehr langsam bewegt und der Körper, nachdem er harpuniert wurde, wegen des hohen Fettgehalts nicht versank.

Die Halbinsel Valdés mit ihren 3 600 Quadratkilometern gehört fast ausschließlich den Tieren – den Walen, die sich in seinen flachen Küstengewässern paaren und ihre Kinder aufziehen, den Seelöwen, See-Elefanten, Pinguinen, Nandus, Guanakos, Gürteltieren, Maras, Seevögeln und Eulen. Die gesamte Halbinsel ist nicht nur ein streng geschütztes Naturschutzgebiet, sondern zählt seit 1999 auch zum Weltnaturerbe der UNESCO. Früher allerdings wurden hier nicht nur Wale, sondern auch Robben getötet und Salz aus den Salinen gewonnen, das vom Hafen Puerto Pirámides verschifft wurde. Puerto Pirámides ist der einzige Ort auf der Insel und mein erstes Ziel.

Auf der breit ausgebauten und asphaltierten Straße RN 3 fahre ich von Trelew an Puerto Madryn vorbei nach Norden, bis östlich eine Schotterpiste abbiegt, die über die Landbrücke führt. Beim Eingang zum Reservat nehme ich mir Zeit für die Besichtigung des Infozentrums, wo neben verschiedenen naturkundlichen Exponaten auch das vollständige Skelett eines Wals gezeigt wird. Von einem Aussichtsturm aus versuche ich mir einen Überblick zu verschaffen, sehe aber nur flaches graubraunes Land. Auch beim Weiterfahren begleitet mich das einförmige Bild: kniehohe Sträucher und von der Sonne ausgebleichte Grasbüschel.

Mit untergehender Sonne erreiche ich Puerto Pirámides, das direkt am Meer in einer Bucht liegt. Einst ein geruhsamer, verlassener Hafenort, wird er inzwischen viel besucht von Naturliebhabern, Tierfreunden, Tauchsportlern.

Avenida de las Ballenas, die Allee der Wale, heißt die sandige Hafenstraße, die zugleich die einzige Hauptstraße ist. An ihr reihen sich beidseitig die Tauchsportveranstalter, Bootsverleiher, Lebensmittelläden, Andenkengeschäfte, Bars und Kneipen, Restaurants, Hotels und Pensionen aneinander.

Diesmal habe ich meine Übernachtung nicht vorab gebucht, schließlich ist die Hauptsaison vorbei. Darauf haben aber auch andere spekuliert, vor allem viele Reisende aus Chile, denn die Preise für Übernachtungen sind jetzt um die Hälfte gefallen.

Vergeblich frage ich mich auf der Avenida de las Ballenas von den billigsten bis zu den teuersten Unterkünften durch. Dort, wo die Straße in den Sanddünen endet, habe ich beim letzten Gebäude doch noch Glück und werde im Hotel »Paradise« mit einem kleinen Bungalow belohnt, sogar mit Meerblick.

Heißhungrig – ich habe tagsüber wenig gegessen – setze ich mich ins Restaurant des Hotels »Paradise«, das zu den besten am Ort gehören soll. Die Auswahl ist mager, ich habe die Wahl zwischen zwei Gerichten. Nachdem ich die matschigen Gnoggi beäugt habe, in denen der Gast am Nebentisch stochert, entscheide ich mich für die Alternative *Carne chorizo* und freue mich auf ein appetitliches Steak. Allerdings, was mir der Kellner dann auf den Tisch knallt, schockiert mich: Auf dem weißen Teller ruht ein einsamer Brocken Fleisch. Nicht einmal ungeheuerlich groß; bis zum Tellerrand reicht er nicht, was sonst in Argentinien üblich ist. Doch da ist nur Fleisch, keine Beilage, weder Reis noch Pommes, nicht einmal ein winziges Blatt Salat oder ein Stängel Petersilie. Mit dem stumpfen Messer gelingt es mir mühsam, ein paar Schnipsel von dem fast fünf Zentimeter dicken Stück abzusäbeln. Aus den Schnittstellen rinnt blutiger Saft. Vielleicht sollte ich mir doch die Gnoggi bestellen? Aber mein Hunger ist nicht nur gestillt, mir ist übel.

Schwarze Augen fixieren mich bohrend und verwundert zugleich. Der mächtige Schnabel sieht gefährlich aus, wie ein Krummdolch. Dann legt der Greifvogel den Kopf etwas schief und ruckelt zur Seite, macht mir Platz hinter einem Windschutz aus angehäuften Steinen. Da hocken wir fast auf Tuchfühlung nebeneinander, der Caracara und ich. Der Himmel über uns ist regenschwer und grau. Als der Wind Atem holt, breitet der Geierfalke seine Schwingen aus und fliegt davon.

Zögernd, auf der Hut vor tückischen Böen, taste ich mich an den Rand des Kliffs von Punta Norte heran. Dort unten liegen sie! Obwohl ich wusste, was mich erwartet, überrascht mich der Anblick dennoch. So viele! Der Strand ist dunkelbraun von ihren Körpern, und ihr Gebrüll dringt trotz Wind und Wellenschlag zu mir herauf. Eine riesige Kolonie Seelöwen hat den Streifen zwischen Meer und Steilklippe in Besitz genommen.

Ein Seelöwe mit goldbrauner Mähne fällt mir auf, weil er sich drohend aufrichtet. Um ihn herum räkeln sich Seelöwinnen, seine Haremsdamen. Sie sind alle gleichzeitig Mutter geworden, neben jeder liegt ein dunkelbraunes Baby.

Hoch aufgerichtet und seiner Würde voll bewusst, immerhin kann er 300 Kilogramm Lebendgewicht vorweisen, wiegt der Bulle den Oberkörper hin und her und brüllt markerschütternd. Trotz der Drohgebärde nähert sich ein Rivale. Das Fell noch schwarz vor Feuchtigkeit, robbt er vom Meer kommend den Strand herauf. Sein Ziel sind die aufreizend sich räkelnden Seelöwinnen. Der Haremsbulle schneidet ihm den Weg ab, und schon stehen sie sich gegenüber, Bauch an Bauch, die Mäuler drohend geöffnet. Die Körper pendeln hin und her. Da! Blitzschnell schlagen sie zu, beide gleichzeitig bohren sie ihre Reißzähne in Hals, Nacken, Brust des Gegners, immer wieder, halten inne, brüllen, pendeln und packen erneut zu. Die Mähne, das dicke Fell, die Fettschwarte sind kein ausreichender Schutz. Bald färben sich Brust, Hals und Schnauzen rot von Blut. Doch die Kolosse geben nicht auf. Weiter geht das Spiel: Drohen, Brüllen, Beißen.

Endlich! Der Eindringling wirft seinen Körper herum und sucht eilig das Weite, der alte Bulle hinterher. Er verfolgt den Nebenbuhler einige Meter und schickt dem Feind einen letzten Brüller nach. Anschließend lässt er sich erschöpft auf den Bauch fallen und bleibt schnaufend eine Weile liegen.

Die Seelöwinnen scheinen unbeteiligt, aalen sich im Sand. Sie kennen das Spektakel, immer wieder muss ihr Boss Konkurrenten vertreiben, und an denen herrscht kein Mangel. Da ein Bulle etwa zehn Seelöwinnen um sich schart, die er eifersüchtig bewacht, können sich Männchen, die keinen Harem haben, nicht fortpflanzen. Und so lauern die Jungbullen auf ihre Chance, robben von einem Harem zum anderen und testen, ob der Alte noch stark genug ist oder ihm schon die Kräfte schwinden. Denn er muss sich nicht nur gegen einen Eindringling verteidigen, sondern täglich immer wieder gegen neue, und das über Wochen. Nur wenigen Bullen gelingt es, mehr als eine Fortpflanzungsperiode durchzuhalten, die meisten sind nach nur einer Saison als Haremsbesitzer körperlich am Ende, zumal sie während dieser kräftezehrenden Periode wochenlang nichts fressen. Auf Fischfang im Meer zu verschwinden können sie sich nicht leisten. Lassen sie ihren Harem unbewacht zurück, sind sie bei der Rückkehr zwar satt, aber entmachtet. Die Jungbullen nehmen ebenfalls ein hohes Risiko in Kauf. Bei den fortwährenden Kämpfen werden sie mitunter schwer verletzt, und auch an sich ungefährliche Wunden können sich entzünden und zum Tod führen.

Der Alte, den ich noch immer beobachte, hat sich offensichtlich erholt. Er hebt den Kopf, äugt zu seinen Damen hinüber, alles in Ordnung! Er robbt zurück, will sich wieder in ihrer Mitte niederlassen. Auf seinem Weg kommt ihm ein Junges in die Quere. Er beachtet es nicht, es ist sowieso nicht von ihm, sondern wurde im vergangenen Jahr von seinem Vorgänger gezeugt. Die Mutter richtet sich brüllend auf, versucht dem Bullen den Weg zu verstellen, doch es ist zu spät. Nichts ahnend hoppelt das Kleine dem Stiefvater zwischen die Flossen. Der hält nicht etwa inne, nein – schwer lässt er sich auf das Seelöwenkind fallen, bleibt liegen, verschnauft eine Weile. Das Kleine liegt begraben unter seinem dicken Bauch.

Als Beobachter der Szene kann ich nicht unterscheiden, ob es ein unglücklicher Zufall war oder ob er es absichtlich getan hat. Fast muss ich das Letztere annehmen, denn später beobachte ich, wie der Bulle ein Baby angreift und mit Bissen tötet; auch Löwen und einige Affenarten bringen den Nachwuchs ihres Vorgängers um.

Als der Koloss sich endlich weiterbewegt, ist nur noch ein lebloses Bündel Fell übrig. Die Mutter stupst es an, vergeblich. Es rührt sich nicht mehr, sein Lebensatem wurde aus ihm herausgepresst. Vor wenigen Minuten noch war ihr Kind quicklebendig, saugte gierig an ihren Zitzen die süße, fettreiche Milch. Sie kann nicht begreifen, dass sein Leben von einem Moment auf den anderen ausgelöscht sein soll. Immer wieder berührt sie es zärtlich mit der Schnauze, tastet es mit ihren Barthaaren ab. Schneller als sie haben die Raubmöwen das Unabänderliche erkannt. Für sie fällt reichlich Nahrung an in einer Seelöwenkolonie; sie vertilgen die Nachgeburten und die Toten. Über das platt gewalzte Baby fällt schon der Schatten ihrer breiten Schwingen. Wenige Meter entfernt landen drei der vorsichtigen Vögel, nähern sich hüpfend zu Fuß, immer bereit zur Flucht, da die Mutter, die ihr totes Kind verteidigt, wütend mit ihren Fangzähnen zuschlägt.

Die drei haben Ausdauer, nach und nach lässt die Aufmerksamkeit der Seelöwin nach. Mit scharfem Schnabel packt eine der Möwen den Kadaver, zerrt ihn ein Stück beiseite, die anderen ziehen mit. Schon haben sie ihre Beute aus dem Bereich der nun kinderlosen Mutter entfernt, hacken blutige Fleischfetzen aus dem Körper, verschlingen sie gierig. Auch sie müssen fressen, um zu überleben und ihre eigenen Jungen zu atzen.

Mein Blick, einmal geschärft, entdeckt noch mehr solcher leblosen Fellbündel. Manche liegen da wie schlafend, andere sind halb aufgefressen. Trügerisch war der erste Eindruck, der mir eine friedliche Ansammlung von Tieren vorgegaukelt hat, wo keine Gewalt herrscht und keine Gefahr droht. Zwar kommen keine Menschen mehr, um Robben zu erschlagen, dennoch ist dieses Refugium zwischen Meer und Land keine Idylle. Die Wirklichkeit ist oft anders, als wir sie uns wünschen. Aber vielleicht ist gerade deswegen das Leben so spannend und immer wieder voller Überraschungen. Letztendlich dürfen wir bei all unserem Sehnen nach Harmonie nicht vergessen, dass wir ein Teil dieser Natur sind, dass wir von ihr geformt wurden und von ihren Gesetzen bestimmt werden, ob uns das nun behagt oder nicht.

Tröstlich ist, dass die meisten Jungtiere die Aggression ihrer Stiefväter überleben. Richtig gefährlich wird es für sie erst, wenn sie sich zu Schwimmversuchen ins Meer wagen. Nicht wegen des Wassers, denn die Kunst des Schwimmens ist ihnen angeboren, sondern wegen der Orcas, einer Walart, die sich nicht mit Plankton begnügt. Diese Wale bevorzugen Seelöwenjunge. Deswegen hat man sie mit dem martialischen Namen Killerwal bestraft; man nennt sie auch Schwertwale, wegen der Form ihrer zwei Meter hohen Rückenfinne.

Die prächtigen schwarz-weißen Orcas, oft die Attraktion in Meerwasseraquarien oder sogar in Spielfilmen, sind gefräßige Raubtiere. Bewegungslos lauern sie im Wasser, lassen sich von der Brandung zum Strand tragen. Im Wellenschaum sind sie für die im Wasser sich tummelnden Seelöwen unsichtbar. Plötzlich schnappen sie zu. Haben sie ein Opfer gepackt, ist es verloren, ihren spitzen, messerscharfen Zähnen entkommt keines. Sie schleudern und schütteln das Robbenjunge mit gewaltigen Stößen hin und her, sodass sein Fell zerreißt, und verschlingen den nackten, blutigen Körper. Ein Happen nur für die neun Meter großen Orcas. Sie haben noch lange nicht genug. Ihres Erfolgs gewiss, lassen sie sich von einer Welle zurück ins Meer ziehen. Mit der nächsten reiten sie wieder an Land, bereit zu einer neuen Attacke auf die ahnungslosen Seelöwen.

Von Punta Norte, der äußersten Spitze der Halbinsel, fahre ich auf Schotterpisten die Ostküste entlang zur südöstlichsten Ecke nach Punta Delgada. Dort an den Klippen steht der älteste Leuchtturm der Insel, der noch immer seine Lichtsignale über den Ozean schickt. Früher war er zugleich Telegrafen- und Poststation. Um ihn zu errichten, mussten das gesamte Baumaterial und alle Einrichtungsgegenstände vom Hafen Puerto Pirámides quer über die Insel mit Eselskarren und Pferdefuhrwerken transportiert werden. Die ehemaligen Unterkünfte der Leuchtturmbesatzung, zu denen auch Militärangehörige zählten, wurden restauriert und für Gäste eingerichtet. Ich miete ein Zimmer im »Faro Punta Delgada«, weil ich von hier aus in Tagesausflügen die Insel weiter erkunden will.

Der rote Leuchtturm thront über den Klippen, die senkrecht zum Meer abfallen. Die Steilküste, deren weite Bögen bis zum Horizont schwingen, wird vom türkisfarbenen Wasser umspielt. Wellen benetzen einen rotbraunen Sandstrand, auf dem seltsame Objekte liegen, die mich in ihrer Form und Farbe an Leberwürste erinnern, fette, prall gestopfte Würste. Oder es könnten auch silbergrau schimmernde Fische sein, die vom Meer an den Strand gespült wurden und dort verendet sind. Tot aber sind sie nicht, ein Ungetüm bewegt sich, wälzt sich vom Rücken auf den Bauch, hebt den kugelrunden Kopf, reißt das Maul auf und gähnt.

»*Elefante marino*«, beendet Laura das Rätselraten über die unförmigen Wesen und erzählt, dass die See-Elefanten sich hier jedes Jahr an der Küste versammeln, um sich fortpflanzen. Auf Valdés befindet sich die einzige Kolonie dieser großen Meeressäugetiere, ausgenommen ein paar kleine abgelegene Inselchen. Weltweit gibt es nur noch etwa 2 000 Exemplare. Deshalb sind die Tiere streng geschützt, und wir dürfen nur in Begleitung unserer Führerin Laura auf einem Steg zum Strand hinabsteigen, um sie aus der Nähe zu betrachten. Wir, das sind sieben Gäste, die im Leuchtturm-Hotel übernachtet haben.

Laura führt uns zu einer Gruppe Weibchen und Jungtiere. Sie achtet genau auf deren Reaktion. Sobald sie Unruhe zeigen, bittet sie uns anzuhalten. Doch die See-Elefanten denken gar nicht daran, sich in ihrer Ruhe stören zu lassen, träge liegen sie mit geschlossenen Augen da. Im Umkreis von fünf Metern hocken wir uns nieder. Sie schniefen und grunzen und wedeln sich Sand auf den Körper. Ab und zu niesen die walzenförmigen Tiere, weil ihnen Sandkörnchen in die Nasenlöcher gedrungen sind. Hautnah liegen sie nebeneinander. Da öffnet ein See-Elefant die Augen, ungewöhnlich groß, rund und dunkel sind sie. Er hebt den Kopf, betrachtet seine Nachbarn und reißt plötzlich das Maul auf. Die anderen lassen sich von der Drohung nicht beeindrucken. Ihrer Nähe überdrüssig, sucht er sich einen neuen Ruheplatz. In Art einer Raupe bewegt er seinen schweren Körper mühsam vorwärts. Nach wenigen Metern schon lässt er sich laut schnaufend auf den Bauch fallen, schließt befriedigt die Augen.

Von Laura erfahren wir, dass See-Elefanten ihren Namen wegen der wulstigen Nasenverlängerung erhalten haben, die einem Elefantenrüssel ähnelt, den aber nur die männlichen Tiere tragen. Die Bullen werden fast sieben Meter lang und verbringen den Großteil des Jahres im Meer. Im Frühjahr kommen sie zur Paarung an Land. Laura hat dominante See-Elefanten beobachtet, die 50 und mehr Weibchen um sich geschart haben. Diese Haremsbesitzer mussten dann aber besonders aufpassen und waren dauernd in Kämpfe mit den Rivalen verwickelt.

Sie erzählt uns auch, dass See-Elefanten unglaublich tief tauchen können. 1000 Meter Tiefe sind normal, wobei sie eine halbe Stunde unter Wasser bleiben, ohne Luft zu holen. Der Rekord, den Wissenschaftler gemessen haben, liegt bei 1500 Meter Tiefe bei einer Tauchzeit von einer Stunde. Ihre Lieblingsnahrung sind Tintenfische, die in diesen Tiefen leben, daran mussten sie sich anpassen. So unbeholfen die See-Elefanten an Land wirken, so elegante und ausdauernde Schwimmer sind sie im Wasser.

»Sie sehen alle aus, als würden sie lächeln«, schwärmt eine Besucherin. »Wirklich süß, vor allem wenn sie die Augen öffnen.« Sicherlich würde sie gern eines dieser Ungetüme streicheln.

Laura warnt: »Bitte gehen Sie nicht näher!«

Doch die Frau möchte ein Porträt knipsen und macht einen weiteren Schritt auf das Tier zu. Da hebt die See-Elefantin den Kopf und reißt ihr Maul auf. Ein feuerrotes Loch wie ein Glutofen wird sichtbar. Doch der erwartete Donner bleibt aus – nur ein leises Zischen ist vernehmbar. Der Kopf sinkt herab, und schwer senken sich die Lider über die großen schwarzen Augen.

Am taubengrauen Himmel blinken noch die letzten Sterne, während blassgelber Schein im Osten schon den neuen Tag ankündigt. Von der Steilküste blicke ich hinunter auf einen leeren Strand; die See-Elefanten sind im Meer verschwunden, um sich ihren Frühstücksfisch zu fangen. Möwen wiegen sich im Aufwind und stoßen schrille Rufe aus. Das Trillern der Austernfischer dringt zu mir herauf. Tief atme ich die Meeresluft ein, die nach Salz, Algen und Fisch duftet, und lasse meinen Blick über die zahlreichen Buchten schweifen. Ein Glücksgefühl breitet sich in mir aus, das sich nur dann einstellt, wenn ich ohne Hast die Umwelt mit allen Sinnen wahrnehmen kann. Länger an einem Ort zu verweilen bereichert mich. Einfach da sein, ein Teil der Natur werden.

Nachdem ich gefrühstückt habe, fahre ich zu den Salinen im Inneren der Halbinsel. Statt Erhebungen gibt es im flachen Land Einsenkungen, die unter dem Meeresspiegel liegen. Diese Becken haben sich beim Verdunsten des Wassers mit Salz gefüllt. El Salitral, Salina Grande und Salina Chica sind die drei größten Salzpfannen, wobei Salina Grande 42 Meter unter dem Meeresspiegel liegt. Es ist die tiefste Stelle in ganz Argentinien.

Ein Pulk Martinete-Hühner, den Perlhühnern ähnlich, pickt am Rand der Schotterpiste nach Insekten und Pflanzensamen. Als ich mich nähere, eilen sie davon, den Kopf steif nach oben gereckt, wobei die Beinchen in irrwitzigem Tempo kurze Trippelschritte vollführen. Ihre komische Art amüsiert mich; unwillkürlich muss ich an ältere Damen denken, die zum Bus oder zur Straßenbahn rennen.

Die Insel ist auf natürliche Weise baumlos. Nur bei den Estancias haben die Menschen Bäume als Windbrecher gepflanzt. Auf den ersten Blick erscheint die Vegetation eintönig, spärlich ist der Boden von Polsterpflanzen, Büschen und Gräsern bedeckt. Doch schaut man genauer hin, entdeckt man schnell die Vielfalt. Da ist *uña de gato,* ein Busch mit schmalen Blättern und Stacheln, wie der spanische Name »Katzenkralle« bildhaft widerspiegelt, oder die gelb blühende *quilem,* ebenfalls mit Dornen bewehrt. *Hyalis* wiederum blüht blasslila, und dann gibt es noch die verschiedensten Kakteen, eine Art ist sogar nach Darwin benannt. Spitze Stacheln, harte Dornen sind die typischen Merkmale fast aller Pflanzen.

Kupferrote Punkte in der Ferne signalisieren mir, dass dort eine Herde Guanakos weidet. Ich parke das Auto und gehe vorsichtig auf die Tiere zu. Mit dem Anschleichen hätte ich mich nicht so abmühen müssen, auf Valdés wird nicht gejagt. Erst als ich nur noch einen Steinwurf entfernt bin, äugen die sonst so scheuen Tiere in meine Richtung. Um ihnen zu signalisieren, dass ich für sie keine Gefahr bin, hocke ich mich nieder. Sie wenden sich wieder dem Blätterzupfen zu. Mit ihren samtweichen Mäulern rupfen sie Blättchen um Blättchen von den stachligen Wüstenbüschen, ohne sich zu verletzen. Mit Muße betrachte ich die graziösen Tiere, die mit übergroßen Augen unter langen Wimpern und dem rehfarbenen Fell dem »Bambi« von Walt Disney ähneln. Brust, Bauch, der vordere Hals und die Innenseiten der Beine sind von einem seidenweichen weißen Fell bedeckt. Vor den patagonischen Winden schützt sie am Rücken und an den Außenseiten der Beine ein rotbraunes oder zimtfarbenes wuscheliges Fell. Sie werden bis 1,50 Meter groß und etwa 120 Kilogramm schwer, wirken aber mit ihrem langen Hals und den grazilen Beinen feingliedrig und leicht.

Hinter ihnen liegt eine lange Geschichte der Evolution, die vor etwa 35 Millionen Jahren in Nordamerika begann. Über die Landbrücke von Panama drangen sie nach Südamerika vor und teilten sich in zwei Arten, die Guanakos und die Vicuñas. Aus diesen Wildformen züchteten die Indianer vor ungefähr 8000 Jahren Lamas und Alpakas. Alle vier Arten gehören zur Kamelfamilie, von denen es weltweit nur sechs Arten gibt, also noch die Dromedare mit einem Höcker und die Trampeltiere mit zwei Höckern.

Vor rund hundert Jahren lebten noch 30 Millionen Guanakos in Patagonien. Sie waren die Lebensgrundlage der Indianer. Zum einen stellten sie eine unersetzbare Nahrungsquelle dar, zum anderen wurden alle Teile der Tiere für die täglichen Bedürfnisse genutzt: die Felle für die Kleidung und das Nachtlager, das Leder für Schuhe,

Zelte, Beutel und andere wichtige Utensilien, die Sehnen zum Nähen. Auch in der Mythologie nahmen sie eine wichtige Stellung ein. Indianer und Guanakos lebten in einem ausgewogenen Gleichgewicht zusammen.

Dann begannen die weißen Siedler die Guanakos als Futterkonkurrenten zu jagen. Die Wildtiere würden den Schafen das Gras wegfressen, behaupteten sie. Pelztierhändler gaben zusätzliche Anreize zum Töten der Tiere, weil sich mit ihren Fellen hohe Profite erzielen ließen. Und so gibt es nur noch wenige Guanakos. Ihr Lebensraum sind die Steppen und Wüstengebiete Südamerikas, aber sie leben auch in den Bergen, sogar in Höhen von bis zu 4000 Metern. Schätzungsweise existieren von ihnen kaum noch eine halbe Million in Argentinien und Chile. Umso wichtiger sind Schutzgebiete wie die Halbinsel Valdés.

Während ich über das Schicksal der grazilen Tiere nachsinne, grasen sie in Ruhe weiter und ziehen in einem Halbkreis langsam durch die Vegetation. Der Chef der Truppe frisst schnell und hastig, dann muss er wieder sichernd Ausschau halten, wobei ich kein Objekt seiner Unruhe und Besorgnis bin. An meine Gegenwart haben sich die Tiere längst gewöhnt und beachten mich kaum. Gebückt und im Kniegang folge ich ihnen. Die Gruppe besteht außer dem Hengst aus sieben Stuten und ihrem Nachwuchs. Lange können die Jungtiere nicht die Geborgenheit ihrer Familie genießen. Wenn sie zwei Jahre alt sind, verstößt der Vater sie mitleidslos. Die jungen Weibchen werden von anderen Familienverbänden aufgenommen; die männlichen Jungtiere schließen sich erst einmal zu Junggesellentrupps zusammen, bis sie kräftig genug sind, einen alten Hengst zu besiegen und seinen Harem zu übernehmen.

Ich bin den Tieren sehr nahe und vernehme deutlich ihre Stimmen, mit denen sie sich wie mit einer Sprache verständigen. Fast un-

unterbrochen »reden« sie miteinander. Es klingt wie ein Summen auf verschiedenen Frequenzen. Ein leises Sirren signalisiert: »Hier bin ich!«, ein Brummen weist Jungtiere zurecht. Mit tiefen, dunklen Lauten halten Mutter und Kind Kontakt. Ist das Junge hungrig, verfällt es in eine schrille Tonlage. Das Repertoire ihrer Ausdrucksmöglichkeiten ist ungewöhnlich reich; je nach Situation ertönt ein Glucksen, Zischen, Fauchen, Grunzen, Knurren, Schreien, Wiehern oder ein orgelnder Gesang.

Ich bin vertraut mit Dromedaren und Trampeltieren und weiß, dass diese zwar ihren Unmut durch Gebrüll kundtun, aber ansonsten wenig mitteilungsbedürftig sind. Auch andere Herdentiere wie Pferde, Esel oder Schafe sind nicht so geschwätzig wie Guanakos.

Die Gruppe ist an der Grenze ihres Territoriums angelangt, jedenfalls erkenne ich in der Ferne eine zweite Herde. Auf Distanz wirkt am besten die Gebärdensprache. So wie sich zwei Schiffe auf hoher See mit Flaggensignalen verständigen, macht das Leittier dem fremden Hengst unmissverständlich klar, dass er sich einem besetzten Territorium nähert. Imponierend stellt er sich in Pose. Die Ohren angelegt, die Nase himmelwärts gereckt, den Hals in geschwungener S-Kurve, präsentiert er dem Rivalen seine Breitseite – ganz das Bildnis eines stolzen, kampfbereiten Grenzwächters. Beeindruckt vom Machogehabe, zieht sich der Fremde mit seiner Truppe zurück.

Manchmal aber kommt es zum Kampf. Dann staksen die Kontrahenten steif aufeinander zu, starten Scheinangriffe, bespucken sich, rammen sich mit heftigen Bruststößen und beißen mit den messerscharfen Vorderzähnen und den dolchartigen Eckzähnen heftig zu.

Ganz anders verhält sich das Leittier, wenn der Eindringling ein junges Weibchen ist, das vom eigenen Vater aus der heimatlichen Herde vertrieben wurde. Augenblicklich verfällt der stolze Hengst in Demutshaltung. Er senkt den Kopf, wedelt mit dem Schwanz, ist sich nicht zu schade für einen Kniefall. Mit eingeknickten Vorderfüßen kriecht er der Angebeteten entgegen, versucht sie in seinen Familienverband zu locken. Ein weibliches Guanako hingegen, das gerne von einer fremden Gruppe aufgenommen werden will, jedoch vom Hengst nicht beachtet wird, springt wie auf einem Trampolin mit allen vier Beinen gleichzeitig in die Höhe.

Mit der weidenden Herde bin ich in das Innere der Insel gelangt. Am Horizont breitet sich eine weiße Fläche aus, im Sonnenlicht gleißend wie Schnee. Es ist einer der Salzseen. Ich verlasse die Guanakos und marschiere neugierig los. Bald erreiche ich das Ufer, vor mir die Salzfläche wie ein zugefrorener See. Vorsichtig setze ich meinen Fuß auf die Saline. Sie trägt. Ich wage mich weiter. Es ist ein eigenartiges Gefühl, über Salz zu gehen. Diese lebensfeindliche Welt mit ihren fremdartigen Farben ist wie die Kulisse zu einem surrealistischen Film. Das Salz zu meinen Füßen schimmert zartrosa, weiter in der Ferne leuchtet es reinweiß, und das gegenüberliegende Ufer ist in violette Töne getaucht. Luftspiegelungen tanzen und flimmern über der aufgeheizten Saline. In der Mitte verflüssigt sich das Salz, erkennbar an dunklen, feuchten Flecken. Da ich nicht riskieren will, zu versinken und im Salz konserviert zu werden, kehre ich um.

Ein Schwarm amselgroßer, schwarzer Stärlinge mit blutroter Brust lässt sich zwitschernd im Ufergebüsch nieder. Lange kann ich sie nicht beobachten, denn schon hat mich ein Kiebitzpaar entdeckt. Aus der Luft stürzen sie auf mich herab, streifen meine Haare, biegen mit scharfer Wendung seitlich ab, steigen wieder hoch, stoßen von Neuem herunter, wobei sie unentwegt wilde Rufe ausstoßen. Mit diesen Scheinangriffen und dem schrillen Gezeter vertreiben sie mich schnell aus ihrem Revier.

Seit Stunden bin ich unterwegs, hungrig hocke ich mich nieder und packe meinen Proviant aus. Am Boden bin ich durch hohe Grasbüschel gut getarnt. Ohne mich wahrzunehmen, nähert sich ein Nandu. Ich wundere mich, dass er allein daherkommt, denn eigentlich leben diese Vögel gesellig in Herden. Wie seine Verwandten, die Strauße, können Nandus nicht fliegen. Mit wenig mehr als einem Meter Höhe sind sie um einiges kleiner als ihre afrikanischen Vettern und tragen ein unscheinbares, bräunlich aschgraues Gefieder. Dennoch wurden Nandus wegen ihrer Federn gejagt, die vor allem als modischer Hutschmuck begehrt waren.

Im Fernglas kann ich genau beobachten, wie der Vogel mit seinem langen Hals blitzschnell vorschnellt und mit dem relativ kurzen Schnabel eifrig nach Heuschrecken pickt. Auf einmal nehme ich im Gras eine Bewegung wahr. Zwischen den Halmen schaut ein Küken heraus, trippelt vor, dann kommt ein zweites. Bald ist der Nandu-Vater von einer zwölfköpfigen Kinderschar umringt, die ihm bei jedem Schritt folgt und ebenso wie das große Vorbild nach Insekten pickt.

Obwohl Männchen und Weibchen beim patagonischen Nandu äußerlich nicht zu unterscheiden sind, bin ich mir sicher, dass es der Vater ist, der seine Jungen ausführt, denn jedes Küken hat eine andere Mutter. Nandus haben ihre ganz eigene Strategie entwickelt, um Nachwuchs aufzuziehen: Für die Brautwerbung baut der Nandu ein großes Nest aus Gras, dann bläht er seinen Hals und stößt weithin schallende Rufe aus. Dieses dröhnende Geschrei klingt wie »nan-du«, daher der Name, und wirkt anlockend auf die Hennen, die gleich zu mehreren herbeieilen. Er paart sich mit jeder und wartet dann geduldig auf die Eier. Zur Eiablage dürfen sich die Weibchen nicht ins Nest setzen, das gehört allein ihm. Er fängt die Eier, die die Hennen stehend legen, mit ausgebreiteten Flügeln auf, lässt sie behutsam auf den Boden gleiten und befördert sie mit dem Schnabel ins Nest. Jede Henne schenkt ihm ein Ei. Je nachdem, wie viele sich versammelt haben, landen schließlich bis zwei Dutzend gelblich gefärbte Eier im Grasnest.

Sechs Wochen brütet er, während die Hennen dem Lockruf des nächsten Hahns folgen. Kaum sind die Küken geschlüpft, verlassen sie das Nest. Der Vater begleitet sie fürsorglich, bis sie herangewachsen sind. Bei Gefahr bietet er ihnen Schutz unter seinen Flügeln oder vertreibt die Angreifer.

Warum bei den Straußenvögeln der Vater die Mutterrolle übernimmt, ist leicht zu erklären. Würden die Nandus paarweise zusammenleben, könnten sie nur ein einziges Küken aufziehen. Alle drei Tage kann eine Henne ein Ei legen, und so wäre der Abstand zwischen den schlüpfenden Jungen entsprechend groß. Bei Nesthockern ist das kein Problem, da diese von den Eltern im Nest gefüttert werden, wohl aber bei Nestflüchtern. Während das erste Junge bereits das Nest verlässt, müssten die anderen Eier noch tagelang bebrütet werden. Die Mutterrolle des Nandu-Vaters, der die Küken von vielen Müttern gleichzeitig aufzieht, ist eine hervorragende Strategie, um so viel Nachwuchs wie möglich zu bekommen.

Tanz der Pinguine

Pinguine sind tatsächlich Vögel, und sie können auch sehr gut fliegen – aber nur unter Wasser. An Land dagegen bewegen sie sich wie schlecht gekleidete Ober. Sie tragen zwar einen Frack, aber der Schritt sitzt zu tief.

BORIS M. CULIK

Er kommt aus dem Meer und schüttelt sich, dass die Wassertropfen wie Kristallregen nach allen Seiten spritzen. Sein schwarzes Rückengefieder und der weiße Bauch glänzen im Sonnenlicht. Allerdings will der Watschelgang zu dem prächtig befrackten Outfit nicht recht passen.

»Sind schon komische Kerle, die Pinguine«, lacht Alex.

»Selber komisch!« Ana ist empört. Auf ihre Lieblinge lässt sie nichts kommen.

Der Biologin Ana und ihrem Mann Alex, einem Ingenieur, begegnete ich auf der Estancia Lorenzo, im Norden der Halbinsel Valdés. Sie arbeiten dort während ihrer Ferien und betreuen Reisende, bieten ihnen das volle Estancia-Programm mit Ausritten, Schafschur, Asado und Besichtigung der Pinguinkolonie. Weil sich die Schafzucht kaum noch lohnt, hat der Besitzer seine Estancia zu einer rustikalen Gästefarm umgestaltet, mit wissenschaftlichem Anstrich, wofür Ana verantwortlich ist. Den ehemaligen Schurraum hat sie mit Schautafeln bestückt, mit denen sie den Besuchern einen bildhaften Einblick in die Tier-, Pflanzen- und Meereswelt vermitteln will.

»Die Arbeit hier ist für mich goldrichtig«, schwärmt sie. »Die beste Gelegenheit, Daten für meine Promotion zu sammeln, für die ich Zusammenhänge zwischen Tourismus und Naturschutz untersuche.«

»Psst! Seid still! Wir wollen doch die Pinguine beobachten«, ermahnt uns Alex.

Er hat recht, es gibt viel zu sehen, denn der Rückkehrer aus dem Meer ist nicht der Einzige. Ständig tauchen neue Magellan-Pinguine aus den Fluten auf. Sie sind ungefähr 40 Zentimeter groß, der Kopf ist schwarz mit einem weißen Band, das über den Augen an der Stirn beginnt und sich dann in einem Bogen nach hinten zum Rücken und unter der schwarzen Kehle wieder nach vorn zieht. Unter diesem weißen Halsband haben Magellan-Pinguine ein breites schwarzes Band, nach diesem folgt wieder ein weißer Streifen, danach ein zweites, schmales, schwarzes Band, das nach unten über die beiden Flanken bis zu den Flügelansätzen verläuft. Diese gebänderte Gefiederfärbung ähnelt verblüffend dem Mantel der Phantasiefigur »Zorro«, dem Degenhelden und Kämpfer für Gerechtigkeit. Der Bauch ist weiß und der Rücken schwarz.

Die kleinen Tiere watscheln zu ihren selbst gegrabenen Höhlen an der Küste, während sich andere auf den Weg zum Strand begeben und in den Fluten untertauchen. Inzwischen ist unser Pinguin an seiner Erdhöhle angelangt, vor der zwei feiste Jungtiere hocken. Rabiat stürzen sie sich auf den Ankömmling. Einem gelingt es, seinen Schnabel tief in den Schlund des erwachsenen Pinguins zu stecken. Mit Schnabelhieben und Flügelschlägen wird es dabei von seinem Geschwister attackiert. Der Alte würgt Fische heraus.

»Pinguineltern möchte man nicht sein«, meint Alex mitfühlend.

»Solange die Küken noch klein sind, würgen die Eltern die Fische von selbst heraus«, erklärt mir Ana. »Übrigens gibt es keine äußeren Merkmale, um festzustellen, wer Vater oder Mutter ist. Einige Pinguine konnte ich bei der Paarung beobachten und habe sie dann mit entsprechenden Ringen markiert.«

»Warum sind die Jungen so hektisch und aggressiv? Bringen die Eltern nicht genug Fisch?«, frage ich.

»Jedes Küken will so viel Nahrung wie irgend möglich in sich hineinstopfen. Das erhöht seine Überlebenschance, deshalb ist die Konkurrenz zwischen den Geschwistern groß. Wer mehr Futter ergattert, hat einen besseren Start ins Leben«, antwortet Ana.

Mehrere hundert Magellan-Pinguine brüten an der Küste von Valdés. Vor jedem Höhleneingang warten die Jungen auf die Rückkehr der Eltern. Selten sind beide Geschwister gleich kräftig, meist hat sich eines auf Kosten des anderen den Wanst mit mehr Nahrung gefüllt.

»Das zuerst geschlüpfte Küken hat von Anfang an einen Vorteil. Es nutzt seinen körperlichen Vorsprung aus und bekommt die größten Happen. Der Nachzügler muss nehmen, was übrig bleibt. Bringen die Eltern zu wenig Nahrung, überlebt nur das Stärkere«, sagt Ana und mustert ihre Lieblinge aufmerksam.

»Die Höhlen graben die Pinguine mit ihren krallenbewehrten Füßen ein bis zwei Meter horizontal in den Boden«, erzählt die Biologin weiter. »Die Brutperiode dauert von September bis Mai, das ist ziemlich lange, aber es passiert ja auch viel: Höhlengraben, Partnerwerbung, Paarung, Eierlegen, Brüten und schließlich die Aufzucht der Jungen.«

»Schade, dass du die Balz verpasst hast, diese Watscheltänze sind urkomisch«, begeistert sich Alex.

Ana zieht die Augenbrauen hoch, schmunzelt dann aber. »Alex hat recht, die Pinguine haben schon eine lustige Art, sich wichtig zu machen. Sie recken den Schnabel in den Himmel, spreizen weit die Flügel, trompeten laut, watscheln auf der Stelle und heben dabei die Flossenfüße abwechselnd hoch, als wollten sie tanzen. Am Ende der Vorstellung verbeugen sie sich tief vor ihrer Angebeteten. Die macht es genauso – ein richtiger Paartanz. Für diese Tiere die beste Art festzustellen, ob sie zueinander passen. Je harmonischer sie sich in ihren Bewegungen abstimmen, umso mehr Bruterfolg haben sie.«

»Es sind ziemlich misstönende Laute, die sie von sich geben«, ergänzt Alex. »Sie trompeten nicht nur durchdringend, sie quietschen und krächzen. Der Lärm ist kilometerweit zu hören.«

»Letztes Jahr war ich in Punta Tombo, südlich von Trelew. Da ist der größte Nistplatz Südamerikas – eine halbe Million Magellan-Pinguine versammeln sich dort. Ein Höllenspektakel, und auch die Gerüche sind gewöhnungsbedürftig«, berichtet Ana.

Wir sitzen etwas erhöht am Rand der Kolonie, die wir somit gut überblicken können. Es herrscht ein stetes Kommen und Gehen. Pinguine, die zum Meer watscheln, um Nahrung für ihre Kinder zu besorgen, andere, die mit gut gefüllten Mägen und trippelnden kleinen Füßen zu ihren Erdlöchern eilen, den Kopf nach vorne geneigt, die Flügel gespreizt, um Bodenunebenheiten auszubalancieren.

Bevor sie ins Meer eintauchen, müssen sie sich erst einmal putzen, denn bei der Enge und Bedrängnis in der Kolonie wird ein Pinguin ziemlich schmutzig. Von allen Seiten wird er mit Kot bespritzt. Die weißlichen Ausscheidungen treten mit hohem Druck aus, werden in weitem Bogen in die Gegend geschleudert und treffen nicht selten die Nachbarn.

»Wisst ihr eigentlich, dass Pinguine eine lebenslange Partnerschaft pflegen?«, beginnt Ana. »Scheidungen und Ehebruch, die gibt es natürlich auch, doch wenn alles gut geht, nisten sie jedes Jahr mit dem gleichen Partner.«

»Was meinst du mit ›wenn alles gut geht‹?«, will ich wissen.

»Das Schwierigste ist, sich wiederzufinden.«

»Wieso?«, frage ich verständnislos.

»Nach der Brutzeit trennen sich die Paare, verschwinden im Meer, jeder schwimmt für sich allein oder in kleinen Gruppen monatelang durchs Wasser. Erst zur nächsten Fortpflanzungssaison kommen sie wieder an Land und suchen ihren Partner vom Vorjahr.«

»Wie erkennen sie sich denn, sie sehen doch alle gleich aus?«, fragt Alex.

»Nur für unsere Augen. Pinguine entdecken feine Unterschiede im Muster der schwarz-weißen Streifen an Kopf und Brust, vor allem aber erkennen sie sich an der Stimme. Jeder Pinguin hat sein eigenes Stimmmuster. Sich aber inmitten der Kolonie mit ihrem ohrenbetäubenden Lärm gegenseitig zu hören ist nicht gerade leicht. Da müssen sie schon laut genug rufen, und der Partner muss gute Ohren haben.«

»Was geschieht, wenn sie sich nicht finden?«, frage ich.

»Manchmal passieren richtige Tragödien. Ein Paar – er trug einen blauen Ring, sie einen roten – verfehlten sich immer wieder«, erzählt Ana. »Blau kam Ende August an Land, wartete eine Woche auf seine Pinguinin, dann trieb ihn der Hunger ins Meer zurück. Kaum war er weg, erschien Rot und hoffte acht Tage lang auf sein Erscheinen. Als sie zum Fischefangen verschwand, tauchte er wenige Stunden später auf. So ging es noch einige Male hin und her. Immer verpassten sie sich knapp. Schließlich paarte sich Rot mit einem Fremden und legte zwei Eier. Als sie brütend in der Höhle saß, erschien Blau. Kurz darauf fand ich das Nest zerstört, die Eier waren zerbrochen, Blau, Rot und der Fremde waren verschwunden. Die Kämpfe zwischen Rivalen sind unbarmherzig. Sie traktieren sich mit Schnabelhieben, packen den Gegner am Hals, schlagen wild mit dem Flügeln auf ihn ein. Tödliche Verletzungen sind gar nicht so selten.«

»Das ist ja grausam! Jetzt verstehe ich, warum du immer das Gesicht verziehst, wenn ich betone, wie lustig diese Tiere sind«, sagt Alex nachdenklich zu Ana.

»Liebenswert sind sie aber trotzdem«, werfe ich ein.

»Das stimmt, kaum ein anderes Tier ist so beliebt wie der Pinguin«, bestätigt Alex. »Denkt doch mal an die vielen Plüschtiere, Plastikfiguren und was weiß ich noch alles. Pinguine scheinen die

Phantasie von Spielzeugherstellern, Comiczeichnern und Grafikern regelrecht zu beflügeln.«

»Dabei wissen die Wenigsten Genaueres über sie«, wirft Ana ein. »Im Gespräch mit Besuchern höre ich die irrsinnigsten Meinungen. Manche Leute glauben doch tatsächlich, Pinguine wären Fische, weil sie im Meer leben, oder Säugetiere wie Wale und Delfine.«

Wir kehren zur Estancia zurück. Ana und Alex laden mich ein, den letzten Tag, den sie noch hier sind, zusammen mit ihnen zu verbringen. Gern sage ich zu.

Neben dem Gebäude steht ein Windrad, mit dem Wasser hochgepumpt wird. Obwohl es aus 80 Meter Tiefe stammt, schmeckt es salzig und gibt dem Tee oder Kaffee eine seltsame, nicht gerade angenehme Note.

Die Zeit, die bis zum Abendessen bleibt, nutze ich für einen Spaziergang. Mein Ziel ist ein einzelner Baum in der Ferne mit einer kuppelförmigen Krone. Unterwegs kreuzen Hasen meinen Weg, keine Kaninchen, sondern tatsächlich unsere europäischen Feldhasen. Auch sie wurden in Argentinien ausgesetzt, haben sich reichlich vermehrt und machen den einheimischen Mara Konkurrenz.

Mara sind nahe Verwandte der Meerschweinchen, haben aber viel Ähnlichkeit mit unseren Hasen, nur sind ihre »Löffel« kürzer, die Beine dafür länger. Sie sind genügsame Pflanzenfresser. Die Paare ziehen ihre Jungen, die gleich nach der Geburt laufen können, gemeinsam groß. Auf Valdés sind die Mara seltener als die Hasen, nur aus weiter Entfernung habe ich sie ein paarmal gesehen.

In der Nähe des knorrigen Baumes hat sich eine Eulenfamilie angesiedelt. Es sind Kanincheneulen, die so heißen, weil sie in Erdhöhlen leben. Sie sind klein, kaum größer als eine Amsel, und wagen es doch, mich anzugreifen, als ich nichts ahnend ihr Territorium betrete. Lärmend und zeternd fliegen sie auf mich zu, als wollten sie sich in meinen Kopf verkrallen, schwenken aber in ihrem Flug jedes Mal geschickt zur Seite. Fünf Eulen zähle ich, wahrscheinlich die Eltern mit ihren erwachsenen Kindern. Sie jagen bei Tageslicht und nicht wie bei Eulen allgemein üblich in der Dämmerung. Als gewandte Flieger verfolgen sie in rasanten Kurven geflügelte Insekten, sind aber auch gut zu Fuß. Hochbeinig staksen sie durch die Gegend. Treffen sich zwei, begrüßen sie sich mit ruckartigem Kopfnicken.

Die Ferienarbeit von Ana und Alex ist zu Ende. Am nächsten Tag bieten sie mir an, mich auf ihrer Rückreise nach Bariloche zum Nahuel-Huapi-Park in das Seengebiet am Fuße der Anden mitzunehmen, wo ich in ihrem privaten Ferienhaus auf einer Insel im See noch ein paar Tage verbringen und meine Reise ausklingen lassen könne. Erfreut nehme ich das Angebot an.

Uns folgt eine Fahne aus Staub, manchmal holt sie uns ein, wenn Alex wegen Schlaglöchern und Bodenwellen die Geschwindigkeit drosselt. Der Staub umhüllt uns, ist überall, trübt die Augen, kitzelt die Nase, knirscht zwischen den Zähnen. Das eintönige Band der Schotterstraße führt quer durch das Land von Ost nach West, fast ohne Biegungen, Kurven oder Abzweigungen, immer geradeaus. Nichts Grünes, nur graubraune Grasbüschel, selten eine Schafherde – und Staub, Staub, Staub.

So geht es Stunde um Stunde. Wir halten immer mal wieder an, um der Eintönigkeit zu entfliehen, aber da gibt es nichts, was sehenswert wäre. So fahren wir weiter, verlieren das Zeitgefühl.

Und plötzlich sehen wir sie – die Anden! Zartblaue Silhouetten tauchen am Horizont auf. Die Luft wird klarer und reiner, aus dem blauen Dunst treten nach einigen Kilometern die Berge deutlich hervor, in strahlendem Weiß, bedeckt von Schnee und Eis. Das Blau des Himmels bringt die Berge zum Leuchten und zaubert Freude in unsere zuvor von der Monotonie gedämpfte Stimmung. Ana und Alex beginnen zu singen und fordern mich auf mitzutun.

Am zweiten Tag erreichen wir Trevelin, der Name verrät, dass sich auch hier Waliser angesiedelt haben. Der Name setzt sich aus den gälischen Worten für Stadt »tre« und Mühle »velin« zusammen. Etwas außerhalb der Ortschaft finden wir Unterkunft bei Freunden von Alex und Ana. Ich werde gefragt, ob ich wisse, dass ganz in der Nähe im Cholila-Tal einst die Banditen Butch Cassidy und Sundance Kid versucht haben, ein ehrbares Farmerleben zu führen? Bekannt waren mir die beiden aus dem Hollywood-Klassiker mit Paul Newman und Robert Redford. Die Illusion, die der Film hervorruft, lässt fast vergessen, dass es diese Bankräuber in Wirklichkeit gab, und nun erfahre ich, dass sie sogar hier in Patagonien ihre Spuren im Staub der Pampa hinterlassen haben.

Ana und Alex kennen das Cholila-Tal und beschreiben mir die Ranch von Butch und Sundance: Sie besteht nur aus einem einfachen Blockhaus und Stallungen aus grob zugehauenen Baumstämmen, wie sie in Nordamerika gebaut werden und hier in dieser Gegend etwas fremdartig wirken. Bis vor wenigen Jahren hatte ein chilenischer Einwanderer dort gehaust, seitdem verfällt das Anwesen.

»Schade eigentlich«, meint Alex, »aber vielleicht wird es doch noch restauriert als Gedenkstätte an die glorreiche Zeit des Wilden Westens und an das südamerikanische Abenteuer der beiden Revolverhelden.«

Die Banditen hatten sich wohl tatsächlich in ehrlicher Absicht im Tal niedergelassen und wollten ihre kriminelle Lebensweise aufgeben, um Viehzüchter zu werden. Die Dritte im Bunde war Ethel Place, eine ehemalige Lehrerin aus Denver und die Freundin von Sundance. Die Männer kauften Vieh, richteten das Haus mit Mobiliar ein und pflegten Kontakte zu Nachbarn, die aus Wales, England, Irland oder Schottland stammten. Keiner schöpfte Verdacht, niemand ahnte, dass diese Neusiedler steckbrieflich gesuchte Verbrecher waren. Als der Gouverneur auf Inspektionsreise vorbeikam, wurde gefeiert. Ethel tanzte mit dem Gouverneur, während Sundance auf der Gitarre spielte.

Nach fünf Jahren zerbrach die Idylle. Die Detektive der Pinkerton-Agentur – heute würde man sie Kopfgeldjäger nennen – hatten unbeirrt weitergeschnüffelt. Obwohl die Gesuchten falsche Namen benutzten, fanden die Detektive ihre Spur, die nach Südamerika führte. Die drei mussten ihre Ranch verlassen und flüchteten nach Norden. Als Abschiedsgeschenk raubten sie die Bank von Mendoza aus. Ethel kehrte in die USA zurück, Butch und Sundance wanderten nach Bolivien aus und arbeiteten dort in einem Zinnbergwerk. Viel Lebenszeit blieb den beiden Outlaws nicht mehr. Sie konnten die Finger nicht von der Lohnkasse lassen und wurden 1908 auf der Flucht von einer bolivianischen Militärpatrouille erschossen.

Danach wandelte sich der Ruhm der Bankräuber ins Legendenhafte. Die Bewunderer wollten nicht so richtig an den Tod ihrer Helden glauben. Längst nach ihrem amtlich beglaubigten Tod behauptete immer wieder jemand, sie noch lebend gesehen zu haben. Einer wollte es genau wissen und ließ 1999 in San Vicente, der Bergwerkssiedlung in Bolivien, wo Butch und Sundance ums Leben kamen, ein namenloses Grab exhumieren. Er behauptete, die Gebeine der beiden gefunden zu haben, was schon die Beinknochen beweisen würden. Sind sie doch um vieles länger als die der Bolivianer.

Abschied

Lebe wohl, Patagonia! – Ich habe in deine unvergleichlichen Schönheiten geschaut, habe vom verführerischen Calafatestrauch genascht, unvergessen sollen Land und Leute in mein Herz eingegraben sein.

ALFRED KÖLLIKER

Schon einmal war ich Inselkönigin. Ein Jahr lang lernte ich auf Galapagos das Gefühl kennen, wie es ist, allein auf einer Insel leben zu dürfen. Es war ein kleines Eiland, ein Splitter mitten im Ozean, umgeben von hohen Brandungswellen, auf der ich als Biologin meine Beobachtungen durchführte. An der schwarzen Lavaküste hockten Meerechsen, die darauf warteten, bei Ebbe den Algenrasen abweiden zu können.

Ganz anders die Insel im Nahuel-Huapi-See. Er ist ein Überbleibsel aus der Eiszeit, mehr als 100 Kilometer lang und 438 Meter tief. Fast alle Flüsse und Bäche der Umgebung münden in ihn. Der See erstreckt sich weit in die Berge hinein, füllt die Täler, bildet Fjorde und Buchten.

Mitten im See liegt die große Insel Victoria, daneben gibt es noch einige kleine Inseln und Halbinseln. Meine Insel ist immerhin so groß, dass auf ihr Wälder wachsen, in denen Hirsche leben. Es ist eine Robinson-Insel, denn außer mir bewohnt sie niemand, und ein Freitag ist nicht zu erwarten. *Nahuel* bedeutet in der Sprache der Indianer »Puma«, und *huapi* heißt »Insel«, also die Insel der Pumas. Doch wenn es hier einmal Pumas gab, so sind sie lange schon verschwunden.

Am Rande des Waldes steht ein Blockhaus, das meinen Freunden gehört und in dem ich wohnen darf. Eine zartgrüne Wiese, übersät mit lila Herbstblumen, dehnt sich bis zum See aus. Wellen schlagen glucksend an das Kiesufer. Das Wasser wechselt seine Farben mit dem Tageslicht – silbern im Morgengrauen, wenn Nebelschleier ziehen, und golden glitzernd, wenn die ersten Sonnenstrahlen darauf tanzen. Mittags leuchtet der See dunkelblau, fast violett, am Abend rötet er sich bei Sonnenuntergang. Im Westen erhebt sich der hohe Gebirgskamm der Anden. Manchmal sind die verschneiten Berge zum Greifen nah, dann wieder weit weg, verborgen im Wolkendunst.

Die Einsamkeit behagt mir, sie schenkt mir Kraft. Wie ein allein stehender Baum, der unbeschattet von allen Seiten Licht empfängt, sich durch einen vollkommenen Wuchs auszeichnet, so muss auch ich hin und wieder allein sein, in mich einkehren, mich lösen von Pflichten und Regeln, die sich im Zusammensein mit anderen Menschen ergeben. Ich finde mich selbst im Alleinsein, ruhe in der Stille und lasse die Zeit an mir vorbeiziehen. Die Sonne, die Erde, die Sterne, alles bewegt sich, nur ich verharre ruhig. Was mich antrieb auf meiner Reise, die Neugier, die Wissbegier, ist verstummt. Meine Insel ist wie eine Schale, die mich vor der Welt schützt, wo ich im Verborgenen liege wie ein Samenkorn im Erdreich.

Ich tue und erwarte nichts, und doch passiert etwas mit mir. Meine Sinne öffnen sich, werden schärfer und wacher. Ich nehme die Farben tiefer wahr, höre das zarte Schwirren der Kolibris, die im Flug ihren Schnabel in die Blütenkelche senken, schmecke den Mate-Tee, den ich mir braue, rieche den bitteren Geruch herbstlich gefärbter Blätter, spüre die Sonne auf meiner Haut und die Kälte der Nacht.

Jeden Abend besucht mich ein Skunk, ein schwarz-weißer kleiner Kerl, der schnell begriffen hat, dass er für seinen Mut von mir mit Leckerbissen belohnt wird. Auf Marderart schleicht er sich geräuschlos an, und im Sternenlicht funkeln seine Augen.

Die Bäume, die Gräser, die Sonnenstrahlen, die Wolken, die Wellen, der See und die Berge, mal nah, mal fern, in allem ist Leben. Wer zu sehen und zu fühlen weiß, ist nicht einsam. In der Tiefe meines Seins spüre ich, dass mein Leben ganz und gar unwichtig ist und doch auch wieder nicht, weil ich ein Teil der Natur bin. Ich koste die Einsamkeit und die tiefe Ruhe bis zur Neige aus und gewinne allmählich die Lust zurück, das Leben zu feiern, Freude zu finden am Lächeln der anderen.

An manchen Tagen verlasse ich meinen Lieblingsplatz in der Bucht am Ufer und streife durch den Wald, der dicht und verwachsen ist. Aus Gebüsch und Dickicht ragen 300-jährige Bäume heraus, deren herbstliche Kronen ein rotes Blätterdach bilden. Tief im Inneren der Insel entdecke ich einen Weiher, wie verzaubert wirkt er auf mich. Das dunkle Wasserauge ist von Myrthenbäumen wie mit einem Wimpernkranz geschmückt.

Die Myrthen, auch Rayanbäume oder Arrayan genannt, sind etwas Einmaliges. Sie müssen hundert Jahre oder älter sein. Ihre Stämme sind zimtbraun, schlank und biegsam, und sie neigen sich weit über den Teich, spiegeln sich im Wasser. Ich liebe es, mich in die Astgabel eines Myrthenbaums zu schmiegen und hinauf in den Himmel zu schauen, den ziehenden Wolken nach, dann wieder hinab auf das stille Wasser. Im Gebüsch knackt es leise. Langsam, den schlanken Hals gereckt und den Kopf mit den großen Augen immer weiter vorschiebend, treten sie heraus, die *huemule,* Andenhirsche. Sie wittern, verharren eine Weile, stehen da wie aus Bronze gegossen, dann schreiten sie zum Weiher, senken die Köpfe und trinken sich satt. In meiner Baumkrone wage ich kaum zu atmen. Still, wie sie gekommen sind, tauchen sie wieder ein in das Blätterdickicht des Waldes.

Eines Morgens liegt meine Insel unter Reif erstarrt, die Luft riecht nach Schnee, der nahe Winter kündigt sich an. Ich fühle mich seltsam zerrissen, möchte gleichzeitig bleiben und doch auch weiterziehen. Ein stetes Abschiednehmen ist das Leben, und immer ist es schmerzlich, denn was war, wird nie wieder sein. Der Augenblick vergeht. Das Leben ist nur beständig in der Veränderung. Mein Inselaufenthalt war wie eine Häutung, für die ich Stille und Ruhe gebraucht habe. Um Neues zu erfahren, muss man Altes von sich abstreifen.

Zum Abschied suche ich meine Lieblingsplätze auf: die halbmondförmige Bucht am See und den Weiher, wo die Andenhirsche ihre Tränke haben. Die Sonne scheint warm vom Himmel. Der glitzernde Reif ist längst geschmolzen, und die Herbstblätter flammen noch immer rot. Auf einer Lichtung entdecke ich Calafate-Sträucher. Die Zweige hängen übervoll mit dunkelblauen Beeren. Ich pflücke mir eine Handvoll und genieße ihren unvergesslichen Geschmack. Der Busch lockt mit weiteren Beeren, und ich esse mich satt.

Calafate war einst ein wunderschönes Indianermädchen, liebreizend wie keine andere. Viele begehrten sie. Sie aber liebte nur einen Einzigen und schenkte ihm ihr Herz. Der Jüngling gelobte ihr Treue ein Leben lang und betrog sie doch mit einer anderen. Der Verrat brach Calafate das Herz. Vor Schmerz erstarrte sie. Langsam wuchsen aus ihren Füßen Wurzeln, die sich in den Boden senkten. Aus ihren Armen sprossen Äste und Zweige. Calafate verwandelte sich in einen Busch. Alles, was sie gefühlt und gelitten hatte, ihre Liebe und ihre Trauer, verewigte sich in den Früchten, die im Herbst reifen. Wie heißt es doch: Wer die süßbittersauren Calafate-Beeren gekostet hat, den wird die Sehnsucht nach Patagonien sein Leben lang nicht verlassen, und er kann gar nicht anders, als nach Patagonien zurückzukehren.

Ob es nun die Beeren sein werden oder ein Brief von Martin … vielleicht werde ich wiederkommen. Aber für immer hierzubleiben wie die Einwanderer, die einst aus allen Ländern Europas kamen, das könnte ich nicht. Und ich ahne, dass es Freiheit ohne Trauer und ohne Verzicht nie geben kann, wie schon Janis Joplin sang: »*Freedom is just another word for nothing left to lose*«. Erst wenn man nichts mehr zu verlieren hat, ist man frei.

ANHANG

Argentinien

Argentinien hat viele Reichtümer, allerdings kein Silber. Dennoch rührt die Bezeichnung »Argentina« vom lateinischen Wort *argentum* für Silber her. Diese Namensgebung ist den spanischen Eroberern zuzuschreiben, die im Land unermessliche Schätze vermuteten. Die Flüsse tragen das Silber aus den Bergen mit sich, so glaubten sie, und nannten den mächtigen Strom, der bei Buenos Aires in den Atlantik mündet, Río de la Plata (Silberfluss). Die Hoffnungen auf das Edelmetall erwiesen sich letztlich als Irrtum, trotzdem entschied sich im Jahr 1860 Präsident Santiago Derqui für den Namen »Republica Argentina« als offizielle Landesbezeichnung.

Argentinien ist der achtgrößte Staat der Erde und nach Brasilien der zweitgrößte Südamerikas. Das Land ist 2,8 Millionen Quadratkilometer groß, die Ausdehnung von Norden nach Süden beträgt 3 694 Kilometer, die von Westen nach Osten an der breitesten Stelle 1 423 Kilometer. Im Osten grenzt Argentinien an den Atlantischen Ozean, im Westen an Chile, im Norden an Bolivien und Paraguay, im Nordosten an Brasilien und Uruguay.

Das gesamte westliche Grenzgebiet wird von den Anden eingenommen, der längsten kontinentalen Gebirgskette der Erde. Der höchste Berg, der Aconcagua, 6 962 Meter, liegt nahe der argentinisch-chilenischen Grenze in der Provinz Mendoza.

Mit natürlichen Ressourcen ist Argentinien reich gesegnet. Bodenschätze sind vor allem Erdöl, Erdgas, Kohle und Edelmetalle. Flüsse dienen der Gewinnung von Hydroenergie und zur Bewässerung der Kulturflächen bei der Erzeugung von Wein und Obst, vor allem von Zitrusfrüchten. In den Feuchtgebieten werden Reis, Zuckerrohr und

Bananen angebaut. Im trockenen Chaco pflanzt man Baumwolle an, und die Pampa ist noch immer eines der größten Getreideanbaugebiete der Erde. Auf den Weiden grasen über 50 Millionen Rinder, und die Schafherden Patagoniens liefern Wolle und Fleisch, während an der Atlantikküste intensiver Fischfang betrieben wird.

Argentinien ist ein Land, das jeden Reisenden durch seine Vielseitigkeit begeistert. Die klimatischen und landschaftlichen Unterschiede haben Fauna und Flora und zu einem gewissen Grad auch die Mentalität der Bewohner beeinflusst. Kaum ein anderes Land wird den Besucher mit so vielen unterschiedlichen Eindrücken überraschen können wie Argentinien.

Klima

Durch seine große Ausdehnung weist Argentinien eine Vielzahl unterschiedlicher Klimazonen auf. Sie reichen von tropisch-feuchtem Klima im Norden über heißes Wüsten- und trockenes Steppenklima in der Pampazone bis zu kühl-feuchtem Klima in Feuerland.

Anders als in Europa nehmen in Argentinien die Wärmegrade vom Norden nach Süden kontinuierlich ab. Im subtropischen Norden erreicht das Thermometer im Sommer (Dezember, Januar, Februar) oft eine Temperatur von über 40 Grad Celsius. In der Hauptstadt Buenos Aires dagegen können schon Temperaturen von 27–35 Grad bei einer Luftfeuchtigkeit von 80 Prozent unangenehm feuchtheiß sein, während man zur selben Zeit in Feuerland nur 12 Grad Celsius misst.

Argentiniens Lage zwischen den Anden und dem Atlantik beeinflusst, wie viel Regen fällt. Hochdruckgebiete über dem Atlantik führen warme, feuchte Luft in den Nordosten des Landes, wo höchste Niederschlagsmengen von 2 000 Millimetern im Jahr gemessen werden. In den Steppen- und Wüstengebieten bestimmen dagegen Westwinde das trockene Klima. Die Feuchtigkeit wird von der über

4 000 Meter hohen Andenkordillere zurückgehalten. Deshalb fallen in Patagonien oft nur 200 Millimeter Niederschlag im Jahr.

Landschaft und Geologie

Argentinien erstreckt sich zwischen dem 22. und dem 55. Grad südlicher Breite, Raum für eine Vielfalt unterschiedlicher Biotope. Tropische Regenwälder finden sich im äußersten Nordosten mit dem spektakulären Highlight, den Iguazù-Fällen. Die Größe und Schönheit dieses mächtigen Wasserfalls ist unvergleichlich. Beeindruckend ist auch die Kakteenwüste im Hochland der Anden bei Jujuy. Zerklüftete Felsmassive in der Andenkordillere mit tätigen Vulkanen und hohen Gipfeln begeistern die Besucher, ebenso wie die unglaublichen Weiten der Pampa, die Steppen der patagonischen Hochebene, die Gletscher und Seen, die Tierparadiese an den Küsten, die Buchenwälder in Feuerland.

Fauna und Flora ist von großer Artenvielfalt, aber nur drei Tierarten sind von der bolivianischen Grenze im Norden bis zum Süden überall vertreten: Guanako, Puma und Kondor.

Argentinien teilt sich mit Chile die Südspitze des Kontinents. Die Andenkette bildet im Westen eine natürliche Grenze zwischen beiden Ländern mit 35 Sechstausendern, wobei der Aconcagua der höchste Gipfel der südlichen Hemisphäre ist. Im Osten Argentiniens erstreckt sich die rund 4 000 Kilometer lange Atlantikküste.

Argentinien verdankt seine eindrucksvollen Landschaften erdgeschichtlich weit auseinanderliegenden Perioden: der Erdfrühzeit (Präkambrium) und dem Tertiär. In der Erdfrühzeit, die mindestens 500 Millionen Jahre zurückliegt, entstanden die kristallinen Platten. Sie bildeten zunächst einen zusammenhängenden Block, wurden jedoch durch Senkungsvorgänge in die Brasilianische und die Patagonische Platte getrennt.

Im Tertiär, der geologisch jüngsten Zeit, wurden durch die Kollision der Nazca- und der Südamerikanischen Platte die Anden aufgefaltet. Vor 70 Millionen Jahren begann dieser Prozess, aber erst als sich vor etwa 15 Millionen Jahren die Anden zum Hochgebirge auftürmten, begann die Versteppung der weiten Ebenen Patagoniens, die bis dahin von Wäldern bedeckt waren.

Erdbeben und Vulkane weisen darauf hin, dass die gewaltigen Platten aus der Erdfrühzeit nach wie vor in Bewegung sind. Mit etwa neun Zentimetern pro Jahr bewegt sich die Nazca-Platte vorwärts, geologisch gesehen eine rasante Geschwindigkeit, wobei die Anden ungefähr zwei Zentimeter emporgehoben werden.

Die patagonischen Anden sind der südliche Ausläufer der Kordillere, die sich rund 7 000 Kilometer entlang der Pazifikküste von Kolumbien bis Feuerland erstreckt. In Patagonien und auf Feuerland ist das Gebirge besonders schmal und zudem von einem Labyrinth von Inseln, Kanälen und tief eingeschnittenen Fjorden durchzogen, sowie vom patagonischen Inlandeis bedeckt, das auf 1000 Meter Dicke geschätzt wird. Schroffe Bergketten, von denen die Gletscher herabströmen, ragen aus dem Eis.

Rätsel der Erstbesiedlung

Während der Eiszeit war viel Wasser zu Eis erstarrt, deshalb sank, im Vergleich zu heute, der Meeresspiegel um rund 150 Meter. Weite Küstengebiete lagen trocken, so auch die Meerenge zwischen Sibirien und Alaska, die heutige Beringstraße. Es heißt, die ersten Menschen seien vor etwa 12 000 Jahren über diese Landbrücke von Asien nach Amerika gewandert. Als Beweis gilt die älteste Fundstätte Nordamerikas in der Nähe der Ortschaft Clovis, die 11 000 Jahre alt ist.

Aber waren die Clovis-Menschen wirklich die Ersten? Archäologen entdeckten in zahlreichen Gebieten Südamerikas Funde, die es nicht geben dürfte, weil sie viel älter sind als die von Clovis. Die seit

Jahrzehnten bekannten Fundorte in Brasilien, Mexiko, Kolumbien, Ecuador und Peru werden durch neueste Grabungen in Südchile am Monte Verde gestützt. Die dort gefundenen Artefakte sind 12 500 Jahre alt.

Von etablierten Wissenschaftlern, vor allem aus Nordamerika, werden diese Fakten noch immer nicht anerkannt. Die Datierung sei falsch, wird behauptet, zudem sei Südamerika von einem dicken Eispanzer bedeckt gewesen. Vor dem Ende der Eiszeit hätten keine Menschen in diesen südlichen Gebieten leben können.

Inzwischen ist aber bewiesen, dass die Umgebung des Monte Verde in Südchile bereits vor 40 000 Jahren eisfrei war. Die Gletscher haben nämlich nicht so viel Land mit Eis überzogen, wie vermutet worden war. Eindeutig konnten Forscher anhand der Endmoränen, die jeder Gletscher vor sich herschiebt, feststellen, wie weit er sich ausgedehnt hatte. Wo sich heute 600 Meter hohe Moränen befinden, bis dahin ist der Gletscher gewandert. Mit einer neuartigen Methode kann das Alter der Moräne mittels eines in Quarzen enthaltenen Datumsspeichers gemessen werden.

Aber wie sind dann die Menschen nach Südamerika gelangt? Nur eine einzige Antwort ist möglich: Sie kamen über die Ozeane. Schon Thor Heyerdahl hat mit seiner »Kon-Tiki«, einem Floß aus Balsaholz, und der »Ra«, einem Papyrus-Boot nach Bauplänen aus Pharaonengräbern, viel Aufsehen erregt. Auf eindringliche Weise hat er gezeigt, dass diese Fahrzeuge seetüchtig waren und man mit ihnen sowohl den Pazifik als auch den Atlantik überqueren konnte. Seine Experimente blieben damals bei Fachleuten umstritten. Kein Wissenschaftler, der ernst genommen werden wollte, wagte die Doktrin von der Erstbesiedlung über die Beringstraße anzuzweifeln. Inzwischen ist die Beweiskraft durch neue wissenschaftliche Messmethoden und Ausgrabungen erdrückend, zum Beispiel fand man in 3 000 Jahre alten Pharaonengräbern Tabakblätter, die nachweislich nur aus Amerika stammen können. Das Puzzlespiel, das Archäologen in Zusammenarbeit mit Forschern anderer Wissensgebiete zusammensetzen, erhält ein immer klareres und gesichertes Bild: Die ersten Menschen wanderten nicht auf dem Landweg von Sibirien nach Nordamerika, die ersten Siedler in Amerika waren Steinzeit-Seeleute, die über die Ozeane kamen.

Die Forschungen gehen weiter, ein weltweites Gen-Projekt soll Aufschluss geben über die Herkunft der Völker und ihre Wanderungen in früher Vorzeit.

Bevölkerung

In einem Gebiet, das achtmal so groß ist wie Deutschland, leben nur 37 Millionen Menschen. Von diesem wiederum leben allein 12 Millionen in Groß-Buenos Aires, das heißt in der Hauptstadt, umgeben vom Ring der Vorstädte. Abgesehen von den Städten gehört Argentinien zu den am dünnsten besiedelten Ländern der Erde.

Argentinien gilt als »weißes« Land Lateinamerikas, das am meisten europäisch beeinflusste. Nur 850 000 Menschen gehören zur indigenen Bevölkerung. Ihre indianische Identität und Kultur zu pflegen und zu bewahren ist angesichts der Übermacht der »weißen« Bevölkerung schwierig. Die Nachfahren der Ureinwohner gehören meist zu den armen und unterpriviligierten Schichten der Bevölkerung, erhalten keine oder kaum staatliche Unterstützung, sind im Stadtproletariat untergegangen oder in Randgebiete verdrängt.

Auch die Nachfahren der spanischen Eroberer werden zahlenmäßig von den Einwanderern aus anderen Gebieten weit übertroffen. Kein anderes Land Südamerikas hat einen so gewaltigen Strom an Immigranten erlebt wie Argentinien. Seit dem 19. Jahrhundert kamen Menschen aus ganz Europa, dem Nahen Osten und Asien in mehreren großen Einwanderungswellen nach Argentinien, die meisten stammen aus Italien. Der starke Anteil an Italienern färbte die spanische Sprache zum typisch argentinischen Dialekt.

Geschichte der Eroberung

Bevor die Spanier in Argentinien auftauchten, war das Land von zahlreichen nomadisierenden Indianerstämmen bevölkert. Sie jagten Guanakos und Nandus oder ernährten sich an der Küste von Fischen, Muscheln und anderen Meerestieren. Nur im Nordwesten beherrschten einige Indianer bereits künstliche Bewässerung und betrieben Ackerbau. Diese Indianervölker waren vom Inkareich beeinflusst, das sich bei Ankunft der Spanier bis in den Norden des heutigen Argentinien erstreckte. Erst Ende des 15. Jahrhunderts hatten die Inka ihre Eroberungszüge so weit ausgedehnt und dieses Gebiet mit einem Netz fester Siedlungen überzogen und wahrscheinlich auch die Zucht von Lamas initiiert.

Die ersten Versuche der Spanier, sich in Argentinien anzusiedeln, scheiterten. Als Erster erreichte Juan Diaz de Solis im Jahr 1516 die Mündung des Río de la Plata. Er starb bei Kämpfen mit Indianern, der Rest der Mannschaft kehrte nach Spanien zurück. Als Nächster kam im Jahr 1526 der Venezianer Sebastiano Caboto, ebenfalls im Auftrag des spanischen Königs, an die Mündung des Río de la Plata, fuhr sogar den Río Paraná hinauf. Er begegnete bei den Indianern dem Schiffsjungen Francisco del Puerto und nahm ihn mit zurück nach Spanien. Francisco war 14 Jahre alt, als Indianer Juan Diaz de Solis und seine Leute überfallen und ihn gefangen genommen hatten, über zehn Jahre lebte er bei ihnen.

Im Jahr 1536 landete Pedro de Mendoza mit 16 Schiffen, 1600 Mann, Pferden und Waffen an der Mündung des Río de la Plata und gründete dort eine Siedlung, die er unter den Schutz der Jungfrau Maria stellte. Deshalb gab er ihr den Namen »Puerto Nuestra Señora Santa Maria del Buen Aire« (Hafen unserer heiligen Jungfrau Maria der guten Winde), das heutige Buenos Aires. Als die Lebensmittel knapp wurden und die Männer bei feindlich gesinnten Charrúa-Indianern nichts eintauschen konnten, gab Pedro de Mendoza die Siedlung auf. Er wollte nach Spanien zurückkehren, starb aber auf hoher See.

Ein von Mendoza den Río Paraná flussaufwärts gesandter Expeditionstrupp unter Führung von Juan de Salazar y Espinosa gründete 1537 Asunción, die heutige Hauptstadt Paraguays.

Inzwischen hatte Francisco Pizarro im Namen der spanischen Krone Peru erobert und das Reich der Inka zerstört. Die Beute an Edelmetallen war riesig, und Lima wurde zum Zentrum der spanischen Kolonie. Den sagenhaften Silberberg gab es tatsächlich, er wurde in Bolivien bei Potosi entdeckt.

In das Gebiet des heutigen Argentinien wurden von Spanien aus keine weiteren Expeditionen gesandt, Buenos Aires geriet in Vergessenheit. Die Besiedlung Argentiniens erfolgte erst allmählich von Peru, Chile und den anderen angrenzenden Gebieten aus. Im Jahr 1580 unternahm Juan de Garay von Asunción aus den Versuch, Buenos Aires wiederaufzubauen, was erst seinem Nachfolger Hernando Arias de Saavedra gelang.

Der Vizekönig in Lima gestattete den Bewohnern von Buenos Aires keinen selbstständigen Handel, obwohl die Stadt einen Hafen hatte, der von Europa aus leicht zu erreichen war. Sämtliche Waren aus Spanien, die für Buenos Aires bestimmt waren, mussten in Panama auf dem Landweg vom Atlantik zum Pazifik transportiert werden (den Panamakanal gab es noch nicht), dann per Schiff nach Lima, von dort den beschwerlichen Landweg über die Anden nach Asunción, dann auf dem Paraná-Fluss nach Buenos Aires. Der weite und abenteuerliche Transport nahm sehr viel Zeit in Anspruch und machte die Waren nahezu unbezahlbar. Dieser für die Bewohner von Buenos Aires schwer zu ertragende Zustand änderte sich erst im Jahr

1776, als sich Argentinien und angrenzende Gebiete vom Vizekönigreich Peru abtrennten. Pedro de Cevallos, der erste Vizekönig von Buenos Aires, genehmigte als erste Amtshandlung sofort den freien Handel. Die Stadt hatte zu dieser Zeit bereits 24 000 Einwohner.

Geschichte im Überblick

1516 erreicht der Spanier Juan Diaz de Solis die Mündung des Río de la Plata. Er glaubt, der Fluss sei die gesuchte Passage zum Pazifik, die er im Auftrag des spanischen Königs Karl V. finden sollte. Die Begegnung mit den kriegerischen Charrúa-Indianern endet für den Entdecker tödlich. Die Überlebenden des Überfalls kehren nach Spanien zurück mit einigen bei den Indianern eingetauschten oder gestohlenen Gegenständen aus Silber. Das Gerücht von einem Berg ganz aus Silber (Sierra de la Plata) entflammt die Phantasie zukünftiger Abenteurer.

1520 Fernando de Magellan entdeckt auf der Suche nach der Westpassage die nach ihm benannte Meeresstraße.

1526 Der Venezianer Sebastiano Caboto führt ebenfalls im Auftrag des spanischen Königs seine Mannschaft an die Mündung des Río de la Plata, fährt sogar den Río Paraná hinauf, um nach Silber zu suchen. Die Suchaktion ist nicht von Erfolg gekrönt, und er kehrt enttäuscht zurück.

1535 Pedro de Mendoza versucht, eine Siedlung am Río de la Plata zu gründen. Der Versuch scheitert vor allem am Mangel an Nahrungsmitteln und den Angriffen der Indianer, denen die Spanier gewaltsam Nahrung abpressen wollen. Mendoza gibt die Siedlung auf und stirbt auf der Überfahrt nach Spanien.

1544 Das Gebiet des heutigen Argentinien wird dem spanischen Kolonialreich als Teil des Vizekönigreichs Peru angegliedert.

1580 Neugründung von Buenos Aires durch Juan de Garay, der ebenfalls ein Opfer der Indianer wird. Die Stadtgründung wird dann von seinem Nachfolger Hernando Arias de Saavedra vollendet.

1776 Argentinien, Uruguay, Paraguay, Bolivien und Teile Brasiliens bilden das Vizekönigreich Río de la Plata, als Hauptstadt wird Buenos Aires bestimmt.

1810 Unter dem Eindruck des Zusammenbruchs der spanischen Regierung im Mutterland durch die napoleonische Eroberung, setzt die Militärjunta unter Führung General Manuel Belgranos den spanischen Vizekönig Baltasar de Cisneros ab und bildet eine autonome Regierung. Dieser Tag, der 25. Mai, wird als Datum der Unabhängigkeit Argentiniens gefeiert.

1813 Die spanischen Truppen werden bei Tucamán von den Aufständischen geschlagen.

1814 General Belgrano muss das Kommando an San Martín abgeben, der Peru von der spanischen Herrschaft befreit und die Armee über die Anden nach Chile führt.

1816 Die autonome Regierung erklärt am 9. Juli formell die Unabhängigkeit von Spanien. Uruguay, Bolivien und Paraguay spalten sich ab. Bürgerkriege zwischen Zentralisten (städtische Kaufleute) und Föderalisten (Großgrundbesitzer) erschweren die Konsolidierung des neuen Staates. Der Nationalheld San Martín kann seine politische Vision von einem einheitlichen Südamerika nicht durchsetzen. Verbittert verlässt er das Land, geht nach Europa und stirbt dort verarmt und vergessen im Jahr 1850.

1825 Die argentinische Konföderation entsteht ohne das staatenlose Patagonien. Die Machtverhältnisse polarisieren sich weiter zwischen den Zentralisten und Föderalisten.

1833 Die Falklandinseln, die seit 1820 zu den vereinigten Provinzen gehörten, werden von Großbritannien annektiert.

1835 Aus den blutigen Bürgerkriegen geht Juan Manuel de Rosas als Sieger hervor. Er wird Gouverneur von Buenos Aires und setzt diktatorisch den argentinischen Einheitsstaat durch.

1853 Nach dem Sturz des Diktators durch Justo José Urquiza, Gouverneur von Entre Ríos, der mithilfe der Nachbarstaaten erfolgte, wird Argentinien Republik und erhält eine neue Verfassung. Manuel de Rosas gelingt es, nach England zu flüchten; dort stirbt er im Jahr 1877.

1868 Die steigende europäische Nachfrage infolge der industriellen Revolution führt in Argentinien zu einem Umbau der Wirtschaft. Weizen wird neben Fleisch wichtigstes Ausfuhrgut. Argentinien wird zur Kornkammer Europas.

1870 Beginn der Einwanderungswellen aus Europa.

1877 Das von Indianern besiedelte Patagonien wird gewaltsam und blutig durch die zwei »Wüstenfeldzüge« von General

Roca. kolonisiert. Es sind Ausrottungskriege, prinzipiell werden keine Gefangenen gemacht. Grundbesitzer eignen sich riesige Territorien an.

1920 Höhepunkt der wirtschaftlichen Blüte durch Exportwirtschaft.

1930 Die Weltwirtschaftskrise erreicht Argentinien und löst eine Revolte aus (Aufstand der Landarbeiter), die blutig niedergeschlagen wird. Mithilfe der Militärs festigen konservative Kräfte ihre Macht. Die Wirtschaft erholt sich zwar in der Folgezeit, aber die demokratische Entwicklung wird weiterhin unterdrückt.

1943 Das Militär unter Führung von General José Uriburu übernimmt durch einen Putsch die Macht und leitet damit Serien von militärischen Interventionen ein, die bis in die Neuzeit anhalten.

1946 Aus den Machtkämpfen innerhalb des Militärs geht Juan Domingo Perón siegreich als Präsident hervor. Er regiert neun Jahre, unterstützt von seiner zweiten Frau Evita. Ihre Anhänger sind Hafenarbeiter (Bewegung der *descamisados,* der Hemdlosen) und Gewerkschafter. Evita überzeugt Perón, auf das einfache Volk zu setzen, dadurch wird Perón eine Gefahr für die Reichen und Mächtigen.

1955 Nach dem frühen Tod von Evita Perón mit nur 33 Jahren verliert Domingo Perón immer mehr an Einfluss. Nach Zerwürfnissen mit der Armee putscht das Militär erneut, Perón muss zurücktreten und wird gezwungen, ins Exil zu gehen. Er wählt Spanien. Die soziale und politische Stabilisierung unter der neuen Militärregierung gelingt nicht. Die Folge sind Währungsverfall und Arbeitslosigkeit. Die Auslandsschulden wachsen. Politische und wirtschaftliche Probleme bleiben ungelöst.

1962 Nach der kurzen Phase einer bürgerlichen Regierung übernehmen wieder die Militärs die Macht.

1966 Argentinien meldet seinen Anspruch auf die Falklandinseln bei der UN an, ohne eine Änderung der Situation zu erreichen.

1969 Miserable Lebensbedingungen der Arbeiter führen zu Streiks, die in Unruhen münden.

1971 Sturz der Militärregierung

1973 Der nach Argentinien zurückgekehrte Perón wird erneut zum Präsidenten gewählt, stirbt aber schon ein Jahr später.

1974 Seine dritte Frau Isabel übernimmt sein Amt, wird jedoch von Hintermännern instrumentalisiert. Die peronistische Bewegung zerfällt in sich bekämpfende Flügel, begleitet von links- und rechtextremistischem Terror. Der Ausnahmezustand wird verhängt.

1976 Erneut übernimmt das Militär unter Jorge Rafael Videla die Macht. Die Verfassung, die Gewerkschaft, Vereine und alle bürgerlich-sozialen Organe werden aufgelöst und verboten. Zusammenbruch der Wirtschaft. Über 40 Prozent aller Beschäftigten verlieren ihre Arbeit. Die radikale Verschlechterung der Lebensverhältnisse führt zu Unruhen. Das Militärregime verhaftet, foltert und ermordet vermeintliche Gegner, besonders viele Jugendliche, Studenten und Gewerkschaftsangehörige. Als Vorwand dient der »Kampf gegen Terrorismus«. Der blutigen Diktatur fallen Zehntausende zum Opfer.

1982 Noch immer herrscht die Militärdiktatur. Um von wirtschaftlichen Problemen und den miserablen Lebensbedingungen der Bevölkerung abzulenken, beginnen die Militärs den Falklandkrieg gegen Großbritannien. Durch die Niederlage wächst der öffentliche Druck auf die Militärregierung. Generalstreiks und Großdemonstrationen sind die Folge und führen zur Selbstauflösung der Militärjunta.

1983 Raúl Alfonsín wird zum Präsidenten gewählt. Eine Währungsreform wird angeordnet. Die Gewerkschaften werden wieder zugelassen. Eine Phase der Demokratisierung beginnt.

1984 Verfahren gegen Verantwortliche der Folterungen und Morde werden vor zivilen Gerichten eröffnet, ein bis dahin einmaliges Ereignis in ganz Südamerika. Eine Kommission untersucht das Schicksal von unzähligen Toten und Vermissten, man spricht von über 30 000 Opfern. Doch es bleiben »kosmetische« Bemühungen. Alfonsín ist um Ausgleich bemüht und verabschiedet das »Schlusspunktgesetz« und das »Gesetz der Gehorsamspflicht«. Die Schuldigen werden nicht bestraft.

1989 Präsident Carlos Menem gewinnt die Wahl und löst den eher zögerlichen, aber moderaten Raúl Alfonsín ab. Menem erreicht mit seiner Privatisierungspolitik einen vorübergehenden Wirtschaftsaufschwung, der jedoch in Hyperinflation, Arbeitslosigkeit, Rezession und Korruption mündet. Dennoch gelingt es Carlos Menem, wiedergewählt zu werden.

1999 Der als Antikorruptionskämpfer angetretene Fernando de la Rúa scheitert an der Wirtschaftspolitik. Die miserable Lebenssituation breiter Bevölkerungsschichten führt wiederholt zu Demonstrationen. Die von Polizei und Militär blutig unterdrückten Proteste zwingen den Präsidenten zum Rücktritt. Argentinien ist hoch verschuldet, der Staatsbankrott droht. Interimsregierungen versuchen vergeblich, die Krise einzudämmen. Die Lage ist aussichtslos. Präsident Rúa muss mithilfe eines Hubschraubers aus der »Casa Rosada«, dem Präsidentenpalast, fliehen.

2002 Néstor Kirchner wird Präsident, zuvor war er Gouverneur der patagonischen Provinz Santa Cruz. Er tritt ein schweres Erbe an. Das, was diversen Vorgängern nicht gelungen ist, nämlich das Land wirtschaftlich zu stabilisieren, scheint ihm zu gelingen. Doch der bald einsetzende Wirtschaftsaufschwung, der Bau von riesigen Einkaufspalästen, der Ausbau der alten Hafendocks zur Flanier- und Amüsiermeile mit schicken Restaurants, luxuriösen Hotels und teuren Loftwohnungen kann nicht darüber hinwegtäuschen, dass Korruption und Vetternwirtschaft wie eh und je bestimmende Faktoren sind und fehlende soziale Maßnahmen einen Großteil der Bevölkerung ins soziale Abseits drängen.

2007 Kirchners Ehefrau Christina wird zum neuen Regierungsoberhaupt gewählt.

Antarktisvertrag

Der südlichste Kontinent der Erde ist der einzige, den Menschen nicht in Besitz genommen haben und der bisher nur der wissenschaftlichen Forschung dient. Dennoch erheben gleich zwölf Länder Ansprüche auf den Südpol. Australien, Neuseeland, Argentinien und Chile sehen sich als »Nachbarn« der Eiswüste und würden sie deshalb gern unter sich aufteilen. England, Frankreich und Norwegen begründen ihren Anspruch mit dem Recht der Entdecker. Belgien, Japan und Südafrika haben Forschungsstationen im ewigen Eis. Die USA und Russland wollen als Supermächte bei der Regelung der Antarktisfrage die wichtigste Rolle spielen. Mitte des 20. Jahrhunderts spitzten sich die Konflikte zwischen den vermeintlichen Anspruchsländern zu, die zu einem Krieg um die Antarktis hätten führen können. Der Antarktisvertrag sollte die Situation entschärfen.

Nach monatelangen Verhandlungen unterzeichneten die zwölf Anspruchländer in Washington unter dem Vorsitz des US-Präsidenten Eisenhower am 1. Dezember 1959 den Antarktisvertrag. Sein Grundsatz lautet: Südlich des 60. Breitengrads sind militärische Stützpunkte verboten, ebenso Waffenlagerung, Atomversuche und Entsorgung nuklearer Abfälle. Die Antarktis steht ausschließlich der friedlichen Forschung offen, und zwar allen Staaten, die dem Abkommen beitreten. Das sind heute 44 Nationen, seit 1979 auch die Bundesrepublik Deutschland.

Der Vertrag trat im Jahr 1961 in Kraft. Er endete zunächst 1991, wurde jedoch bis zum Jahr 2041 verlängert. Auch wenn der Antarktisvertrag Gebietsansprüche untersagt, sind sie doch nur »eingefroren« und nicht endgültig geklärt, zumal die territorialen Ansprüche der einzelnen Staaten sich überlappen und noch eine weitere Reihe von Ansprüchen auf subarktische und antarktische Inseln bestehen.

Deutschland erhob in der Vergangenheit ebenfalls Anspruch auf ein Gebiet in der Antarktis (Neuschwabenland), das sich auf dem von Norwegen beanspruchten Territorium befindet. Die Bundesregierung hat diesen Anspruch fallen gelassen, behält sich aber das Recht der geografischen Namensgebung vor.

Falklandinseln oder Islas Malvinas?

Der Inselarchipel liegt im Atlantik vor der Küste Argentiniens und ist ein Restsplitter vom Gondwanaland, als diese riesige Landmasse vor rund 250 Millionen Jahren auseinanderbrach, wobei die Kontinente Amerika, Afrika und Antarktis entstanden und auseinanderdrifteten.

Auf den flachen Inseln – höchste Erhebung 708 Meter – wachsen wegen des ständigen Windes keine Wälder. Nur Heidekräuter und Gräser (43 verschiedene Grasarten) bedecken die Quarzfelsen.

Wem nun wirklich diese Inseln gehören? Schwer zu sagen. Sogar darüber, wem der Ruhm als Erstentdecker gebührt, wird gestritten. Nach alten Chroniken sollen die Insel um 1540 beim Vorbeifahren von einer spanischen Mannschaft der »Incognita« unter Kapitän Alvar de Medaña erstmals gesichtet worden sein.

Nach britischer Auffassung aber hat der Pirat John Davis im Jahr 1592 die Inseln als Erster wahrgenommen, seine Angaben im Logbuch stimmen jedoch nicht mit der wirklichen Lage der Inseln überein.

Die Holländer dagegen sind der Meinung, Sebald de Weerth habe den Archipel 1600 entdeckt. Aber erst 90 Jahre später ging der erste Mensch dort an Land, der Engländer John Strong, der das Eiland nach Admiral Viscount Falkland benannte. Um 1700 legten französische Seeleute an und gaben dem Archipel den Namen Les Malouines, abgeleitet von ihrem Heimathafen Saint-Malo, im Spanischen wurde daraus Malvinas.

Franzosen waren im Jahr 1764 die ersten Siedler auf den bis dahin unbewohnten Inseln, dann verkaufte Frankreich das Gebiet an Spanien. Im Jahr 1816 erklärte Argentinien sich unabhängig vom spanischen Mutterland und übernahm die Gebietsrechte an den Islas Malvinas. Im Jahr 1833 erschien eine britische Flotte, und der argentinische Gouverneur Pinedo musste wehrlos mitansehen, wie die Engländer die argentinische Flagge einholten und den Union Jack am Fahnenmast hochzogen. Fortan gehörten die Inseln zum britischen Hoheitsgebiet. Ein Flottenstützpunkt und eine Kolonialverwaltung wurden installiert.

Am 1. April 1982 versuchte Argentinien, die Inseln zurückzuerobern. Die Invasion verlief zunächst friedfertig, kein Inselbewohner kam zu Schaden. Doch England schickte seine Task Force in den Südatlantik, erbitterte Luft- und Landkämpfe folgten. Die Argentinier konnten den englischen Elitetruppen nicht lange Widerstand leisten und kapitulierten. Der Verlust während des 74-Tage-Kriegs war auf beiden Seiten hoch: 1 000 Tote, 125 Flugzeuge, 10 Schiffe. Über 30 000 Landminen (durch Sperren markiert) liegen noch im Boden.

Nach wie vor erneuert Argentinien jedes Jahr seinen Anspruch auf die Islas Malvinas. Einzig bei der Bezeichnung einigte man sich auf einen Kompromiss: Nach einem Beschluss der UN darf der Archipel gleichermaßen Falkland wie Islas Malvinas genannt werden.

Patagonien

Diese Region beginnt südlich des Río Colorado und erstreckt sich über fast 2 000 Kilometer Richtung Süden bis zur Magellan-Straße. Patagonien ist äußerst dünn besiedelt, auf zwei Quadratkilometern lebt im Durchschnitt nur ein Mensch. Seine Fläche entspricht nahezu dem Sechsfachen der Größe Deutschlands, Österreichs und der Schweiz zusammen.

Patagonien gilt als Metapher des Endlosen, weil es ein Gefühl der totalen Entgrenzung von Raum und Zeit suggeriert – das Auge sieht unbegrenzt bis zum Horizont. Die fliehende Weite verschiebt die Vorstellung von Distanzen, und so erlebt man als Reisender das Land noch größer, als es tatsächlich ist. Dadurch entstand der Mythos eines Landes ohne Grenzen.

Patagonien wird in zwei durch die Anden voneinander getrennte Gebiete unterteilt: Westpatagonien, das überwiegend zu Chile gehört, und das größtenteils zu Argentinien gehörende Ostpatagonien. Oftmals wird auch das südlich der Magellan-Straße gelegene Feuerland zu Patagonien gerechnet.

Der argentinische Teil Patagoniens ist mit einer Fläche von 800 000 Quadratkilometern doppelt so groß wie Deutschland und besteht aus vier Provinzen: Chubut, Neuquén, Río Negro und Santa Cruz.

Es ist ein karges, vom Wind zerfurchtes Land mit steppenartigen Hochplateaus, in das Flüsse tiefe Täler und Senken gegraben haben. Da Patagonien im Regenschatten der Anden liegt, fällt selten Niederschlag. Charakteristische Vertreter der patagonischen Tierwelt sind Guanakos, Nandus und Kondore. Die Seen werden von Flamingos und zahlreichen Wasservögeln bevölkert.

Namensgebung

Angeblich soll der Name auf den portugiesischen Entdecker Ferdinand Magellan zurückgehen, wobei gleich zwei Varianten im Umlauf sind. Magellan soll von der großen Statur der Tehuelche-Indianer sehr beeindruckt gewesen sein und sie deshalb *patagon* genannt haben, inspiriert von einer fiktiven Gestalt, dem Riesen »Patagon«. Er ist eine Figur in den »Novelas de Caballeria«, einer Sammlung von Rittergeschichten, die in jener Zeit große Beachtung fanden. Ob Magellan aber diese Geschichten kannte, ist nicht überliefert. Eine andere Möglichkeit wäre die Herleitung von *pata,* was »Fuß« bedeutet. Es heißt, Magellan und seine Männer hätten am Ufer Fußspuren der Tehuelche entdeckt, die ihre Füße wegen der Kälte mit Fellen von Guanakos umwickelt hatten. Die Spanier sollen überrascht ausgerufen haben: Was für ein großer Fuß! Also Pata-gon. Aber das Anhängsel »gon« existiert im Spanischen gar nicht.

Sprachwissenschaftler haben versucht, die Namensgebung aus den Indianersprachen herzuleiten. Da aber die Sprache der Tehuelche mitsamt den Menschen verschwunden ist (im Unterschied zur Sprache der Yamana haben Missionare nur wenige Wörter dieser Sprache aufgeschrieben), griff man auf das besser bekannte Quechua zurück, die Sprache, die im Inkareich gesprochen wurde und nur im hohen Norden Argentiniens durch die Eroberungen der Inka eine gewisse Rolle gespielt hat. So heißt *pata-gynya* auf Quechua Land der Hügel. Ob dieses Wort aber als Bezeichnung für Patagonien in den Sprachschatz gelangte, ist nicht schlüssig erklärt.

Die Vokabel *patak* wiederum heißt in der Sprache der Tehuelche »hundert«; *aóneken,* so hatten sich die Tehuelche selbst genannt. *Patak-aóneken* (hundert Menschen) ergibt aber keinen rechten Sinn.

Die Sprachforscher haben noch weitere Erklärungsversuche anzubieten: Die Silbe *pa* bedeutet in der Sprache der Tehuelche »hervorkommen« beziehungsweise »entstehen«. Mit *thagon* ist etwas gemeint, das »kaputt« ist. Daraus schlussfolgerte man, Patagonien sei das Land, das nach einem großen Erdbeben entstanden sei.

Kein Wunder, dass Patagonien zum Land der Mythen wurde, wenn bereits der Ursprung seines Namens sich im diffusen Nebel der Vergangenheit verliert.

Wörterbuch der Yamana-Sprache

Das Opus von Missionar Thomas Bridges (s. S. 20) umfasst 32430 Begriffe – und war dennoch nicht vollendet. Die mit Bildern und Assoziationen aufgeladene Sprache der Wassernomaden schien uferlos zu sein, so wie die Feuerlandkanäle im Nebel. Immer wieder schrieb der Reverend seine Deutungen um, verbesserte, erweiterte, vertiefte das Begriffsfeld.

Nach seinem Tod durchlebte sein Werk eine Odyssee – dreimal ging das Manuskript verloren und wurde jedes Mal nur durch einen glücklichen Zufall wiedergefunden. Zunächst gelangte es in die Hände eines Betrügers mit Namen Frederick Cook. Er versuchte es als seine eigene Arbeit auszugeben. Zuletzt überlebten die Schriftstücke in Deutschland den 2. Weltkrieg in einer Küchenschublade. Heute wird die originale Handschrift im Rare Manuscript Room des Britischen Museums in London aufbewahrt.

Die Höhle der Hände

Um Wiederholungen zu vermeiden, habe ich mich für die Beschreibung der Felsmalereien in den Cuevas de Walichu entschieden, da aber die Cueva de las Manos (Höhle der Hände) eine der bedeutendsten archäologischen Stätten Patagoniens ist, möchte ich sie im Anhang nicht unerwähnt lassen. Sie liegt im Nordwesten der Provinz Santa Cruz, wo 9 000 Jahre alte Felsbilder gefunden wurden. Wer nicht mit dem eigenen Fahrzeug unterwegs ist, kann einen Tagesausflug mit Führung in der Stadt Perito Moreno buchen.

Mit dem eigenen Wagen oder einem Mietauto fährt man auf Nebenstraßen, der RN 40 und über raue Schotterpisten, durch das landschaftlich reizvolle Tal des Río de las Pinturas. Es gibt zwei Zufahrtswege zur Höhle. Eine direkte Route führt über das 46 Kilometer entfernte Bajo Caracoles auf der südlichen Seite des Flusses. Die zweite Route beginnt an der Estancia de los Toldos und der Hostería Cueva de las Manos, die jeweils über einfache Gästezimmer verfügen, und 60 Kilometer südlich des Ortes Perito Moreno liegen. Von dort fährt man auf der nördlichen Seite des Río de los Pinturas bis zu einer Fußgängerbrücke, wo sich das Informationszentrum befindet.

Tief hat sich der Fluss ins Gestein gegraben und einen Canyon gebildet, der mit seiner wildromantischen Landschaft verzaubert. In etwa 90 Meter Höhe erkennt man auf einer Länge von etwa einem Kilometer eine Kette von Aushöhlungen in der Felswand, zu denen man auf einem steilen Pfad hinaufsteigt. Leider sind die Grotten durch Gitter abgesperrt, um die Malereien vor Beschädigungen zu schützen.

Die Mehrzahl der Felsbilder kann man in einer Höhle bewundern, die 24 Meter in den Felsen hineinreicht. Dort sind die Wände und auch das gewaltige Felsdach über und über mit roten, gelben oder ockerfarbenen Abbildungen von Menschen, Tieren, kultischen Zeichen, Symbolen und vor allem Händen (829 hat man gezählt) bedeckt.

Für die Farben wurden Mineralien verwendet, die mit Gips und Tonerden gemischt wurden. Für leuchtende Rottöne wurden Eisenoxide verwendet, für Hellrot bis Ocker Hämatit und Magnetit, für Gelb natronhaltige Gesteine, für Schwarz Manganerz und Holzkohle.

Erstaunlich ist das handwerkliche Können und Wissen der steinzeitlichen Höhlenmaler. Zum Beispiel wurde der Gips, so haben Wissenschaftler festgestellt, erhitzt, um ihn abbindefähig zu machen, zusätzlich wurden die Farbpigmente mit tierischen Fetten gebunden.

Aber die Entschlüsselung des mystischen Inhalts der Bilder ist den Forschern bisher kaum gelungen. Mehr Fragen als Antworten stellen sich: Wer waren die Schöpfer der Bildwerke? Welche Bedeutung haben die Hände? Warum wurden überwiegend linke und nur 36 rechte Hände abgebildet? Haben die Positivabdrücke eine andere Bedeutung als diejenigen, wo nur die Konturen dargestellt sind? Warum fehlen an einigen Händen einzelne Finger?

Versteinerte Schätze – Rückblick in Jahrmillionen

Die 150 Meter hohen Felsen am Río Chubut unweit Gaiman geben mit ihren Schichtstufen deutliche Einblicke in eine viele Millionen Jahre zurückliegende Vergangenheit. Vom Paläologischen Museum in Trelew wurde ein Lehrpfad angelegt, nach Voranmeldung kann man an der gut dreistündigen geführten Exkursion teilnehmen.

Die oberste Schicht zeigt die »kurze« Epoche von 10 000 Jahren, in der sich der Río Chubut nach der endgültigen Auffaltung der Anden in das Plateau eingegraben hat. Der nächste Abschnitt weist mit rund geschliffenem Geröll vulkanischen Ursprungs auf eine bis zu 100 000 Jahre zurückliegende Zeit hin. Dann folgen Millionensprünge. Vor 9–28 Millionen Jahre wurde das Gebiet vom Meer überflutet, fossile Haifischzähne künden von dieser Zeit. Millionen Jahre später lag das Land wieder trocken.

Eine Reihe in Glaskästen ausgestellter Fossilien dokumentiert eindrucksvoll die Evolution, wobei es besonders reizvoll ist, diese Zeugen der Vergangenheit unter freiem Himmel und direkt am Fundort besichtigen zu können.

Patagonien gilt als eine der ergiebigsten Fundstätten der Welt. 15 verschiedene Sauriergattungen, dazu Hunderte von Nestern mit Eiern und geschlüpften Sauriern wurden bisher entdeckt. Nicht allein die Anzahl der Funde, sondern deren Alter und Erhaltungsgrad liefern bisher unbekannte Informationen, sogar ein 170 Millionen Jahre altes Exemplar, dessen Haut noch erhalten war, wurde gefunden.

Fossile Highlights sind:

1. Eorapter: 230 Millionen Jahre alt, vermutlich der Vorfahr der Saurier.
2. Argentinosaurus huinculensis: 170 Millionen Jahre alt, größter bekannter Pflanzenfresser, 40 Meter lang, 18 Meter hoch, 70 Tonnen schwer.

3. Gigantosaurus carolinii: 150 Millionen Jahre alt, größtes bekanntes Raubtier, 15 Meter lang, 8 Meter groß, 22 Zentimeter lange, dolchartige Zähne.

Schutz der Natur

Patagonien gilt als Refugium unverletzter Natur, weit abgelegen von den Einflüssen der Zivilisation. Doch es ist ein Irrtum zu glauben, dass dieses Gebiet auf Dauer vor Zerstörungen bewahrt bleiben wird. Die Begehrlichkeiten der Holzfirmen sind geweckt, schon zerstören Kettensägen die patagonischen Urwälder. Überweidung macht weite Flächen unfruchtbar. Fischreiche Flüsse werden als Privatbesitz eingezäunt, und die Ölförderung verschmutzt das Land. Auf neuen Straßen rückt die Zivilisation samt all ihrer Übel immer weiter voran. Die unstillbare Gier des »Fortschritts« wird auch dieses Land fressen und es seiner Wildnis berauben. Dennoch ist Rettung möglich, weil es immer wieder Menschen gibt, die sich für den Erhalt dieses Naturschatzes einsetzen. Der Erste war Francisco Moreno, der schon im 19. Jahrhundert zu Beginn der Erforschung ahnte, wie nötig einmal Schutzgebiete sein würden.

Als Dank für seine Forschungsarbeit und seine Leistungen beim Vermessen der Landschaft erhielt Francisco Moreno vom argentinischen Staat 75 Quadratkilometer Land geschenkt. Statt das Geschenk für sich selbst zu nutzen, eine Estancia zu gründen und das Land durch Weidewirtschaft zu schädigen, schlug Moreno den entgegengesetzten Weg ein. Er gründete im Jahr 1903 das erste Naturreservat Argentiniens und nannte es Parque National Sur, das zur Keimzelle des heutigen Nationalparks Nahuel Huapi wurde.

Kristine McDivitt geht einen ähnlichen Weg. Die erfolgreiche Geschäftsführerin der Outdoor-Bekleidungsmarke »Patagonia« hat viel Geld verdient, das sie nach dem Verkauf ihrer Konzernanteile in den Umweltschutz steckte. Sie gründete den Patagonia

Land Trust (PLT), dessen Ziel es ist, die biologische Vielfalt Patagoniens zu bewahren. Der Trust kauft Land von Privateigentümern, um dieses vor industrieller Ausbeutung, Überweidung und Überfischung zu retten. Diese Kulturlandschaften und Wildnisrefugien werden der Öffentlichkeit in Form von Nationalparks und Landschaftsschutzgebieten zugänglich gemacht.

Unterstützt wird Kristine McDivitt von ihrem Mann Douglas Tompkin; auch er kommt aus der Textilbranche. Mit 5 000 Dollar Startkapital hatte Tompkin »The North Face« gegründet, eine Marke für Freizeitbekleidung, verkaufte diese mit Gewinn und baute den Modekonzern »Esprit« auf. Im Jahr 1989 zog er sich, noch keine 50 Jahre alt, aus dem Geschäftsleben zurück. Durch den Verkauf seiner Aktien um 150 Millionen reicher, war er nun in der Lage, seinen Traum eines kompromisslosen Ökologiekonzepts zu verwirklichen. Begradigte Flüsse werden in ihre ursprünglichen Betten zurückgeleitet, Weideland in Wiesen verwandelt, Wälder vor Holzeinschlag gerettet, Flüsse und Seen vor Überfischung geschützt.

Douglas Tompkin kaufte riesige Ländereien, vor allem in Südchile. So entstand in Chile der Park Pumalín. Er ist das größte private Naturschutzgebiet der Erde.

»Wir kaufen Land, verwandeln es in Nationalparks und geben es an den Staat zurück, verlangen dafür aber die Garantie, dass es Naturschutzgebiete bleiben«, sagt McDivitt, die in Argentinien am Monte León an der Atlantikküste und in der Nordprovinz Corrientes Land erworben hat.

Informationen unter: www.patagonialandtrust.com

Reisetipps

Verkehrte Welt

Da Argentinien auf der Südhalbkugel liegt, erscheinen manche Dinge einem Besucher von der Nordhalbkugel als verkehrte Welt. Die Sonne steht mittags im Norden, der zunehmende Mond sieht aus wie der abnehmende in Europa, ist also rechts geöffnet. Ebenso sind die Jahreszeiten vertauscht. Das argentinische Sommerhalbjahr reicht von Oktober bis März. Hochsommer ist im Januar, der Hauptferienzeit der Argentinier.

Einreise

Ein Visum ist nicht erforderlich, wenn der Aufenthalt nicht länger als 90 Tage dauert und ein gültiger Reisepass vorliegt. Eine Verlängerung bis zu einem halben Jahr ist möglich, es besteht aber kein Anspruch darauf. Zuständig ist die Einwanderungsbehörde, Dirección de Migraciones, in der Straße Antárctica Argentina 1355 in Buenos Aires. Die Prozedur ist manchmal bürokratisch und langwierig. Besser, man stellt sich darauf ein, bringt Zeit, Geld und Geduld mit. Eine andere elegante Möglichkeit: vor Ablauf der Frist für ein paar Tage ins Nachbarland ausreisen, um mit einer neuen 90-Tage-Aufenthaltsgenehmigung zurückzukommen.

Am Flughafen geht die Passkontrolle im Allgemeinen schnell und ohne viele Worte vor sich. Die Kontrolleure an den Grenzübergängen dagegen nehmen sich mitunter mehr Zeit und mustern den Pass sorgfältig, bevor sie ihn abstempeln. Auch im Land selbst werden gerne Ausweispapiere kontrolliert. Deshalb ist es ratsam, zumindest eine Kopie des Passes bei sich zu tragen.

Reisezeit

Argentiniens Jahreszeiten sind denen der Nordhalbkugel entgegengesetzt. Der Sommer (Dezember bis Februar) ist die beste Reisezeit für Patagonien. Nicht nur, dass dann das Wetter milder ist, auch Museen und andere Sehenswürdigkeiten haben geöffnet, Verkehrsmittel fahren häufiger, aber die Preise für Hotels und andere Unterkünfte sind höher.

Öffentliche Verkehrsmittel

Reisen mit der Eisenbahn sind generell preiswerter als Busfahrten, aber Argentinien hat in den letzten Jahren sein einst dichtes Streckennetz abgebaut, sogar der berühmte »Zug zu den Wolken«, *Tren a las nubes,* bei Salta wurde bedauerlicherweise eingestellt. Der Wolkenzug war gerade bei Touristen sehr beliebt, fuhr er doch auf einer Strecke von 438 Kilometern durch eine pittoreske Landschaft bis auf fast 4 600 Meter Höhe.

Reisende werden also in der Regel auf den Bus zurückgreifen müssen. Das Busnetz ist ausgezeichnet und verbindet fast alle Orte des Landes miteinander. In Patagonien sind Überlandbusse die wichtigsten Transportmittel und erreichen (fast) alle Ortschaften.

Mietwagen

Sie benötigen einen internationalen Führerschein sowie eine Kreditkarte, und es empfiehlt sich, eine Vollkasko-Versicherung abzuschließen. Mietwagen sind in jeder größeren Stadt zu bekommen.

Da die Entfernungen zwischen den Orten, vor allem in Patagonien, riesig sind, ist eine Kombination zu empfehlen: weite Entfernungen mit Bus oder Flugzeug zurücklegen, dann vor Ort für einige Tage einen Wagen mieten.

Vergewissern Sie sich, dass Mehrwertsteuer (JVA) und Versicherung *(seguro)* im Preis inbegriffen sind. Geben Sie bereits bei der

Reservierung an, wenn Sie mit dem Mietwagen über die Landesgrenzen fahren wollen. Man benötigt dafür die notariell beglaubigte Erklärung des Verleihers.

In Argentinien gelten Anschnallpflicht und Geschwindigkeitsbegrenzungen. In Ortschaften darf nicht schneller als 60, auf Landstraßen 110 und auf Autobahnen 130 km/h gefahren werden. Es wird streng kontrolliert, und Überschreitungen werden entsprechend geahndet.

Hilfreich ist der Kontakt zum Automóvil Club Argentino (ACA), das Büro ist in Buenos Aires in der Avenida del Liberatador 1850 zu finden. Es kann sich lohnen, Mitglied beim ACA zu werden; man erhält Informationen über Hotelunterkünfte entlang der Route, eine gute Straßenkarte und Informationen über den Zustand der Straßen. Außerdem verfügt der ACA über eine Anzahl von Service-Stationen, wo Reparaturen ausgeführt werden. Als Mitglied kann man günstig in ACA-eigenen Hotels übernachten.

Gesundheit

Es sind keine besonderen Impfungen vorgeschrieben, aber die Basisimpfungen sollte jeder, nicht nur vor einer Reise, regelmäßig auffrischen lassen: Tetanus, Polio, Diphtherie und Hepatitis A.

Der Abschluss einer zusätzlichen Reisekrankenversicherung ist eigentlich unentbehrlich, weil in Argentinien grundsätzlich alle Reisenden nur als Privatpatienten behandelt werden.

Wer im Norden Argentiniens die tropischen Gebiete der Provinz Misiones aufsucht, sollte ein Stand-by-Mittel gegen Malaria dabeihaben und sich vor der Reise in einem Tropeninstitut über den aktuellen Stand der Malaria und über die Risiken informieren und beraten lassen.

In Argentinien liegen die hygienischen Verhältnisse auf einem höheren Niveau als in den meisten anderen Ländern Südamerikas, dennoch sollte man einfache Regeln beherzigen, mit denen man viele Erkrankungen vermeiden kann. Also kein Obst essen, das nicht geschält werden kann, auf Salat und andere Rohkost verzichten, auch auf Eis und Fruchtsäfte, die es auf der Straße zu kaufen gibt. Kein unabgekochtes Wasser trinken, obwohl es heißt, in Argentinien werde so reichlich gechlort, dass man Leitungswasser unbedenklich trinken könne. Gekauftes Trinkwasser in den Supermärkten ist preiswert, und mit diesem Wasser schmecken Kaffee oder Tee deutlich besser als mit dem gechlorten Leitungswasser.

Im Notfall kann man über die Botschaften Adressen von deutsch sprechenden Ärzten erfahren. In Buenos Aires gibt es auch ein deutsches Krankenhaus in der Avenida Pyerredón 1658.

Bücher zum Weiterlesen

Klaus Bednarz: *Eine Reise durch Feuerland und Patagonien,* Berlin: Rowohlt, 2005.
Auf bewährte Weise erzählt der Journalist Bednarz von seiner Reise, über die auch eine Fernsehdokumentation entstand. Er hat seine Begleiter gut ausgewählt, denn trotz des Filmteams und der Informanten vor Ort wirken seine Beschreibungen spontan und individuell. Ein anschauliches Porträt des Landes und seiner Menschen.

Francisco Coloane: *Feuerland,* Zürich: Unionsverlag, 2006.
Als Sohn eines Kapitäns auf Walfangschiffen kennt der chilenische Schriftsteller Coloane die Protagonisten seiner Werke. Das Buch »Feuerland« ist eine Sammlung von Erzählungen. Wenige Seiten genügen ihm, um unvergessliche Porträts jener Goldsucher, Walfänger, Gauchos und gestrandeten Matrosen zu skizzieren, die auf der Suche nach Glück und Reichtum durch die endlose Weite streiften.

Tom Dauer: *Cerro Torre – Mythos Patagonien,* Zürich: AS Verlag, 2004.
Wer mehr (alles) über den Cerro Torre wissen will, über gelungene und gescheiterte Besteigungen, findet es in diesem Buch umfassend und spannend dargestellt. Von der Ankunft Magellans in Südamerika bis zur heutigen Bergsteigerelite rollt der Autor die Geschichte auf und lässt auch internationale Protagonisten in eindringlichen Schilderungen zu Wort kommen.

John Harrison: *Wo das Land zu Ende ist. Von Patagonien in die Antarktis,* München: Frederking & Thaler Verlag, 2007.
Wie sein Vorbild Bruce Chatwin hat Harrison, Nachkomme einer Seefahrerfamilie, gründlich recherchiert. Er weiß spannende Geschichten zu erzählen und macht durch bildhafte Beschreibungen die grandiose Natur nacherlebbar.

José Hernández: *Der Gaucho Martín Fierro,* Köln: Pedro Pluhar, 1999.
Argentinisches Nationalepos. In Versform wird das Leben der Landbevölkerung beschrieben, als sich Argentinien in einer Übergangszeit befand und alte Werte infrage gestellt wurden. In 1 200 Strophen schildert der Autor den harten Alltag der Menschen auf dem Land, ihre Sorgen und Nöte, aber auch die Ausbeutung, Willkür und Rechtlosigkeit, der sie ausgeliefert waren und gegen die sie sich zu wehren versuchten. Was dieser Dichtung über ihre Zeit hinaus Allgemeingültigkeit verleiht, sind die großen Menschheitsthemen: Gerechtigkeit, Solidarität, Freundschaft und Freiheit.

Rudolf Alexander Mayr: *Durch Patagonien zum Fitz Roy,* Garching: wt-Buch Team Verlag, 2004.
Die Besteigung des Fitz Roy bildet den Hintergrund für eine Geschichte, in der Fiktion und Wirklichkeit geschickt und auf humorvolle Weise miteinander vermischt werden.

Peter Meier-Hüsing: *Der unmögliche Berg. Cerro Torre und der Mythos Patagonien,* München: Malik Verlag, 2006.
In diesem Buch geht es ausschließlich um den Cerro Torre, seine Erstbesteigung und wichtige Expeditionen bis heute. Im Mittelpunkt steht wiederum die aufregende Geschichte von Cesare Maestri, gestützt auf Recherchen vor Ort, auf Interviews mit Maestri, seinen Freunden und Kritikern.

Reinhold Messner: *Torre. Schrei aus Stein,* München: Malik, 2009. Reinhold Messner, der den Cerro Torre vielfach erforscht hat, bringt Licht ins Dunkel seiner Besteigungsgeschichte. Ein halbes Jahrhundert nach der legendären Expedition von Cesare Maestri und Toni Egger lässt er uns eindrucksvoll nachvollziehen, wie die angebliche Erstbesteigung ihr tragisches Ende nahm und der Cerro Torre zum Mythos wurde.

Quellen

Alberto Maria de Agostini: *Ande Patagoniche,* Mailand: Società Cartografia Giovanni de Agostini, 1949.

Thomas Bridges: *Yámana-English Dictionary.* Hrsg. v. Ferdinand Hestermann und Martin Gusinde, Mödling, 1933.

Apsley Cherry-Garrard: *The worst journey in the world,* London: Carrol and Graf, 1922.

Francisco Coloane: *Feuerland,* Zürich: Unionsverlag, 2006.

Boris M. Culik: *Die Welt der Pinguine,* München: BLV Buchverlag, 1993.

R. B. Cunninghame Graham: *Tales of Horsemen,* London: Greenwood Press, 1929.

Charles Darwin: *Reise eines Naturforschers um die Welt* 1831–36. Leipzig: Kröner Verlag, 1909.

Tom Dauer: *Der Drang zum Sturm.* In: Geo Spezial »Chile & Argentinien«, Nr. 5, 2006.

Georg Forster: *A Voyage around the World,* ed. by Nicholas Thomas and Oliver Berghof, Honolulu: University of Hawaii Press, 2000.

Martin Gusinde: *Folk Literature of the Yamana Indians,* Berkeley: University of California Press, 1977.

William James Holland: *Patagonia,* London: British Museum Press, 1912.

William Henry Hudson: *Idle Days in Patagonia*, London: Creative Art Books, 1979.

Alfred Kölliker: *In den Einsamkeiten Patagoniens*, Stuttgart: Strecker und Schröder, 1926.

Ramón Lista: *The Tehuelche Indians*, Buenos Aires: Editorial Confluencia, 1999.

Andreas Madsen: *La patagonia vieja*. Buenos Aires: Zagier & Urruty, 1998.

Rudolf Alexander Mayr: *Durch Patagonien zum Fitz Roy*, Garching: wt-Buch Team, 2004.

Francisco Moreno: *Reminiscencias del Perito Moreno*. Hrsg. v. Eduardo V. Moreno, Buenos Aires: Impreso El Elefante Blanco, 1997.

Conor O'Brien: *Anthology*, New York: Cornell University Press, 1949.

Francisco Antonio Pigafetta: *The Voyage of Magellan: The Journal of Antonio Pigafetta*. New York: Englewood Cliffs, Prentice-Hall, 1969.

Gunther Plüschow: *Silberkondor über Feuerland*, Berlin: Ullstein, 1929.

Antoine de Saint-Exupéry: *Nachtflug*, Frankfurt am Main: S. Fischer, 1976.

Lionel Terray: *Les conquérants de l'inutile*. Chamonix: Guérin, 1955.

Antonio de Viedma: *Diario de una viaje a la costa de Patagonia*, Buenos Aires: Imprenta del Estado, 1837.

Stefan Zweig: *Magellan. Der Mann und seine Tat*, Frankfurt am Main: S. Fischer, 2007.

Nachweis der zitierten Literatur

S. 29: Francisco Coloane, aus: *Feuerland.* © Unionsverlag, aus dem chilenischen Spanisch von Willi Zurbrüggen, Zürich 1996
S.76: Stefan Zweig, aus: *Magellan.* © S. Fischer Verlag GmbH, Frankfurt am Main 1983
S.137: Rudolf Alexander Mayr, aus: *Durch Patagonien zum Fitz Roy.* © wt-Buch Team, Garching 2004
S.199: Antoine de Saint-Exupéry, aus: *Nachtflug.* © Edition Gallimard 1931. © S. Fischer Verlag, Berlin 1932. Neuausgabe: © S. Fischer Verlag GmbH, Frankfurt am Main 1976
S. 220: Boris Culik, aus: *Die Welt der Pinguine.* © BLV Buchverlag, München 1993

Carmen Rohrbach

Inseln aus Feuer und Meer
Galapagos – Archipel der zahmen Tiere

Ein Jahr lang – teilweise völlig allein auf der unbewohnten Insel Caamano – erforscht Carmen Rohrbach das Verhalten der drachenartigen Meerechsen auf Galapagos.

Jakobsweg
Wandern auf dem Himmelspfad

Carmen Rohrbach unterwegs auf dem berühmten Pilgerweg in Spanien. Sie erlebt sternklare Nächte in einsamer Natur, ist oft der Erschöpfung nahe und wird doch reich belohnt.

Der weite Himmel über den Anden
Zu Fuß zu den Indios in Ecuador

Ein halbes Jahr lang wandert Carmen Rohrbach durch die Anden, erlebt die gewaltige Weite der Hochebene, besteigt Vulkane und besucht farbenfrohe Märkte. Eine Reise für alle Sinne.

MALIK NATIONAL GEOGRAPHIC

10/1013/02/3s